Revolucionários da crítica

FUNDAÇÃO EDITORA DA UNESP

Presidente do Conselho Curador
Mário Sérgio Vasconcelos

Diretor-Presidente / Publisher
Jézio Hernani Bomfim Gutierre

Superintendente Administrativo e Financeiro
William de Souza Agostinho

Conselho Editorial Acadêmico
Luís Antônio Francisco de Souza
Marcelo dos Santos Pereira
Patricia Porchat Pereira da Silva Knudsen
Paulo Celso Moura
Ricardo D'Elia Matheus
Sandra Aparecida Ferreira
Tatiana Noronha de Souza
Trajano Sardenberg
Valéria dos Santos Guimarães

Editores-Adjuntos
Anderson Nobara
Leandro Rodrigues

Terry Eagleton

Revolucionários da crítica
Cinco críticos que mudaram o modo como lemos

Tradução
Fernando Santos

Título original: *Critical Revolutionaries: Five Critics Who Changed The Way We Read*

© 2022 by Terry Eagleton
Originalmente publicado pela Yale University Press

© 2024 Editora Unesp

Direitos de publicação reservados à:

Fundação Editora da Unesp (FEU)
Praça da Sé, 108
01001-900 – São Paulo – SP
Tel.: (0xx11) 3242-7171
Fax: (0xx11) 3242-7172
www.editoraunesp.com.br
www.livrariaunesp.com.br
atendimento.editora@unesp.br

Dados Internacionais de Catalogação na Publicação (CIP) de acordo com ISBD
Elaborado por Vagner Rodolfo da Silva – CRB-8/9410

E11r   Eagleton, Terry
        Revolucionários da crítica: cinco críticos que mudaram o modo como lemos / Terry Eagleton; traduzido por Fernando Santos. – São Paulo: Editora Unesp, 2024.

        Tradução de: *Critical Revolutionaries: Five Critics Who Changed the Way We Read*
        Inclui bibliografia.
        ISBN: 978-65-5711-259-5

        1. Literatura. 2. Crítica literária. 3. Teoria literária. 4. História da literatura. 5. Literatura do século XX. I. Título.

                                      CDD 809
2024-2777   CDU 82.09

Editora afiliada:

Asociación de Editoriales Universitarias de América Latina y el Caribe

Associação Brasileira de Editoras Universitárias

Para Tony Pinkney

Sumário

Introdução   9

1. T. S. Eliot   19
2. I. A. Richards   81
3. William Empson   137
4. F. R. Leavis   187
5. Raymond Williams   245

Índice remissivo   293

Introdução

A convicção implícita neste livro é que uma tradição fundamental da crítica literária está correndo o risco de cair no esquecimento. Esse risco está presente, em certa medida, até mesmo no ambiente acadêmico, bem como no universo literário em geral. Se é provável que um número reduzido de estudantes de literatura conheça atualmente a obra de, digamos, I. A. Richards ou Raymond Williams, o mesmo pode muito bem ser verdade para alguns de seus professores. No entanto, os cinco críticos examinados neste livro se situam entre os mais originais e influentes da época moderna, motivo pelo qual os escolhi.

Eles também representam uma formação intelectual específica, uma das mais admiráveis na Grã-Bretanha do século XX. Apenas um deles não lecionou na Universidade de Cambridge. A exceção é T. S. Eliot, embora estivesse intimamente ligado a Cambridge, principalmente por meio do amigo I. A. Richards, e embora, como consultor informal, tenha sido uma influência marcante na configuração dos estudos ingleses naquela universidade. Ambos participaram daquela que foi saudada como uma revolução da crítica, que transformou o estudo acadêmico da literatura e lhe atribuiu uma nova importância dentro e fora da Grã-Bretanha. Ironicamente, porém, o que poderíamos chamar de inglês de Cambridge nunca foi o credo ortodoxo da Faculdade de Inglês de Cambridge. Pelo contrário, ele foi sempre algo marginal, de uma minoria, embora sua combatividade e senso evangélico de missão lhe proporcionasse às vezes uma presença desproporcional à sua dimensão. Apesar disso, as carreiras de Richards, Empson, Leavis e Williams se tornaram possíveis, em parte, por meio de uma reforma radical do curso de Inglês de Cambridge que remontava a 1917 e que preteriu o anglo-saxão e a filologia em favor de uma linha de estudo cuja orientação era surpreendentemente moderna, crítica e literária (em vez de linguística).

O novo curso de Cambridge foi denominado "Literatura Inglesa, Vida e Reflexão" – sendo os dois últimos termos abstrações ridiculamente amplas, embora reveladoras do fato de que a literatura seria analisada em seu contexto social e intelectual. O curso também tinha uma dimensão cosmopolita: o trabalho sobre a tragédia nos exames finais abrangia, além de Shakespeare, dramaturgos como Sófocles e Racine, enquanto o trabalho sobre os moralistas ingleses incluía ingleses honorários como Platão, São Paulo e Santo Agostinho, ao lado de inúmeros pensadores não autóctones.

O fato de a revolução da crítica ter se originado em Cambridge, uma universidade com sólidos antecedentes científicos e um histórico de abertura à inovação, não foi inteiramente acidental. Havia também outros fatores em jogo. Assim como a sociedade britânica em geral, a cultura da universidade fora profundamente abalada pela Primeira Guerra Mundial, que pareceu anunciar um rompimento com o passado e o início de uma nova era. Havia ex-militares entre o corpo discente, enquanto estudantes de classe média com bolsas do governo ou da universidade começavam a se destacar numa instituição que fora tradicionalmente dominada pelas escolas particulares e pelas classes abastadas. Só um dos críticos retratados neste livro, William Empson, desfrutou dessa formação privilegiada, como

Introdução

filho de um fazendeiro de Yorkshire e ex-aluno do Colégio Winchester. O amadorismo elegante de uma geração mais velha de especialistas em literatura da classe alta se viu ameaçado por uma abordagem nova e rigorosamente analítica das obras literárias, exemplificada pelo método da "crítica prática" de Richards. Esse método consistia em pegar trechos anônimos de prosa ou de poesia, submetê-los a uma análise extremamente minuciosa e emitir um parecer sobre eles. O valor não era mais uma simples questão de gosto; ele precisava ser defendido com vigor. Os exames finais de inglês tinham um trabalho dedicado a essa prática que incluía o que era conhecido como "datação", que consistia em determinar a data aproximada de um conjunto de passagens literárias anônimas. Os estudantes de hoje podem se surpreender ao saber que datar diversas vezes numa sequência rápida foi outrora algo obrigatório aos estudantes de inglês de Cambridge.

Os estudos literários tradicionais antes estavam bastante isolados da sociedade como um todo, ao passo que críticos jovens como Richards, F. R. Leavis e sua companheira Q. D. Leavis, que tinham uma formação menos privilegiada, eram mais sensíveis à cultura geral e se preocupavam mais com o lugar que os estudos literários ocupavam nela. Leavis, que era filho de lojista, enfrentara o trauma da Primeira Guerra Mundial. No período de agitação social e política que se seguiu ao conflito, o curso de Inglês podia aceitar a pressão da mudança social ou se tornar irrelevante. Sua abertura também implicava inseri-lo no contexto de outras disciplinas acadêmicas, que alguns desses pioneiros conheciam por experiência própria. Richards chegou ao Inglês vindo das Ciências Mentais e Morais, F. R. Leavis, da História, e William Empson, da Matemática. Q. D. Leavis demonstrou grande interesse pela psicologia e pela antropologia. Eliot defendeu sua tese de doutorado em filosofia, não em literatura. Várias décadas depois, Raymond Williams trocaria a crítica literária pelos estudos culturais, que ele ajudou a inventar.

Os primórdios da Faculdade de Inglês reformada coincidiram com o auge do modernismo literário, e um quê da ousadia e da coragem daquela experiência fez parte do seu *éthos*. Por exemplo: a Cambridge de Richards e Leavis era a mesma de Malcolm Lowry, cujo romance *Debaixo do vulcão* é uma obra-prima tardia do modernismo inglês. O fato de estar sendo produzida literatura de alto nível em inglês naquela época parecia conspirar com o foco da Faculdade no presente, enquanto a figura imponente de T. S. Eliot fazia a ponte entre o modernismo e a crítica. As duas correntes tinham inúmeras outras características em comum: ambas eram obstinadas, impessoais, rápidas em detectar falsas emoções, teoricamente ambiciosas e mantinham uma sintonia sensível com a linguagem. Elas também partilhavam certo elitismo, como veremos posteriormente no caso da crítica. O modernismo era o produto de uma crise histórica, tal como o novo trabalho crítico que estava sendo realizado em Cambridge. Em seu centro estava a crença de que a leitura cerrada dos textos literários era uma atividade moral que atingia o âmago da civilização moderna. Definir e avaliar as características da linguagem era definir e avaliar a característica de todo um modo de vida. Como disse I. A. Richards, "O declínio da nossa sensibilidade e do nosso discernimento com relação às palavras não tarda a ser acompanhado pelo declínio da qualidade da nossa vida".[1] Podemos considerar esse comentário como o lema do Inglês de Cambridge. Concentrar-se atentamente nas palavras no papel pode parecer uma tentativa de excluir preocupações mais importantes, mas tais preocupações já estão implícitas nessa postura.

Esse é um argumento problemático. Em que medida a capacidade verbal está ligada à sensibilidade moral? Se as duas realmente estão tão interligadas como Richards parece sugerir, será que isso significa que os homens e as mulheres que carecem de habilidade linguística são insensíveis e imperceptíveis em sua vida cotidiana? Será que só os eloquentes são capazes de sentir coragem e compaixão? É claro

---

[1] Richards, I. A. Our lost leaders. In: Constable, J. (Org.). *I. A. Richards*: Collected Shorter Writings 1919-1938. Londres: Routledge, 2001. p.337.

que não. Não é verdade que aqueles que conseguem fazer comentários brilhantes sobre Rudyard Kipling ou Angela Carter são invariavelmente mais sutis e perspicazes na vida diária que o grosso da humanidade. Na verdade, dizem que às vezes ocorre o contrário – que aqueles que são profundamente versados nas ciências humanas podem afastar formas de intuição e de atenção que poderiam ser empregadas de maneira mais proveitosa nos assuntos do dia a dia. "Às vezes a educação convive com tamanha crueldade, com tamanho cinismo, que chega a nos causar nojo", observa o narrador de *Recordações da casa dos mortos*, de Fiodor Dostoievski. Por outro lado, aqueles cujo vocabulário não alcança a abrangência shakespeariana podem ser muito mais moralmente admiráveis que os bem-falantes.

Imaginar uma língua, escreve o filósofo de Cambridge Ludwig Wittgenstein, é imaginar uma forma de vida. Por se ocuparem das propriedades da língua, os estudos ingleses tiveram um impacto direto em assuntos como radiodifusão, publicidade, propaganda política, jargão burocrático e natureza do discurso oficial. Dessa forma, eles ofereceram uma alternativa ao que consideravam erros opostos. Era possível trilhar o caminho formalista e tratar a literatura como se ela fosse um objeto autônomo, abordando suas estratégias e seus artifícios verbais, ou ter uma visão mais abrangente da obra, enxergando-a como uma investigação da condição humana ou um comentário sobre a civilização. Ao medir a temperatura moral dessa civilização na linguagem da obra literária, foi possível ir além dessas duas abordagens limitadas. O crítico precisou ficar atento ao que era chamado de "palavras no papel", renunciando ao palavrório estético de um tempo passado em troca de uma análise detalhada da forma, da cadência, do tom, do clima, do ritmo, da gramática, da sintaxe, da textura e de coisas desse tipo. O que, para outras disciplinas, era um suporte de investigação indiscutível era, para a crítica, um objeto de investigação em si mesmo. No entanto, no ato de examinar as palavras, o crítico também estava explorando o contexto moral e histórico em que elas estavam enraizadas. Somente com um olhar atento para as palavras no papel é que se podia compreendê-las como sintomas da doença ou da vitalidade da civilização da qual brotaram. De um modo geral, o Inglês de Cambridge representou uma reação ao que parecia ser o empobrecimento tanto da vida como da língua numa cultura materialista e utilitarista dominada pelo cinema, pelo rádio, pela imprensa popular, pela publicidade e pela literatura popular. Além disso, o modernismo se viu diante de um empobrecimento radical dos recursos linguísticos. A crítica literária foi uma forma de diagnosticar essas doenças sociais, mas também conseguiu apresentar um tipo de solução para o problema. Sua tarefa foi analisar os mecanismos de uma forma de discurso totalmente diversa, a qual libertou a língua dos objetivos puramente instrumentais aos quais uma sociedade tecnológica grosseira a tinha subordinado. Esse discurso era conhecido como literatura e apontava para uma forma diferente de vida – em que a língua, as pessoas, os valores e os relacionamentos podiam ser tratados como fins em si mesmos.

O resultado foi que o crítico literário assumiu responsabilidades tão importantes como as de um sacerdote, profeta ou político, deixando de ser um simples acadêmico e passando a atuar como um guia da saúde espiritual da era moderna. A crítica tinha que desempenhar uma função moral e social fundamental, e foi justamente por isso que suas análises de texto precisaram ser tão escrupulosas. Nesse sentido, as duas linhas mestras peculiares do Inglês de Cambridge – a crítica prática e uma preocupação com o contexto social e intelectual da literatura – eram faces de um mesmo projeto. Longe de ser uma fuga da responsabilidade social, destrinchar uma metáfora ou registrar uma mudança de tom eram, na verdade, exercícios dessa responsabilidade. Havia uma disputa acirrada para saber se isso era um exemplo absurdo de egocentrismo ou uma justificativa convincente dos estudos literários para quem era fascinado pela ciência e pela tecnologia. Poderíamos observar que não se tratava de um projeto particularmente simpático a William Empson, que não estava propenso a enxergar as palavras no papel como sintomas de um modo de vida que

Introdução

precisava ser reformado com urgência. Mesmo assim, por ser o leitor mais atento de todos, ele era um verdadeiro membro da tribo.

Foi Richards, sobretudo, que percebeu a necessidade de profissionalizar um tema que parecia carente de qualquer disciplina intelectual. Como veremos, ele tentou até assentar os estudos ingleses em bases científicas; a conversa fiada impressionista devia ser banida da sala de aula. Entretanto, a força da nova crítica estava na união da capacidade técnica com um veio profundo de humanismo moral, este último em sua forma mais visível na obra de Leavis. Assim, o Inglês de Cambridge pôde recorrer a seu férreo profissionalismo para conter o amadorismo elegante da velha guarda, ao mesmo tempo que denunciava os estudos literários antiquados do ponto de vista de uma preocupação humanitária com a cultura geral. Rigorosamente concentrado quando se via diante de uma obra literária mas preparado para se pronunciar sobre a qualificação moral de toda uma cultura, ele prometia aproveitar o melhor dos dois mundos.

A maioria dos críticos literários, como a maioria dos acadêmicos, vem da classe média; entretanto, dos cinco personagens examinados neste livro, apenas um, I. A. Richards, se encaixa nessa descrição. Até ele começou a vida como um estranho à cultura metropolitana inglesa, tendo crescido no norte industrial da Inglaterra como o filho de um homem cuja família viera da península de Gower, no País de Gales. Eliot, originário do Missouri, era, do ponto de vista dos norte-americanos, mais de classe alta que de classe média. William Empson vinha da aristocracia inglesa. F. R. Leavis era de classe média baixa, filho de um lojista do interior, enquanto Raymond Williams tinha crescido no País de Gales, filho de um trabalhador ferroviário. Eles não eram intelectuais típicos do ponto de vista social, um fato certamente relevante para explicar seu desejo de inovar e (com exceção de Eliot) seu desprezo pela ortodoxia. Três deles (Eliot, Richards e Empson) também demonstraram um vivo interesse pelo pensamento oriental, o que era, entre outras coisas, um sinal da sua postura crítica em relação à civilização ocidental.

15

Também é relevante para a relação entre o Inglês de Cambridge e a literatura do período que todos esses personagens, com exceção de um, fossem escritores criativos. Eliot e Empson eram poetas importantes e Richards era um poeta medíocre, enquanto Raymond Williams publicou diversos romances e escreveu obras para a televisão. Para ele, escrever ficção era ao menos tão importante quanto a crítica literária, opinião se acentuou ainda mais no final de sua carreira. Na verdade, ele se definiu certa vez como "um escritor que calhou de ser também um professor".[2] Somente Leavis se ateve à crítica, embora até ele tenha pensado em escrever um romance.[3] Pode-se dizer que todos esses homens, com exceção do mais racional Empson, tinham uma noção extremamente física da escrita – de seu envolvimento com a respiração, as regiões viscerais, o sistema nervoso e assim por diante –, o que, entre outras coisas, talvez seja uma marca dos críticos que também são escritores.

Eles também foram intelectuais públicos em vez de acadêmicos enclausurados, embora isso não se aplique tanto a Empson. Ao mesmo tempo, embora este último fosse uma figura um pouco menos pública que os outros, ele dificilmente poderia ser descrito como enclausurado. Todos eles tinham uma relação ambígua com a academia. Eliot, embora bastante elogiado nesse ambiente, nunca chegou a fazer parte dele. Em vez disso, deixou a profissão de jornalista *freelancer* bastante pressionado, enquanto também trabalhava como professor e bancário, e se transferiu para o meio editorial,

---

2 Williams, R. Realism and non-naturalism. In: McGuigan, J. (Org.). *Raymond Williams on Culture and Society*. Londres: Sage, 2014. p.200.

3 Não pude examinar a escrita criativa desses críticos neste livro, pois isso o teria deixado no mínimo com o dobro do tamanho. De todo modo, Eliot já foi analisado à exaustão; quanto à poesia de Richards, o melhor é ignorá-la com um silêncio caridoso; por fim, a ficção de Williams não me parece a parte mais importante de sua obra. A poesia excepcional de Empson certamente valeria um estudo mais aprofundado, embora infelizmente não aqui; todavia, poderia ser realizado um concurso em que os candidatos apresentassem uma versão do tipo de romance que Leavis poderia ter escrito.

Introdução

muito mais descontraído à época. Richards foi um professor universitário apático que não tardou a se lançar em empreitadas mais ambiciosas; Empson gostava de escandalizar as mentes eruditas tradicionais com sua prosa ousada e suas opiniões iconoclastas; Leavis, como veremos, mirou especificamente o acadêmico como inimigo; e Raymond Williams, que passou a primeira parte da carreira docente na educação de adultos, sentiu-se extremamente distante de Cambridge quando voltou como professor à universidade que frequentara como aluno. Dos cinco, Leavis foi o único que passou toda a carreira ensinando numa universidade inglesa.

A relação entre fala e escrita no estilo de cada um desses autores merece um breve comentário. Empson escreve de forma displicente, num estilo coloquial e até mesmo prolixo, enquanto Eliot às vezes escreve como se estivesse pregando numa catedral particularmente ressoante. A prosa rápida e um pouco anêmica de Richards é muito diferente do som da voz; no entanto, o ritmo dessa voz, com seu padrão de ênfase e as paradas e partidas irregulares, ressoa pela sintaxe tortuosa de F. R. Leavis, um escritor que está sempre se interrompendo por meio da inserção de perguntas, subcláusulas, parênteses, recorrências, adendos e qualificativos em suas frases. Como Empson, Leavis parece evitar deliberadamente a formalidade da prosa acadêmica. O estilo de escrita abstrato e enfadonho de Raymond Williams pode parecer muito distante da voz ao vivo, porém, como aqueles que o conheceram podem atestar, ele falava do jeito que escrevia. Leavis escreve como se estivesse falando, enquanto Williams falava como se estivesse escrevendo.

Como o leitor está prestes a descobrir, este livro não é uma homenagem a um panteão de heróis. Na verdade, ele é às vezes tão crítico desses personagens que o leitor pode muito bem se perguntar se eles merecem a estatura que lhes foi atribuída. A única maneira de descobrir é lendo-os. Permitam-me encerrar esta introdução com um comentário pessoal: nunca me encontrei pessoalmente com Eliot, mas conheci umas poucas pessoas que o fizeram; algumas delas contaram que ele discorria longamente não sobre Dante ou Baudelaire, mas sobre as diversas rotas percorridas pelos ônibus de Londres, sobre as quais ele parecia ter um conhecimento descomunal. Quando era estudante, observei com reverência a figura esguia de Richards numa recepção ao ar livre em Cambridge e participei de uma reunião na Faculdade de Inglês em que Leavis condenou a ideia de acrescentar ao currículo um ensaio sobre o romance sob a alegação de que era preciso um semestre para ler *Anna Kariênina*. Antes disso, eu tinha assistido a algumas de suas aulas, embora ele estivesse prestes a se aposentar e a sua voz estivesse fraca, às vezes quase um fiapo, restando apenas um zumbido incompreensível no qual seu sotaque anasalado de Cambridge ainda era vagamente audível. De tempos em tempos, porém, o velho termo pejorativo emergia do meio dos murmúrios como um dedo acusador: "BBC", "*New Statesman*", "C. P. Snow", "British Council" e coisas do gênero. Diante dessas deixas meticulosamente calculadas, os bem treinados discípulos leavistas que ocupavam as fileiras da frente da classe se punham a zombar e a guinchar com uma previsibilidade pavloviana, enquanto o resto da turma ficava simplesmente olhando para baixo, esperando aquilo tudo acabar. Empson já tinha saído de Cambridge há tempos, mas, alguns anos depois, eu iria assisti-lo dando uma aula com seu sotaque de classe alta extremamente empolado e sem cair nem uma vez do tablado, um acidente que costumava acontecer com ele. Raymond Williams foi meu professor, meu amigo e meu companheiro político. Portanto, neste livro, eu volto 60 anos no tempo, para um ambiente crítico que ajudou a me formar e para cuja história posterior espero ter dado uma pequena contribuição.

1
T. S. Eliot

Durante a maior parte do século XX, a figura mais respeitada e influente da crítica literária inglesa foi indiscutivelmente T. S. Eliot. Ele foi poeta, crítico, dramaturgo, ensaísta, editor, resenhista, diretor editorial e intelectual público; e embora tivesse concorrentes em algumas dessas áreas e fosse superado em outras, em termos gerais nenhum deles igualava sua autoridade. Numa época em que se costumava acrescentar um título (dr., sra., sr. e assim por diante) ao nome das pessoas vivas, Eliot era muitas vezes conhecido não como "sr. T. S. Eliot", mas simplesmente como "sr. Eliot", como se ninguém pudesse ser tão estúpido a ponto de ter dúvida de que Eliot se estava falando. (Na época, a cortesia de um título podia se estender às vezes aos mortos: um dos meus professores de Cambridge se referia à autora de *Orgulho e preconceito* como "senhorita Austen", embora não fizesse questão de dizer "sr. Chaucer".) A consagração de Eliot como sumo sacerdote da literatura inglesa foi ainda mais espantosa devido à indignação com que suas primeiras obras poéticas foram recebidas. Nas palavras de um de seus primeiros defensores, F. R. Leavis, ele fora considerado um "bolchevique literário", audaciosamente de vanguarda e desconcertantemente obscuro; apesar disso, no início dos anos 1930 ele era saudado como a principalmente literária de sua geração. A conversão à monarquia, ao conservadorismo e ao anglicanismo em 1927, anunciada publicamente, certamente contribuiu para essa mudança de posição. Quanto mais atraído ele era pelo incensório, mais sua própria reputação ficava envolta nessas emanações.

Como muitos dos principais escritores e intelectuais da Inglaterra do século XX, Thomas Stearns Eliot, como vimos, não era de fato inglês. Ele nasceu em 1888 em St. Louis, Missouri, filho de uma família tão aristocrática que se recusava a usar a expressão "OK" e cuja presença nos Estados Unidos já durava mais de duzentos anos. Os Eliot se destacavam entre a aristocracia intelectual da cidade, embora o pai de Eliot fosse empresário. Seu avô tinha fundado a universidade local e defendia um ideal de serviço público que influenciaria o neto profundamente. Veremos que o tema da abnegação – sacrificar o ego mesquinho por uma causa mais elevada – é constante ao longo de toda a sua obra. A corrente do cristianismo relacionada à elite de St. Louis era o unitarismo, uma forma sofisticada de fé religiosa incompatível com o entusiasmo evangélico vulgar da classe média puritana.

No entanto, a classe civilizada e socialmente responsável a que os Eliot pertenciam estava sendo substituída aos poucos na cidade pelas forças industriais e comerciais, enquanto uma classe média filisteia ascendia ao poder. A liderança cultural dos Eliot e de seus confrades estava em forte declínio quando St. Louis passou a ser controlada abertamente pelos chefes políticos e se tornou corrupta. O Eliot que mais tarde se referiria com amargura à "ditadura da finança" se sentiu um emigrante interno no lugar que o viu crescer e logo se tornaria um exilado de verdade. (Dante, o poeta que ele passaria a reverenciar mais que qualquer outro, cresceu no interior da classe burguesa abastada de Florença, mas se revoltou contra a plutocracia cada vez mais poderosa da cidade e acabou sendo exilado.) Portanto, durante a infância de Eliot, estava sendo preparado o terreno para o choque entre formas alternativas de valor que marcaria suas reflexões posteriores: a confiança na tradição *versus* a crença ousada no progresso, a fé no coletivo e não no individualismo, cultura *versus* utilidade, ordem contra anarquia, a capitulação do ego contra a sua expressão ilimitada. Parte daquilo contra o qual ele reagiu em seu país natal era um senso de identidade demasiadamente opressivo: o ego puritano, autocriado e autônomo que sustentava o capitalismo industrial do país. Na verdade, não é exagero afirmar que esse individualismo, no qual o eu não admite nenhuma fidelidade a uma ordem social ou espiritual maior, é o adversário de Eliot do princípio ao fim. Ele defende que os seres humanos não podem prosperar se não forem leais a algo fora de si mesmos. Quem não sente essa lealdade a instituições específicas pode, em vez disso, acabar se identificando com o cosmos, como alguns poetas românticos, mas "o homem não se junta ao universo desde que disponha de outra coisa com que se juntar" (SE, p.131).[1]

Depois de estudar em Harvard, Eliot trocou sua terra natal por Paris e Oxford, sendo convencido a permanecer na Inglaterra por seu amigo, mentor e compatriota Ezra Pound. Como inúmeros outros escritores expatriados (Wilde, Conrad, Henry James, V. S. Naipaul, Tom Stoppard), ele compensava sua condição de estrangeiro procurando superar o *establishment* inglês em seu próprio território: trabalhou num banco inglês e, posteriormente, na prestigiosa editora

---

[1] São estas as obras de Eliot citadas neste capítulo, juntamente com as abreviaturas usadas para se referir a elas depois das citações: *The Sacred Wood* (Londres: Faber & Faber, 1920, reimpressão Londres: Faber & Faber, 1997), SW; *For Lancelot Andrewes* (Londres: Faber & Gwyet, 1928, reimpressão Londres: Faber & Faber, 1970), FLA; *Selected Essays* (Londres: Faber & Faber, 1932, reimpressão Londres: Faber & Faber, 1963), SE; *The Use of Poetry and the Use of Criticism* (Londres: Faber & Faber, 1933, reimpressão Londres: Faber & Faber, 1964), UPUC; *After Strange Gods* (Londres: Faber & Faber, 1934), ASG; *Essays Ancient and Modern* (Londres: Faber & Faber, 1936), EAM; *The Idea of a Christian Society* (Londres: Faber & Faber, 1939), ICS; *Notes Towards the Definition of Culture* (Londres: Faber & Faber, 1948), NDC; *On Poetry and Poets* (Londres: Faber & Faber, 1957, reimpressão Nova York: Farrar, Straus & Giroux, 2009), OPP; *To Criticize the Critic* (Londres: Faber & Faber, 1965, reimpressão Londres: Faber & Faber, 1978), TCC.

Faber & Faber, além de ter ligações com o grupo de Bloomsbury. Em 1927, ele selou sua lealdade ao país adotivo se convertendo ao anglicanismo e se declarando classicista na literatura, monarquista na política e anglicano na religião. O direito divino dos reis era, para ele, uma "crença nobre". Prosperar de verdade, ele afirmava, significava estar enraizado num único lugar. "Ser humano", ele observou, "é pertencer a uma região específica da Terra" (OPP, p.251). Que o local e o regional têm precedência sobre o nacional e o internacional é um artigo conhecido da fé conservadora. "De modo geral", o refugiado de St. Louis em Londres proclamou sem nenhum pudor, "parece que é melhor que a grande maioria dos seres humanos continue vivendo no lugar em que nasceu" (NDC, p.52).

No entanto, embora fosse uma espécie de paródia de um inglês autêntico, como Wilde e James, ele continuou se sentindo estrangeiro na capital inglesa, permanecendo, em certa medida, um espírito "inquieto e peregrino" (isto é, nômade), como ele diz em "Little Gidding"; e um dos motivos da animosidade contra os judeus em suas primeiras obras, para além do antissemitismo casual e disseminado da época, pode se dever ao fato de ele ter enxergado no estereótipo do judeu marginal e errante uma imagem monstruosa de si mesmo. Uma vez ele usou o pseudônimo "Metoikos", que significa "estrangeiro residente". Ele corresponde à palavra *métèques*, usada para se referir aos judeus pelo pensador de direita Charles Maurras, cuja obra influenciou muito Eliot.

Era possível, porém, tirar alguma vantagem de morar nas margens da Europa, numa pequena ilha que formalmente era europeia, mas que, como os Estados Unidos, era etnicamente anglo-saxônica. Eliot escreveu, certamente pensando nele próprio, que seu compatriota Henry James era um europeu da maneira que só um não europeu podia ser. Ele pensava, provavelmente, que é mais provável que o estrangeiro tenha consciência do espírito e da cultura de um lugar como um todo do que aqueles que foram criados dentro dele, os quais tendem a não lhe dar valor e a não ter uma visão global dele.

Portanto, era vantajoso não ter nascido na Europa, assim como não ter crescido na Grã-Bretanha provinciana. Eliot pode ter sido um editor londrino que usava ternos bem cortados: ele era conhecido ironicamente como "o papa de Russell Square", que era onde sua editora, a Faber & Faber, se localizava; contudo, como inúmeros artistas modernistas de ponta, ele era extremamente cosmopolita, circulando livremente em *A terra devastada* por um grande leque de culturas, apropriando-se de partes de cada uma a fim de forjar uma síntese que atendesse às suas próprias necessidades espirituais. Ele era uma combinação instável de tacanhice burguesa e sabotador literário, transitando entre a requintada Mayfair e o boêmio Soho.

Eliot soube aproveitar a instabilidade do individualismo que seu exílio espiritual, e depois literal, lhe trouxera. Isso significava que ele podia se deslocar ainda mais facilmente para dentro da tradição literária, da Igreja Anglicana, de uma cultura corporativa, dos recursos de uma mitologia coletiva e do que ele gostava de chamar de mente europeia. Como o amigo James Joyce, ele descobriu que aqueles que são estrangeiros em seu país conseguem pertencer praticamente a qualquer lugar. Assim como acontece com muitos modernistas, sua arte foi alimentada com o fato de que ele estava simultaneamente dentro e fora da cultura em que se instalara. Talvez uma certa ambiguidade sexual na juventude (ele divulgou alguns de seus versos pornográficos homossexuais entre um grupo limitado de amigos) tenha reforçado essa dualidade. De certa forma, o estrangeiro pode enxergar mais que o nativo: Eliot tece comentários a respeito de Rudyard Kipling, que passou parte da infância na Índia, dizendo que sua experiência em outro país lhe proporcionara uma compreensão da Inglaterra que os próprios ingleses fariam bem em acatar. *Escolher* um pertencimento cultural, como Eliot fez, significa um comprometimento mais profundo que o do nativo médio; no entanto, ao mesmo tempo, os nativos têm uma vantagem sobre o estrangeiro, já que – por trazer a cultura e a tradição no sangue – não precisam fazer disso uma questão consciente.

Isso é importante sobretudo na Inglaterra, onde tradicionalmente o sangue é considerado mais denso que o intelecto, e o hábito é mais valorizado que a consciência. O problema do nativo é o provincianismo, enquanto o estrangeiro corre o risco de adotar um estilo de vida extremamente desenraizado. Eliot resolve esse problema insistindo que só habitando uma região específica da cultura europeia é que se pode ter acesso ao todo. Além disso, os escritores imigrantes conseguem explorar os recursos de uma cultura e de uma tradição específicas; no entanto, como eles também são em parte estrangeiros, estão livres da pressão daquele modo de vida e têm mais liberdade para divagar, subverter e experimentar. Joyce defendia que a origem da sua arte revolucionária estava no fato de ele não ser inglês, e algo similar pode ser dito a respeito de seu defensor T. S. Eliot.

Para a maioria dos leitores medianamente esclarecidos de hoje, as opiniões sociais de Eliot vão do condenável ao ofensivo. Em *A ideia de uma sociedade cristã* (1939) e *Notas para uma definição de cultura* (1948), ele descreve sua ordem social ideal, que parece mais rural que urbana. Haverá uma cultura de valores e crenças compartilhados; entretanto, apesar de a sociedade compor, consequentemente, uma unidade orgânica, ela também será rigidamente estratificada. Haverá uma elite dirigente composta pela classe rural inglesa tradicional, ladeada por uma confraria intelectual de homens que não diferem muito do próprio Eliot. Ele acredita que o teatro elizabetano é o produto dessa cultura comum, diferenciado no momento por "uma homogeneidade fundamental de raça, senso de humor e noção de certo e errado" que inclui tanto os dramaturgos como as plateias (UPUC, p.52). Como todo teatro autêntico, ele é "um órgão de expressão da consciência de um povo" (OPP, p.307) – um povo que, segundo Eliot, forma uma unidade.

A tarefa da elite é proteger e divulgar os valores (sobretudo cristãos) da sociedade como um todo. É um trabalho fundamental porque, se o cristianismo desaparecesse, toda a civilização ocidental desapareceria junto com ele. No entanto, como a massa de homens e mulheres é incapaz, na opinião de Eliot, do que se pode chamar propriamente de reflexão, sua participação na cultura será menos consciente que a de seus superiores. Em vez disso, ela assumirá a forma do costume e da tradição, dos mitos e dos sentimentos, das práticas rituais e dos hábitos intuitivos. Todos os indivíduos compartilharão da mesma forma de vida, mas o farão de maneiras diferentes e com níveis distintos de consciência. O orgânico e o hierárquico podem, assim, se reconciliar. Se o primeiro é uma alternativa ao individualismo liberal, o segundo é um baluarte contra o bolchevismo. Como o poeta W. B. Yeats, com quem ele se relacionava, Eliot é perspicaz o suficiente para perceber que, para prosperar, as elites precisam estar enraizadas na vida cotidiana. Caso contrário, sua condição privilegiada pode se revelar a sua ruína. Sua missão é elaborar, num nível consciente, os valores que, para a maioria das pessoas, fazem parte dos comportamentos costumeiros. O conhecimento da minoria deve se basear na sabedoria popular.

Desse modo, os dois significados principais do termo "cultura" – atividade artística e intelectual, por um lado, e o modo de vida de todo um povo, por outro – podem ser convenientemente associados. Veremos, mais à frente, que Eliot encara o poema de modo muito semelhante. Ele tem uma camada de significado consciente, um pouco como uma cultura comum tem uma minoria cuja tarefa é definir e divulgar seus valores; todavia, por baixo dela, e estimulado continuamente por ela, encontra-se o que podemos chamar de inconsciente poético, o imenso reservatório de impulsos e imagens que escapa de toda articulação consciente. O mesmo se aplica ao público de teatro hipotético de Eliot, que provavelmente contém uma pequena minoria de mecenas que compreendem o que está acontecendo espiritualmente nas peças dele, um estrato médio de tipos razoavelmente inteligentes que conseguem vislumbrar um pouco do significado mais profundo das peças e uma massa de broncos filistinos (banqueiros, políticos, contadores etc.) que não fazem ideia do que está acontecendo, mas que, como as mulheres de Canterbury em *Murder in the Cathedral*, de Eliot, conseguem, apesar disso, reagir ao significado do drama num nível subliminar. (A propósito, o título *Murder in the Cathedral* [Assassinato na catedral] pode muito bem ser uma das travessuras do autor, já que os espectadores correm para assistir o que promete ser uma peça policial do gênero de Agatha Christie e se veem diante de um drama intelectualmente exigente que quase não tem cenas de ação. Um bom número de espectadores das peças de Eliot provavelmente não se deu conta de que o que eles estavam ouvindo era expresso em versos, um descuido que, imaginamos, não o teria incomodado nem um pouco.)

O ideal, portanto, é uma cultura comum porém estratificada; no entanto, a realidade social é muito diferente. Como muitos de seus colegas modernistas, Eliot não sente nada além de desprezo pela maior parte dos aspectos da civilização existente, com seu materialismo ateu, sua adoração pela máquina, seu culto à utilidade, seu vazio espiritual e seu falso humanismo. Quanto a isso, ele partilha do ideário de F. R. Leavis, como veremos posteriormente; contudo, enquanto a religião de F. R. Leavis é, na verdade, a filosofia de D. H. Lawrence, a de Eliot é ferrenhamente anglicana. Ele observa com desdém que, ou o amor entre o homem e a mulher se torna sensato por meio de um amor superior (isto é, divino) ou é simplesmente a união entre animais. "Se removermos da palavra 'humano' tudo que a crença no sobrenatural deu ao homem", ele adverte, "poderemos vê-lo finalmente como não mais que um animalzinho inteligente, adaptável e maldoso" (SE, p.485). Eliot está convencido de que o número de indivíduos em qualquer geração capaz de um esforço intelectual é muito pequeno. Aliás, ele parece obter uma excitação quase erótica da expressão "só uns poucos". Ele certamente teria ficado profundamente irritado se, de uma hora para outra, o número de leitores de sua revista *The Criterion* se multiplicasse por dez.

A maioria dos homens e mulheres, como os "homens ocos" do poema homônimo de Eliot, são muito superficiais espiritualmente até mesmo para serem condenados, o que significa que "a possibilidade de condenação é um enorme alívio num mundo de reforma eleitoral, plebiscitos, reforma sexual e reforma do vestuário" (ibid., p.429). Numa era sem fé, a ideia do inferno é, para ele, uma considerável fonte de consolo. Escrevendo na era de Auschwitz, ele declara, no mesmo espírito de Charles Baudelaire, que é melhor fazer o mal que não fazer nada. As pessoas más, ao contrário das meramente imorais, pelo menos estão em contato com universos espirituais superiores, ainda que de forma negativa. O humanismo ignora o que talvez seja para Eliot o mais importante dos dogmas cristãos: o pecado original. Os seres humanos são criaturas desprezíveis; consequentemente, a maior das virtudes cristãs é a humildade. (Para a ortodoxia cristã que Eliot supostamente defende, a maior virtude é, na verdade, a caridade, da qual derivam inúmeras outras.) A crença romântica na infinitude potencial da humanidade é uma perigosa ilusão, tal como o é o ideal de progresso zelosamente promovido pela classe média. A poesia de Eliot está cheia de jornadas não empreendidas, abandonadas ou que terminam em frustração. É como se a história não progredisse nem se deteriorasse. "Não digo que a nossa época seja particularmente depravada", ele escreve; "todas as épocas são depravadas" (ibid., p.387). No entanto, fica claro em outras passagens de sua obra que a era moderna representa uma queda radical em relação à era de fé que a precedeu. Como inúmeros pensadores conservadores, Eliot hesita entre a posição de que as coisas estão piorando cada vez mais e a afirmação de que elas são horríveis desde o princípio.

Devemos impedir que os homens e as mulheres comuns recebam demasiada educação. O número dos que frequentam a universidade deveria ser reduzido em um terço. É preferível que um número pequeno de pessoas seja extremamente culto e que o resto se contente com conhecimentos rudimentares em vez de todos receberem uma educação inferior. Todo o ensino deve assumir, em última instância, uma forma religiosa, e talvez seja necessário ressuscitar as ordens monásticas a fim de defender a cultura clássica da barbárie que espreita fora do claustro. Toda a literatura moderna, incluindo uma certa "sra. Woolf", está contaminada pelo espírito secular. Devemos ler de acordo com os critérios cristãos, uma opinião que a literatura moderna lamentavelmente rejeita. Devemos privilegiar a censura literária, seja ela do tipo empregado pelos comunistas ou pela Igreja Católica Romana. Não surpreende que um católico sinta certa solidariedade com o comunismo. Eliot revela uma admiração relutante pelo marxismo, uma doutrina que ele abomina em termos políticos justamente por ela ser tão ortodoxa como o anglicanismo. Esse é um dos motivos pelos quais ele publicou uma série de autores de esquerda em seu periódico *The Criterion*. Apesar disso, no geral, ele não é um grande admirador da diversidade e considera que uma sociedade pluralista liberal que estimula pontos de vista conflitantes é menos respeitável que uma cultura que preserva suas crenças compartilhadas. A luta contra o liberalismo, ele assegura, é a luta para retomar nosso senso de tradição e "criar uma conexão fundamental entre o indivíduo e a raça" (ASG, p.48). Justiça seja feita, é a raça humana, não só seu segmento de pele branca, que ele tem mente. O liberalismo implica tolerância, enquanto Eliot considera que "a virtude da tolerância é muito superestimada, e eu não me importo que me chamem de intolerante" (EAM, p.129). Ele provavelmente espera enfurecer seus opositores, embora também possa estar sendo sincero.

Um dos problemas de dirigir uma revista política conservadora é que os conservadores da estirpe de Eliot não consideram que suas próprias opiniões são políticas. Pelo contrário, para eles essas opiniões brotam de certos princípios imutáveis, que não podem ser desqualificados pela esfera vulgar da conveniência política. Desse modo, desde o princípio *The Criterion* se viu numa situação embaraçosa, ao procurar enfrentar uma crise política urgente nas décadas de 1920 e 1930 ao mesmo tempo que aparentemente não acreditava muito na política. Erguendo-se acima de todos os partidarismos estridentes, a revista procurou adotar um tom imparcial. Eliot insiste que uma revista literária deve evitar todo viés social, político ou teológico. Não está claro como essa imparcialidade arnoldiana* deve ser alcançada, a menos que os colaboradores sejam recrutados entre os serafins. Ela também não reflete o modo como Eliot dirige a revista, onde é visto com frequência rodeando os colaboradores e sugerindo que eles adotassem determinada postura.[2] É verdade que a publicação adotou uma linha relativamente imparcial com relação à Guerra Civil Espanhola, um tema a respeito do qual Eliot elogia o tipo de imparcialidade recomendado por Arjuna, herói do *Bhagavad Gita*. A recusa de condenar o fascismo espanhol, contudo, dificilmente depõe a seu favor; além disso, ele não demonstrou essa imparcialidade no caso da luta contra o comunismo. Ele também foi menos imparcial com relação a outro ditador fascista ibérico, o português Salazar, a quem descreve ternamente como "um cristão à frente de um país cristão".[3] Ele ressalta que o regime de Salazar deve ser elogiado por ser um regime esclarecido.

A prosa de Eliot tem um tom oracular e arrogante. Ela sugere uma altivez curiosamente em desacordo com o protagonista inseguro de "A canção de amor de J. Alfred Prufrock". Ela também não se adapta bem à sua convicção filosófica inicial de que todo conhecimento advém de uma perspectiva específica e de que todo juízo é no máximo apenas aproximadamente verdadeiro. Podemos afirmar que *A terra devastada*, apesar de seu ambiente vazio e fragmentado, tem uma aura de autoridade similar ao redor de si, embora muito menos ressonante. Em que cume do Olimpo o próprio poeta tem de estar para ser capaz de enxergar tão ampla e tão profundamente num mundo em ruínas? E por que é que essa perspectiva não

---

* O autor se refere provavelmente ao poeta e crítico britânico Matthew Arnold (1822-1888), defensor da democratização do ensino. (N. T.)
2 Para uma excelente descrição da revista, ver Harding, J. *The "Criterion"*: Cultural Politics and Periodical Networks in Interwar Britain. Oxford: Oxford University Press, 2002.
3 Apud Collini, S. *Absent Minds*. Oxford: Oxford University Press, 2006. p.314.

pode ser incluída dentro da própria peça, em vez de funcionar como sua moldura? A forma sinóptica do poema está em desacordo com seu conteúdo fragmentado? O tom arrogante de Eliot pode desagradar o leitor moderno, mas no fim da carreira ele também começou a parecer condenável ao próprio autor. "O toque casual de arrogância, de veemência, de presunção ou de indelicadeza" em seus primeiros escritos era, ele confessa numa frase magnífica, "a fanfarronice do homem bem-educado entrincheirado tranquilamente atrás da máquina de escrever" (TCC, p.14), ou seja, uma compensação estilística para a sua insegurança pessoal. Ele também critica o protagonista de sua peça *Reunião de família* por ser um pedante insuportável, comparando-o desfavoravelmente com o personagem secundário do chofer. Quem sabe um novo casamento, mais gratificante, ajudasse a suavizar seu humor cáustico.

Ainda assim, a autoconfiança altaneira do Eliot do início da carreira, ou talvez da sua *persona* crítica, é admirável. Ele é um perito da crítica sarcástica levemente maliciosa. O crítico George Saintsbury é "um homem erudito e genial com um apetite insaciável pelas coisas de segunda" (ibid., p.12). "Akenside [poeta do século XVIII] nunca diz nada que vale a pena ser dito, mas o que não vale a pena dizer ele diz bem" (OPP, p.199). Alguns dos versos de Byron "não são bons demais para a revista da escola" (ibid., p.227). William Hazlitt, um dos maiores críticos do cânone literário inglês, é descartado como "medíocre", uma opinião certamente influenciada pelo fato de ele ser um fervoroso radical político. Horácio é "meio plebeu" em comparação com Ovídio (ibid., p.63). Lawrence é provinciano, esnobe, pouco instruído e tem "uma incapacidade para o que chamamos comumente de reflexão" (ASG, p.58). Se Eliot pode ser cáustico, ele não deixa de apreciar uma pitada de irreverência. Escrevendo a respeito da poesia inglesa do século XIX, ele pergunta com um espírito tipicamente travesso: "E o que dizer de *Aurora Leigh*, da sra. Browning, que eu nunca li, ou daquele longo poema de George Eliot cujo nome não me recordo?" (OPP, p.42). Não há dúvida de que é significativo que ambas as obras tenham sido escritas por mulheres. O que pode parecer à primeira vista uma humilde confissão de ignorância é provavelmente uma crítica depreciativa calculada. Às vezes é difícil saber quão sério Eliot pretende ser, como quando ele despreza a literatura como "uma forma superior de entretenimento" (SW, p.viii). O mais proeminente de todos os filósofos políticos ingleses, Thomas Hobbes, é descartado com desdém como "um daqueles arrogantezinhos estranhos a quem os movimentos caóticos do Renascimento atribuíram uma relevância que eles dificilmente merecem e que nunca perderam" (SE, p.355). Não é inconcebível que essa imagem de Hobbes como um excêntrico arrivista de classe baixa no mundo das letras refinadas esteja relacionada à aversão visceral de Eliot à sua filosofia materialista. As classes baixas da própria época de Eliot "lotam um vagão com dez pessoas para assistir a uma partida de futebol em Swansea, escutando a voz interior que sopra a eterna mensagem de orgulho, medo e luxúria" (ibid., p.27). Palavras como "televisão" são horrorosas devido à sua "estranheza ou falta de educação", embora Eliot não deixe claro a qual dessas categorias desprezíveis o termo "televisão" pertence. Existem generalizações vazias que não fazem muito sentido, como "Creio que a mente chinesa está muito mais próxima da anglo-saxônica que da indiana" (ASG, p.41). Há também um bocado de ignorância fingida e falsa modéstia quando Eliot finge não compreender uma afirmação extremamente óbvia ou lamenta timidamente que sua mente seja lenta demais para apreender certas abstrações que, para todos os efeitos, ele rejeita. "Não tenho nenhuma teoria geral própria" (SE, p.143), ele declara. Os outros têm teorias; já Eliot tem crenças, doutrinas e convicções. Sua crítica é permeada por uma sensação indefinida de impostura – de um escritor que pode estar menos convencido de suas próprias declarações arrogantes do que aparenta, que tem um olhar estratégico para o efeito de sua retórica no público e que é capaz de improvisar uma *persona* que se adeque à ocasião.

Alguns de seus comentários sobre cultura e tradição são um pouco menos inócuos. Durante uma palestra na Universidade da Virgínia em 1933, ele informa ao público que a cultura do sul dos Estados Unidos é menos industrializada e "menos invadida por raças estrangeiras" (ASG, p.16), sendo, por isso, particularmente vigorosa. A população da região é agradavelmente homogênea; não há menção aos negros cujos ancestrais escravizados lançaram as bases materiais da região que ele está honrando com sua presença. Se duas ou mais culturas coexistem, ambas se tornam "adulteradas". Como se isso já não fosse polêmico o suficiente, Eliot profere o que talvez seja seu comentário mais odioso de todos, ao acrescentar que "motivos de raça e de religião se unem para tornar indesejável qualquer contingente maior de judeus livres-pensadores" (ASG, p.20). Ele não fez nenhum comentário a respeito do Holocausto.

Nesta altura, o leitor esclarecido pode muito bem estar se perguntando se esse reacionário de carteirinha tem algo de valor. A resposta certamente é afirmativa. Em primeiro lugar, o elitismo, o antissemitismo, o preconceito de classe, a avaliação depreciativa da humanidade e a aversão indiscriminada pela civilização moderna são recorrentes na chamada tradição *Kulturkritik* herdada por ele.[4] Muitos intelectuais famosos do século XX tinham opiniões desse tipo, o mesmo ocorrendo com parte considerável da população ocidental da época. Isso não justifica seus comportamentos, mas ajuda a explicá-los. Por outro lado, tais comportamentos põem Eliot em desacordo com a ideologia capitalista liberal de sua época. Resumindo: ele é um radical de direita, como inúmeros de seus colegas modernistas. Ele acredita na importância dos vínculos comunitários, ao contrário de grande parte da ideologia liberal; ele também rejeita a ganância capitalista, o individualismo egoísta e a busca do interesse próprio

---

4 Para essa herança cultural, ver Mulhern, F. *Culture/Metaculture*. Londres: Routledge, 2000.

materialista. "A organização da sociedade baseada no princípio do lucro privado", ele escreve, "bem como da destruição do coletivo, está levando à deformação da humanidade por meio do industrialismo desregulado e, portanto, ao esgotamento dos recursos naturais [...] uma boa parte do nosso progresso material é um progresso pelo qual as gerações futuras podem ter de pagar caro" (ICS, p.61-2). Não há nada aqui de que um socialista preocupado com a ecologia discordaria. Sua primeira resenha publicada, sobre alguns livros referentes à Índia, é vigorosamente anti-imperialista. Ele se opõe a uma ordem social que exalta o ego solitário e que descarta o passado como algo morto e acabado. De sua parte, Eliot entende que o passado é a matéria de que somos majoritariamente feitos e que anulá-lo em nome do progresso é aniquilar muita coisa preciosa. É por isso que ele escreve que, ao abandonar a tradição, afrouxamos o controle sobre o presente.

Radicais de esquerda podem rejeitar a herança que Eliot homenageia, mas isso não significa que eles se opõem à tradição enquanto tal. É que, na verdade, eles adotam outras linhagens – dos niveladores, dos escavadores, dos jacobinos, dos cartistas, das *suffragettes*, por exemplo. "Nós, marxistas, sempre vivemos na tradição", observa Leon Trotsky em *Literatura e revolução*. "Uma sociedade é realmente pobre se a única coisa que pauta sua vida é sua própria experiência imediata e contemporânea", escreve Raymond Williams em *Cultura e sociedade, 1780-1950*.[5] A ideia de tradição não é, de modo algum, obscurantista em si mesma. Ela abrange tanto a monarquia como a liberdade de exigir sua abolição. Se Trooping the Colour* é tradicional, o direito de greve também é. Na era moderna, protesta Eliot, existe um provincianismo não do espaço, mas do tempo, para o qual a história

---

5 Williams, R. *Culture and Society, 1780-1950*. Londres: Chatto & Windus, 1958; reedição Londres: Vintage Classics, 2017. p.334.

* Cerimônia realizada pelos regimentos militares britânicos em que eles apresentam suas bandeiras e insígnias. Desde 1748 também marca o aniversário oficial do soberano britânico. (N. T.)

é meramente o registro das ações humanas que tiveram seu tempo e agora foram descartadas – uma visão que considera que "o mundo é propriedade exclusiva dos vivos, uma propriedade na qual os mortos não têm nenhuma participação" (OPP, p.72). O marxista Walter Benjamin teria concordado plenamente, juntamente com os críticos da transformação da história numa mercadoria facilmente consumível conhecida como "legado". Eliot continua, falando da "nossa veneração constante dos nossos ancestrais" (ibid., p.245); na verdade, porém, como veremos, sua abordagem do passado é bem mais inovadora e iconoclasta que essa devoção sugere. "Veneração" não é bem a palavra para definir a avaliação contundente que ele faz de Milton ou da maior parte da poesia do século XVIII.

Eliot tampouco aceita o racionalismo árido que sustenta a ordem moderna, com sua indiferença pelo parentesco, pela afeição, pelo corpo e pelo inconsciente. Diante da crença de que os homens e as mulheres são totalmente autodeterminados, ele insiste, ao contrário, em sua finitude e fragilidade, cuja consciência pertence à virtude da humildade. Os seres humanos dependem uns dos outros, como também de um todo maior. Para Eliot, como para D. H. Lawrence, não pertencemos a nós mesmos. A ideia de que possamos "possuir" nossos eus como um pedaço de terra é uma ilusão burguesa. O apego a um lugar específico que Eliot admira pode ter conotações sinistras de sangue e solo, mas também serve em nossa própria época como censura ao capitalismo global – aos CEOs do *jet set* que só se sentem em casa na sala VIP do aeroporto. A crença numa ordem social não precisa ser autoritária; em vez disso, ela pode ser uma alternativa à anarquia do mercado. Ela também pode ser preferível a uma civilização liberal na qual todos podem acreditar mais ou menos no que quiserem – mas somente porque, seja como for, as convicções não importam muito e porque a ideia de solidariedade humana murchou em sua raiz.

Nesse sentido, Eliot é um crítico das ortodoxias sociais de seu tempo tanto quanto, digamos, George Orwell ou George Bernard

Shaw. Só que a sua crítica é desferida da direita, não da esquerda. É verdade que o caso cheira a contradição, já que, na prática, Eliot foi um fiel servidor do mesmo capitalismo que fragmenta a comunidade, sucateia a tradição e despreza a espiritualidade. Para ele, a alternativa seria o comunismo; e quando se pergunta em voz alta como escolher entre comunismo e fascismo, ele fica com este último. Ele considerava que a Revolução Russa fora o acontecimento mais importante da Primeira Guerra Mundial e via o conflito entre a União Soviética e a civilização "latina" como uma guerra espiritual entre a Ásia e a Europa. Yeats tinha praticamente a mesma crença. Na verdade, a batalha contra o bolchevismo ocupa um lugar de destaque na pauta de *The Criterion*.

Apesar disso, Eliot não era, de modo algum, um fascista, muito embora sua primeira esposa tenha se tornado uma camisa negra, ou membro da União Britânica dos Fascistas. Certamente existem afinidades entre a ideologia fascista e o tipo de conservadorismo de Eliot, que não deve ser equiparado aos princípios do Partido Conservador atual. Ambos são doutrinas elitistas; ambos estão dispostos a sacrificar a liberdade em prol da ordem, rejeitar a democracia liberal e o individualismo econômico e elevar os mitos ou os costumes acima da análise racional. No entanto, conservadores como Eliot acreditam na Igreja, na tradição, na monarquia, numa sociedade descentralizada e numa aristocracia paternalista, nenhuma das quais é minimamente compatível com o fascismo. O mesmo acontece com a ideia de hierarquia social, já que o fascismo conhece apenas uma única distinção social: entre o líder e o povo. O fascismo se considera uma doutrina revolucionária, enquanto o conservadorismo não, naturalmente. Como todos os tipos de nacionalismo, o fascismo é uma invenção totalmente moderna, apesar de invocar deuses nórdicos e antigos heróis. O conservadorismo tem uma linhagem mais longa.

Os dois tipos de política têm um grande respeito pela sociedade rural; no entanto, enquanto os nazistas usavam expressões demoníacas de sangue e solo, os conservadores pensam um pouco mais angelicalmente em festas de aldeia e dançarinos folclóricos. O conservador se dedica à família, à comunidade local e à sociedade civil, enquanto o fascista jura lealdade unicamente ao líder, à raça e à nação. Sociedades fascistas glorificam a violência e costumam viver em pé de guerra, algo que não acontece com as sociedades conservadoras. As primeiras são governadas por um Estado violentamente autoritário, enquanto a modalidade de política de Eliot favorece o regionalismo em vez do centralismo. Na verdade, foi o fascismo que ajudou a encerrar *The Criterion* às vésperas da Segunda Guerra Mundial. Tinha ficado claro que o equivalente cultural do Sacro Império Romano que a revista esperava ver restabelecido estava perdendo terreno, na Europa continental, para uma forma de poder imperial bem mais sinistra. A "mente europeia" clássica, Eliot lamenta na edição final da revista, sumiu de vista, apesar de nunca ter ficado claro como um periódico cuja circulação provavelmente nunca passou de oitocentos exemplares iria reerguê-la novamente.

Embora Eliot seja certamente um elitista, já vimos que o elitismo não precisa necessariamente excluir a preocupação com as pessoas comuns. Pode ser que esse reacionário descarado tenha desejado excluir um número extremamente elevado de estudantes das universidades, mas ele também lecionou durante alguns anos num curso de educação de adultos, à época um projeto basicamente de esquerda. No que diz respeito aos valores morais, o número dos que conseguem diferenciar entre o bem e o mal é, na opinião de Eliot, muito pequeno; todavia, ele também defende que a multidão daqueles que estão sedentos por algum tipo de experiência espiritual é muito grande. Num ensaio sobre Kipling, cronista da vida na Índia, ele fala sobre os "povos de culturas inferiores", e, no entanto, afirma que Kipling enriqueceu a língua inglesa em benefício de todos, sejam eles filósofos ou porteiros ferroviários. Ele insiste que deve haver canais de comunicação entre o poeta e o público em geral; e, para que a poesia funcione, os dois devem compartilhar um contexto comum. Para esse intelectual extremamente refinado, a poesia deve estar enraizada na língua e numa sensibilidade comuns. Ela representa o mais apurado momento da consciência, e a sensibilidade mais intrincada de toda uma comunidade, não apenas a de um autor individual. É necessária uma pequena vanguarda de escritores que esteja à frente do seu tempo, mas não se deve confundir vanguarda com confraria. A primeira está a serviço de um grupo mais amplo que marcha atrás dela, o que dificilmente acontece com uma confraria ou uma camarilha. Eliot defende que as mudanças que a vanguarda promovem na língua e na sensibilidade acabarão por abrir caminho até o público em geral – mesmo, indiretamente, até aqueles que nunca leem poemas. Essa, fundamentalmente, é a função social da poesia.

Às vezes a insistência de Eliot nesse processo chega às raias do absurdo. Em *De poesia e poetas*, ele observa que, se os noruegueses parassem de escrever poesia, ou seja, se deixassem de aperfeiçoar e enriquecer seu próprio idioma e seus próprios sentimentos, as consequências disso seriam sentidas por todos os habitantes do planeta. Isso acabaria afetando mesmo aqueles incapazes de citar um único poeta, que dirá um poeta norueguês. Se uma nação não consegue criar escritores importantes, sua língua e sua sensibilidade deteriorar-se-ão, para prejuízo da espécie como um todo. Que a sensibilidade dos habitantes de Glasgow tenha se embrutecido porque poetas noruegueses desconhecidos deixaram de escrever não é a hipótese mais provável de todas. De maneira um pouco mais convincente, Eliot afirma que, quando a língua é saudável, "o grande poeta terá algo a dizer a todos os seus compatriotas com qualquer nível de educação" (OPP, p.9). Ao articular as emoções dos outros, o escritor também as modifica, tornando-as mais conscientes e deixando seus leitores mais atentos às sutilezas do que eles sentem espontaneamente. O poeta "descobre novas variantes de sensibilidade, que podem ser apropriadas pelos outros" (ibid.). O clássico perfeito é aquele que encontra uma resposta "entre as pessoas de todas as classes e condições" (ibid., p.69). Sua música já está latente na linguagem coloquial. "A poesia de um povo", observa Eliot, "extrai sua vida da fala das pessoas e, em troca, lhe dá vida; e ela representa seu mais alto grau de consciência, sua força maior e sua mais delicada sensibilidade" (UPUC, p.15).

Existe, portanto, uma reciprocidade entre o poeta e o populacho, o que não acontece com a confraria ou a camarilha. Para Eliot, o poeta quer proporcionar prazer à maior e mais diversificada quantidade de pessoas possível; ao buscar essa popularidade, ele aspira ao papel do comediante do teatro de revista. Eliot se interessou vivamente por essa modalidade de cultura popular e escreveu um ensaio elogioso sobre a lendária atriz de teatro de revista Marie Lloyd. Os dramaturgos elizabetanos, ele observa, adotaram uma forma de entretenimento popular e extraíram dela uma arte incomparável, e o teatro de revista oferece ao escritor moderno uma oportunidade semelhante. Ele insiste que um grande número de pessoas é capaz de obter satisfação da poesia. Ele também sugere, com seu estilo falsamente modesto e maliciosamente provocador, que ele próprio gostaria de contar com uma plateia para sua obra cujos integrantes não soubessem ler nem escrever. Em que sentido exatamente eles constituiriam uma plateia é algo que não está claro. Talvez ele se imaginasse declamando seus versos para eles, embora seja improvável que qualquer um que tenha ouvido uma gravação de Eliot lendo *A terra devastada* a classificasse como um de seus feitos mais inspirados. Apesar disso, essa ideia não é tão insensata como parece. Veremos posteriormente que Eliot considerava a comunicação poética como uma questão basicamente inconsciente, um dos motivos pelos quais ele tem uma atitude tão *blasé* a respeito do significado consciente do poema. Por conseguinte, não é preciso ser bem educado para apreciar sua obra. Na verdade, a erudição pode até representar um obstáculo à sua fruição. Apesar disso, as palavras só podem comunicar inconscientemente se, antes de mais nada, formos capazes de lê-las.

Nesse sentido, Eliot é menos limitado por seu conservadorismo do que se poderia esperar. E sua atitude em relação à tradição também não é nada tradicional. Pelo contrário: a reconstrução que ele faz do conceito é uma de suas inovações críticas mais consagradas, e o ensaio no qual ela se encontra, "Tradição e talento individual", um dos mais célebres documentos críticos do século XX. Para um autor tão jovem, é uma linha de argumentação surpreendentemente ousada e abalizada. Ela propõe o que se poderia chamar de conceito modernista da tradição, que rompe com uma concepção linear da história da literatura, com uma coisa depois da outra. A ideia de tradição tem de ser resgatada da ilusão de progresso, da evolução ascendente e do aprimoramento contínuo da classe média; e se a literatura é um instrumento adequado para desafiar essa ideologia condescendente, isso se deve em parte ao fato de que realmente não existe um caminho ascendente simples de Horácio a Margaret Atwood. Para Eliot, a tradição é uma via de mão dupla; ela funciona tanto para trás como para frente, já que o presente altera o passado assim como o passado dá origem ao presente. O senso histórico implica uma percepção não apenas da passadidade do passado, mas da sua presentividade. Como é frequente com o modernismo, estamos falando de uma forma espacializada de tempo, de modo que um poeta escreve "com uma sensação de que o conjunto da literatura europeia desde Homero, e dentro dela o conjunto da literatura de seu próprio país, tem uma existência simultânea e compõe uma ordem simultânea" (SE, p.14).

Quando um novo texto entra no cânone literário, ele altera retroativamente as relações entre as obras anteriores, permitindo-nos enxergá-las sob uma nova luz. Podemos falar da influência de Keats em Tennyson, mas, Eliot poderia perguntar, e a influência de Tennyson sobre Keats? Ele escreve:

> Os monumentos [literários] existentes formam uma ordem ideal entre si, que é modificada pela introdução da nova (a realmente nova) obra de arte entre eles. A ordem existente está completa antes que a nova obra chegue; para continuar havendo ordem depois da interferência da novidade, *toda* a ordem existente tem de ser alterada, muito discretamente; e assim as relações, as proporções e os valores de cada obra

de arte são reajustados em relação ao todo; e isso é conformidade entre o velho e o novo. (ibid., p.15)

Um exemplo dessa transformação retroativa pode ser encontrado em *New Bearings in English Poetry*, de F. R. Leavis, no qual a própria revolução de Eliot na escrita da poesia permite que Leavis reavalie Gerard Manley Hopkins como um protomodernista em vez de um vitoriano tardio um pouco extravagante. Convém acrescentar que a prática poética de Eliot combina o velho e o novo um pouco como sua ideia de tradição o faz. Por ser fiel a determinado momento consagrado do passado (aproximadamente, o período que vai de Marlowe a Marvell), sua obra consegue contrariar as convenções do presente. "Tradição e talento individual" pode ser interpretado, entre outras coisas, como uma tentativa de retomar a prática literária vanguardista de seu autor em defesa de uma poética conservadora. Visto à distância, o que parece aberrante é, na verdade, fiel ao legado do passado.

As obras do passado constituem uma ordem acabada e coerente; não se admite que o cânone literário possa estar marcado pelo conflito e pela dissonância; e embora suas relações internas sejam alteradas toda vez que ele abre espaço para uma nova obra, ele emerge em seguida imperturbavelmente, como um todo orgânico. Nesse sentido, a tradição se perpetua por meio da mudança, não apesar dela. Apesar de estar num fluxo contínuo, ela "não abandona nada no caminho" (ibid., p.16) – embora caiba a pergunta no caminho para o quê, uma vez que a tradição, para Eliot, ao contrário do movimento socialista ou da visão vitoriana do progresso material, não tem nenhum objetivo específico. Ela nunca é pega desprevenida por uma nova criação literária mirabolante, já que ela simplesmente se reorganiza para acolhê-la. A inovação é cooptada, não repelida. É impossível romper de fato com a tradição, pois até isso acabará sendo um movimento dentro dela. Ela é um organismo autoajustável e autounificador com sua própria vida autônoma e, nesse sentido, se parece com uma imensa obra de arte que se estende no tempo e no espaço. Assim como o Espírito do Mundo de Hegel atua secretamente no interior dos indivíduos e por meio deles, que credulamente se imaginam independentes, a tradição também usa os escritores como uma forma ardilosa de se reproduzir. Eles são os instrumentos singelos de um enorme poder cujas profundezas não conseguem penetrar, um pouco como os fiéis religiosos em sua relação com Deus. Na verdade, a ideia de tradição é um dos inúmeros substitutos da era moderna para o Todo-poderoso, cuja versão menos secular Eliot adotará alguns anos depois de finalizar o ensaio "Tradição".

Pode ser que uma forma de escrita, observa Eliot em *To Criticize the Critic*, venha a se sentir obsoleta e surrada, deixando de responder aos modos de sentir, pensar e falar contemporâneos; nesse caso, pode ser fundamental que ocorra uma revolução poética. Essa sublevação é recebida inicialmente com afronta e desprezo, mas acaba sendo considerada algo revitalizante em vez de destrutivo, trazendo um novo alento ao legado que ela parece destruir. Sua legitimidade será finalmente reconhecida, um pouco como a da propriedade que foi roubada séculos atrás. Há momentos em que é preciso desviar para se manter na linha. Um teste do valor de uma obra, afirma Eliot, é que ela se "encaixa" com o que aconteceu antes. A conformidade é o critério decisivo. Porém, como exatamente "Prufrock" faz isso, por mais sofisticada que seja a percepção do que configura essa adequação? Eliot elogia a crença de Samuel Johnson de que a inovação deve respeitar os limites do decoro, mas isso pode ser um exemplo de descompasso entre a teoria e a prática de Eliot. "Decoro" é a última palavra que usaríamos para nos referirmos a sua obra poética inicial.

Existe mais um problema. A entrada de um recém-chegado na tradição garante que o passado se mantenha vivo; contudo, se ela o faz modificando os valores, as proporções e as relações das obras existentes, então essa visão da história literária abre as portas para o relativismo. Eliot se opõe, com razão, a tratar as obras de arte de forma isolada; pelo contrário, o significado delas advém do lugar que ocupam numa estrutura mais ampla (a tradição), e elas só podem ser verdadeiramente avaliadas por meio de uma comparação mútua. (Essa visão pode se originar em parte de sua pesquisa sobre F. H. Bradley, filósofo do final do século XIX para o qual a verdade de um objeto está nas suas relações com os outros.) No entanto, isso sugere que nenhum poema ou romance isolado pode ter um valor intrínseco e inalterável, como certa visão convencional procurava defender. E é essa visão convencional que Eliot também parece endossar, ao mesmo tempo que insiste que nenhuma reputação poética permanece exatamente a mesma para sempre. Há oscilações e readaptações ao longo do cânone, à medida que seus ocupantes, um pouco como os passageiros de um vagão de metrô lotado, se mexem um pouquinho para dar espaço aos recém-chegados. Poderia então haver uma inovação que reduzisse retroativamente o estatuto de Homero ou Shakespeare? Ou será que é para se precaver contra essa possibilidade que as relações e as proporções só são alteradas pelo recém-chegado "muito discretamente"?

Parece que Eliot procura combinar um sentido convencional da tradição, para o qual determinadas obras literárias são eternamente valiosas, com uma visão mais relacional ou historicista delas. E esse não é um ponto de vista totalmente coerente. Existe imobilidade, mas também fluxo, como existe para Eliot num poema individual, que tende a envolver uma contínua "fuga não percebida da monotonia" por meio da variação constante de seus sons e ritmos (TCC, p.185). O chamado verso livre, por exemplo, evoca continuamente, mas evita habilmente, o compasso de uma métrica regular. O pentâmetro iâmbico joga os ritmos irregulares da voz contra um sistema métrico regular. Também descobrimos, surpresos, que a tradição, "afinal, não flui invariavelmente pelas reputações mais ilibadas" (SE, p.16). Portanto, não se trata apenas de uma constelação de obras ilustres. É uma questão de valor, mas não no sentido de que ela é composta de autores que são geralmente vistos como sendo do mais alto nível. Isso incluiria Milton, Blake, Shelley e Tennyson, que, para Eliot, não pertencem de modo algum à tradição. Veremos posteriormente que isso acontece porque ele entende por tradição um *tipo* particular de escrita literária, independentemente de os escritores que lhe servem de exemplo serem geralmente considerados os mais renomados.

Desse modo, tanto para Eliot como para Leavis, John Donne (um personagem secundário para alguns críticos da época) faz parte da tradição, mas John Milton não. Donne escreve de uma forma considerada compatível com um uso específico da língua inglesa, enquanto o estilo poético de Milton representa uma ameaça mortal a ela. Portanto, a tradição não abrange o conjunto dos antepassados literários de alguém, mas uma seleção particular e parcial deles – parcial porque, em termos gerais, esses são os precursores que ajudarão Eliot, entre outros, a escrever sua própria poesia no presente. Essa é mais uma forma pela qual o supostamente atemporal está relacionado a um ponto de vista específico. Como observa Raymond Williams, "a cultura tradicional de uma sociedade sempre tenderá a corresponder a seu sistema *contemporâneo* de interesses e valores, pois ela não é um conjunto acabado de obras, mas uma seleção e uma interpretação contínuas".[6] Portanto, a tradição tem um valor prático. Ela é moldada de acordo com as necessidades dos contemporâneos, algo que um defensor "tradicionalista" dela dificilmente alegaria. Quando era um jovem poeta, o próprio Eliot não conseguiu encontrar um ponto de apoio na poetização obsoleta do romantismo tardio de sua época e, portanto, foi forçado a olhar para trás, por cima do ombro de seus versos bem arrumados, para um passado mais criativo. No entanto, a autoridade com que ele reveste a tradição não combina muito bem com a visão de que ela é um artifício conveniente. Além disso, não existem linhagens conflitantes, ou escritores que pertencem a mais de um legado literário ao mesmo tempo? A acepção conservadora de passado de Eliot, de que ele constitui

---

6 Williams, R. *The Long Revolution*. Londres: Chatto & Windus, 1961. p.52.

um todo orgânico, o impede de encarar essas possibilidades, mesmo que seu conservadorismo também contenha alguns aspectos radicais. Isso implica levar a cabo uma espécie de trabalho de demolição e resgate da literatura inglesa, o que um crítico, certamente tendo em mente as origens nacionais de Eliot, descreve de forma bastante contundente como "a mais ambiciosa proeza de imperialismo cultural que o século [XX] provavelmente produzirá".[7]

Os escritores que não herdam aquilo que Eliot chama de "sabedoria acumulada do tempo" (SE, p.29) têm de utilizar seus próprios recursos, e, na sua opinião, é provável que eles sejam mais escassos que os da tradição. Esses autores são "hereges" – homens e mulheres que não estão sujeitos aos limites da ortodoxia, no sentido de um conjunto consagrado de crenças compartilhadas espontaneamente, e, consequentemente, são vítimas do bizarro, do fantasioso, do extravagante e do excêntrico. D. H. Lawrence, que na opinião de Eliot não tem uma cultura muito sólida, é guiado unicamente pela "luz interior", além de ser espiritualmente doente. Mesmo assim, Eliot declara solenemente, apesar do preconceito tradicional, que nenhum escritor era menos sensualista. O que o lança na escuridão externa é o fato de ter se desviado da corrente principal, não sua exploração escandalosa da sexualidade. (Caberá a F. R. Leavis recordar que a cultura provinciana e de classe média baixa em que Lawrence cresceu era um bocado mais fecunda do que o extremamente insolente Eliot concederá.) Por outro lado, James Joyce é, na visão de Eliot, o mais ortodoxo de todos os autores contemporâneos. O fato de ele ser um ateu de vanguarda cuja obra foi banida por ter sido considerada pornográfica é menos importante que o fato de ele recorrer a uma estrutura estável de ideias derivada de Aristóteles e Tomás de Aquino. Não há dúvida de que Eliot saboreou discretamente o efeito do impacto de situar o autor do monólogo sensual de Molly Bloom ao lado de

---

7 Martin, G. Introduction. In: Martin, G. (Org.). *Eliot in Perspective*. Londres: Macmillan, 1970. p.22.

clássicos ilustres como Dante. W. B. Yeats, compatriota de Joyce, cuja falta de crenças ortodoxas o desvia para os pântanos do "folclore, do ocultismo, da mitologia, do simbolismo e dos textos premonitórios e herméticos" (ASG, p.45), não recebe tais elogios, muito embora, no geral, Eliot tenha uma opinião extremamente favorável a respeito de sua obra.

A escrita de William Blake "tem o desconforto da grande poesia" (SE, p.128); porém, por ser a obra de um Dissidente, ela também fica de fora de um sistema ortodoxo de referência, sendo forçada a inventar uma filosofia própria exótica e caseira. Blake é comparado, em tom condescendente, a um homem que molda uma engenhosa peça de mobília artesanal. O fato de não poder contar com um conjunto consagrado de doutrinas para fazer o trabalho da crença em seu lugar indica que ele está ocupado demais com as ideias. Para Eliot, ele também é afetado por certa indigência cultural, uma acusação que vale tanto para ele como para Lawrence. A questão é que Eliot é incapaz de aceitar que o provincianismo não conformista e o radicalismo metropolitano sejam culturas autênticas. Ele descobre uma carência similar de cultura, associada novamente à Dissidência religiosa, na obra de John Milton, em cuja mitologia puritana ele vislumbra certa fragilidade e cujas regiões celestiais e infernais em *Paraíso perdido* ele descreve com floreios aprazíveis como "aposentos amplos, porém insuficientemente mobiliados, preenchidos por conversas profundas" (ibid., p.321). Thomas Hardy é outro autor desprovido de qualquer sistema objetivo de crenças. É claro que ele também é demasiado ímpio, plebeu e socialmente progressista para o gosto de Eliot.

O desejo de Eliot de pertencer – a uma igreja, tradição ou instituição social – resulta, em parte, da sua condição de imigrante. Não surpreende que encontremos tamanho entusiasmo pela tradição num poeta deserdado oriundo de um país que não se destaca pela reverência ao passado. A tradição é, entre outras coisas, a vingança de

Eliot contra os filistinos de St. Louis. No entanto, como vimos, também é menos provável que o artista imigrante seja condicionado por uma herança cultural que aqueles criados dentro dela e, portanto, é provável que ele esteja mais disposto a fazer uma colcha de retalhos com os elementos que a compõem. Nos ensaios críticos de Eliot, dramaturgos jacobinos secundários são promovidos, o século XVIII é condenado com elogios tímidos e esquadrões inteiros de poetas românticos e vitorianos são escorraçados. Até Shakespeare é alvo de avaliações corrosivas. Há também algo um pouco não inglês em relação à enorme ambição intelectual desse anglófilo – em relação ao modo como ele é capaz de se referir, em termos tão solenemente generalizantes, à "mente europeia" ou à literatura europeia, como se ela formasse uma totalidade orgânica. Talvez seja preciso chegar aqui vindo de fora para compreender a Europa dessa forma abrangente. Também é típico do estrangeiro idealizá-la demais. A afirmação de que a literatura europeia constitui uma unidade orgânica é certamente uma ilusão, assim como o é a insistência de Eliot de que é preciso ler todas as peças de Shakespeare para compreender qualquer uma delas. Ele chega até a sugerir que a literatura *mundial* constitui uma unidade, um exemplo tão improvável como afirmar que as estrelas estão meticulosamente dispostas para enunciar um comunicado importante. De todo modo, a crença de que a unidade sempre é um valor positivo é uma das premissas mais questionáveis da crítica literária, e também uma das mais duradouras.

Desse modo, na maioria das vezes a tradição acaba sendo uma questão de interpretação. É um constructo e também um fato; aliás, na opinião de F. H. Bradley, a linha que separa os dois é particularmente imprecisa. Os poetas têm de entregar suas personalidades insignificantes a esse poder soberano, permitindo que ele fale por meio deles; no entanto, ao agir assim, em certo sentido eles estão se sacrificando para sua própria criatura, um pouco como aqueles que se imolam diante dos ídolos entalhados com suas próprias mãos. O conceito de autossacrifício também está na origem de outra doutrina famosa de Eliot, a ideia de impessoalidade. Em termos gerais, enquanto o poeta romântico quer expressar o eu, Eliot quer eliminá-lo, no que está de acordo com muitos de seus colegas modernistas. A poesia não é uma questão de "personalidade", mas de fuga dela. Escrever é uma questão de autoentrega constante. O autor nada mais é que um "suporte cuidadosamente aperfeiçoado no qual sentimentos específicos ou bastante variados têm a liberdade de estabelecer novas relações" (SE, p.18). Quanto mais perfeito for o artista, maior será a diferença entre "o homem que sofre e a mente que cria" (ibid.). A diferença entre a arte e os acontecimentos ou sentimentos pessoais que ela pode registrar é total. Experiências que são decisivas para o autor podem não desempenhar nenhum papel em sua poesia, e o que é importante na poesia pode ser insignificante em sua vida. Eliot observa que o crítico vitoriano Matthew Arnold se concentra erroneamente nos sentimentos do poeta em vez de se concentrar nos sentimentos do próprio poema. Para Eliot, a emoção deve ser encontrada *nas* palavras do poema, deve ser representada concretamente ali, em vez de ficar à espreita em algum lugar atrás delas, no coração ou na mente do artista.

Portanto, a obra literária não é, de maneira nenhuma, um "reflexo" da mente que a produz. Alguns escritores podem viver emoções brutas ou simples na vida real e emoções sutilmente nuançadas em sua arte. Ou seus sentimentos podem ser obscuros e indefiníveis demais para serem apreendidos plenamente. Eliot não presume, *à la* Descartes, que somos transparentes para nós mesmos. O que importa não é vivenciar emoções profundas ou originais, mas a intensidade do próprio processo criativo. Para Eliot, a originalidade é um valor romântico superestimado, e a existência de emoções ainda não descobertas é certamente algo questionável. No momento em que uma experiência se cristaliza num poema, ela pode estar tão diferente do estado mental inicial do autor a ponto de quase não ser reconhecida por ele. Aliás, Eliot vai mais além, afirmando que aquilo que o poema transmite não existe fora do próprio ato de transmissão. É como se a experiência se constituísse durante o processo de sua transmissão. Como os tipos carismáticos chamados a profetizar pelo Espírito Santo, os poetas não sabem o que têm a dizer até que se ouvem dizendo algo. O contraste com o romantismo não poderia ser mais claro. Para Eliot, o ofício do poeta não é exprimir a si próprio. Além disso, os poetas românticos normalmente são *agentes* – sujeitos ativos que recriam o mundo com o poder da imaginação. Na estética de Eliot, não existe muito espaço para essa iniciativa, além de não haver lugar para a imaginação criativa. Dada a generosa glorificação dessa modesta qualidade nos círculos literários, essa omissão é positiva. O poeta eliotiano, em contraposição ao romântico arduamente autoconstruído, é extremamente passivo – "um receptáculo que captura e armazena uma infinidade de sentimentos, frases e imagens, que permanecem ali até que todas as partículas que podem se unir para formar um novo conjunto estejam presentes ao mesmo tempo" (SE, p.19). Numa passagem muito citada de seu ensaio pioneiro sobre os poetas metafísicos, Eliot diz que a mente do poeta forma novos conjuntos a partir de experiências (apaixonar-se, ler Espinosa, ouvir o som da máquina de escrever, sentir o cheiro do jantar sendo preparado) que, para as mentes não poéticas, são muito diferentes. É essa capacidade de fundir um conjunto de sensações difusas num todo complexo que diferencia o poeta, não a natureza ou o valor das próprias sensações. Como esse processo não envolve nenhuma escolha consciente, pode haver um significado inconsciente na escolha que Eliot faz do nome de Espinosa, um filósofo famoso pelo determinismo implacável. A mente do poeta é como o catalisador numa experiência química: ao fundir determinados gases para formar um composto, ele mesmo permanece neutro, inerte e inalterado.

Existe uma posição política por trás dessa poética. Entre os românticos e os modernistas ocorre uma transformação histórica no próprio conceito de subjetividade. Os românticos viveram numa era de revolução industrial e política, que precisava de indivíduos livres e autodeterminados que pudessem forjar sua própria história; no começo do século XX, com suas burocracias sem rosto e corporações anônimas, esses homens e essas mulheres se tornaram os sujeitos passivos de uma civilização mais impessoal. No entanto, na poesia, ou até na sociedade como um todo, é uma impessoalidade que Eliot aprova. Ela é um antídoto à fantasia romântica de que no centro do mundo existe um eu cujo escopo é potencialmente ilimitado – um devaneio típico dos Estados Unidos ao qual Eliot deu as costas, com suas ilusões de grandeza do tipo "Posso ser o que quiser". Como um cristão conservador, ele considera que os seres humanos são criaturas limitadas e imperfeitas, que só podem prosperar se forem rigorosamente disciplinadas. A ordem tem de se sobrepor à liberdade, ou seja, o conservadorismo ao liberalismo. O enraizamento é preferível à iniciativa desordenada. A humildade é a cura para a arrogância do eu moderno. A tradição, a ortodoxia e a convenção devem frear o individualismo caprichoso, que só enxerga seus próprios interesses egoístas.

É esse individualismo que Eliot sempre tem em mira, quer o chame de liberalismo, protestantismo, romantismo, whiggismo, humanismo, livre-pensamento, relativismo moral, culto da personalidade ou "voz interior" da consciência individual solitária. "O que é desastroso", ele declara em *After Strange Gods*, "é que o escritor deva deliberadamente dar asas à sua 'individualidade', que ele deva até mesmo cultivar suas diferenças dos outros; e que seus leitores devam valorizar o autor genial, não apesar dos desvios da sabedoria herdada da raça, mas por causa deles" (ASG, p.33). No entanto, é preciso levar em conta que *After Strange Gods* é um de seus textos críticos mais radicais, cheio de comentários petulantes como "um estado de espírito excessivamente tolerante deve ser denunciado" (ibid., p.20) e (no que parece mais um tom de lamento que de alívio), "ao contrário das classes econômicas, as classes sociais quase não existem mais hoje em dia" (ibid., p.19). Um estudioso, pouco conhecido por seu radicalismo, descreve o livro como "meio delirante",[8] enquanto o próprio Eliot comentou com William Empson que estava "com a alma doente" quando o escreveu.

Já vimos que, como um imigrante na Europa que fugia, entre outras coisas, do senso de individualidade demasiado forte do puritanismo norte-americano, Eliot desconfiava do ego uniforme que procurava dominar o mundo. Sob a forma do magnata industrial de classe média, esse ego fazia parte daquilo que estava desalojando sua própria classe social mais ociosa. Os "personagens" de seus primeiros poemas são menos indivíduos que zonas de consciência, conjuntos de experiências distintas que buscam uma identidade à qual se ligar. Não surpreende que, como um dos poucos poetas de língua inglesa que conhece a fundo as minúcias da filosofia, Eliot ficasse tão fascinado pelo pensamento de F. H. Bradley, cujo ponto de partida não é o eu, mas aquilo que ele chama de Experiência ou Sensação Imediata. Para Bradley, somente por meio de um processo de abstração desse imediatismo é que chegamos ao conceito do eu, junto com a ideia de um não eu ou objeto externo. A consciência está ligada a diversos objetos, o que significa que ela muda e oscila como eles. O sujeito humano não é, de modo algum, uma substância sólida. Seria de se esperar que a conversão de Eliot ao cristianismo o tivesse levado a aceitar a realidade do eu, que, afinal de contas, é o que é corrompido pelo pecado e redimido pela graça divina; no entanto, em "Quatro quartetos", poema posterior à conversão, a individualidade ainda parecia supreendentemente precária, tal como ela é em *A terra devastada*, poema anterior à conversão. E a doutrina da encarnação não parece ter tornado Eliot mais disposto à vida da carne.

A teoria da impessoalidade poética de Eliot exige que se separe a obra do seu criador. O que um poema significa equivale ao que ele representa tanto para seus leitores como para o autor; com o passar do tempo, o poeta se torna simplesmente mais um leitor de sua

---

8 Mackinnon, L. Aesthetic certainty. *Times Literary Suplement*, 31 jan. 2020, p.30.

própria obra, possivelmente esquecendo ou reinventando seu sentido original. Nenhum autor tem um controle absoluto da recepção de seus poemas ou romances. Nesse caso, não está em jogo o direito de propriedade. A interpretação de um leitor pode ser tão válida como a do próprio autor, ou pode, de fato, aperfeiçoá-la. Nunca existe apenas uma interpretação possível de um texto literário, e explicá-lo não é relatar o que o autor estava querendo dizer, consciente ou inconscientemente. Quando Eliot ressalta, certamente com um exemplo tipicamente provocativo, que *A terra devastada* nada mais é que uma obra com lamentos cadenciados, o leitor tem todo o direito de lhe dizer que isso é bobagem. Talvez seu comentário seja um convite dissimulado para que o leitor aja assim. Quando um ator, durante o ensaio de uma de suas peças, deu a uma fala uma inflexão que parecia alterar completamente seu significado, o próprio Eliot, escondido na plateia, comentou que talvez fosse isso que a fala significasse. Apesar disso, o poema também não é redutível à experiência que o leitor tem dele, um caso exemplificado, na opinião de Eliot, pela obra de I. A. Richards. A importância de um poema não pode residir apenas em alguns estados de espírito fortuitos que ele eventualmente evoque no leitor; pelo contrário, é preciso que haja uma relação indispensável entre a obra e a reação do leitor a ela. O poema é uma entidade quase-objeto, com um significado mais ou menos próprio que não é nem puramente subjetivo (não posso decidir simplesmente que "torta de carne" significa "membro do Parlamento") nem objetivo, no sentido que um táxi é.

Tal como sua visão da tradição, a visão que Eliot tem da impessoalidade não é totalmente coerente. Percebemos num grande poeta, ele afirma, "uma personalidade significativa, consistente e em desenvolvimento" (SE, p.203) – embora às vezes ele se refira à personalidade como a atmosfera ou o padrão de sensibilidade de uma obra literária. Os personagens de Shakespeare, ele defende, representam determinados conflitos que estão presentes na alma do poeta, uma afirmação que, curiosamente, contraria a ideia de que a obra é independente do autor. Ele menciona às vezes a sensação de que o autor está presente em sua obra, ou sugere que precisamos de mais informações biográficas sobre determinado escritor. Em outras ocasiões, porém, como no caso de Dante, reclama que a informação biográfica prejudica a fruição da poesia. O conceito de impessoalidade de Eliot não implica que o poema é um objeto autossuficiente, como acredita a Nova Crítica norte-americana. Embora esteja livre tanto do autor como do leitor, ainda assim o poema está enraizado num contexto histórico específico. A arte e a vida cotidiana estão interligadas: nosso gosto poético, Eliot insiste, não pode ser desvinculado do restante de nossas paixões e interesses, e a evolução tanto da poesia como da crítica é determinada por elementos externos que as penetram. Não se pode traçar uma linha clara entre o moral, o social, o religioso e o estético. O crítico precisa levar em conta a história, a filosofia, a teologia, a economia e a psicologia, muito embora o próprio Eliot não se envolva com tais questões. Tanto a forma como o conteúdo das obras literárias estão ligados a um tempo e lugar que lhe são específicos.

Para ele, isso não significa autorizar uma crítica sociológica. Os conservadores normalmente consideram a sociologia desagradável, e na época de Eliot uma crítica literária que a levasse a sério provavelmente teria origem no campo marxista. Ele insiste que também não devemos subestimar os elementos eternos e indestrutíveis da arte. Mesmo assim, refere-se à arte renascentista como um marxista o faria, dizendo que ela foi determinada em suas origens pelo surgimento de uma nova classe social, e afirma que alterações na função da poesia ocorrem em paralelo às transformações sociais. O mesmo acontece com a natureza da perspicácia, uma faculdade ilustrada de maneira esplêndida por Eliot com a obra de Andrew Marvell, poeta do século XVII. Um comentário seu a respeito da qualidade peculiar da poesia de Marvell – "um sólido bom senso por baixo da discreta elegância lírica" (ibid., p.293) – se incorporou, com razão, à consciência literária coletiva. Ele define perspicácia como uma mistura de leveza e seriedade, o produto de uma mente enriquecida pela experiência de gerações. É verdade que sua abordagem histórica da literatura é assustadoramente genérica: a chamada dissociação da sensibilidade, uma doutrina que examinaremos posteriormente, "tem a ver com a Guerra Civil" (OPP, p.173), uma afirmação que provavelmente não garantiria a ninguém uma vaga no curso de História em Harvard. A derrocada da literatura coincide com um conflito no qual, segundo Eliot, o lado errado venceu. Seu comentário histórico consiste basicamente numa série de generalidades grandiloquentes, enquanto suas observações críticas são, em sua maioria, delicadas e precisas. Vejam, por exemplo, sua afirmação de que "Marlowe põe em versos brancos a melodia de Spenser e obtém uma nova força motriz aumentando a duração da frase em relação à duração do verso" (SE, p.76). Esse é um comentário de um mestre artesão, não apenas de um crítico acadêmico.

"Toda mudança radical na forma poética", Eliot escreve, "é provavelmente o sintoma de uma mudança muito mais profunda na sociedade e no indivíduo" (UPUC, p.75). A forma poética não é simplesmente "estética", mas social e histórica do começo ao fim. Raymond Williams, como veremos posteriormente, defende exatamente o mesmo argumento. As convenções na arte refletem acordos gerais na sociedade. Só numa sociedade coesa e homogênea, afirma Eliot, encontraremos o desenvolvimento de padrões formais intrincados, pois um conjunto de valores comuns dá origem a determinados paralelos e simetrias. Uma forma literária como o soneto shakespeariano expressa um modo definitivo de pensar e de sentir, e as formas de pensamento e de sentimento estão enraizadas nas condições sociais de sua época. Uma métrica diferente representa uma maneira de pensar diferente. Forma e conteúdo são mutuamente determinantes.

A crítica de Eliot tem uma característica estranha: embora enquanto classicista ele defenda a impessoalidade, ele sempre coloca o sentimento no centro do poema, à maneira do romantismo, do qual ele tanto desconfia. "Todo poeta parte de suas próprias emoções"

(SE, p.137), declara Eliot. É difícil perceber como isso pode ser válido para a *Ilíada* ou o *Ensaio sobre o homem*, de Pope. Nem toda literatura pode ser construída a partir do lírico. É igualmente duvidoso (como Eliot argumenta) que a evolução artística de Shakespeare se baseie em seu nível de maturidade emocional num dado momento, o qual supostamente determinaria sua escolha de tema, de forma dramática e de técnica poética. Se os dois argumentos (a impessoalidade e o papel fundamental do sentimento) podem ser conciliados, isso ocorre basicamente porque a tarefa do poeta é impessoalizar suas emoções em vez de expressá-las abertamente. "A emoção da arte", nos avisa Eliot, "é impessoal" (ibid., p.22). Quando o poeta encontra as palavras adequadas para transmitir seu estado de espírito, essa condição emocional desaparece e é substituída pelo próprio poema. O poeta está preocupado com "a dificuldade de transmudar suas agonias pessoais e privadas em algo rico e estranho, algo universal e impessoal" (ibid., p.137). (Cabe a pergunta: por que o poeta parte da agonia, em vez de, digamos, do rancor ou da euforia?) Nesse caso, há uma insinuação do que Freud chamaria de "sublimação", na medida em que as atribulações diárias são postas num nível mais elevado, e aquilo que é angustiante na vida se torna aprazível na arte. Há também uma percepção do poema como uma espécie de terapia, ou então como uma forma de lidar com os próprios sentimentos se esquivando deles. Para Freud, a sublimação é uma forma de repressão.

O filósofo Bradley também considera que os estados de consciência são impessoais. (Aliás, é típico do ambiente cordial da Universidade de Oxford que, embora Eliot pesquisasse sobre Bradley, que ainda estava vivo e trabalhava em uma modesta faculdade, os dois jamais tenham se encontrado. Mas isso pode ter ocorrido, em parte, devido aos hábitos noturnos de Bradley.) Na opinião deste último, o subjetivo e o objetivo são aspectos de uma mesma realidade, com uma fronteira extremamente fluida entre si. Só é possível identificar estados de espírito tomando como referência os objetos aos quais eles estão ligados; e, se for assim, então, em certo sentido, nossas emoções e experiências estão "no" mundo, em vez de simplesmente em nós. Inversamente, os objetos são redutíveis às relações entre diferentes estados de consciência. É a esse conceito que Eliot recorre para criar mais uma de suas célebres teorias, o chamado correlato objetivo. Num ensaio sobre *Hamlet*, ele escreve:

O único modo de expressar emoção em forma de arte é descobrindo um "correlato objetivo"; em outras palavras, um conjunto de objetos, uma situação, uma série de eventos que serão a fórmula dessa emoção *específica*, de tal maneira que, quando os fatos externos, que terminam obrigatoriamente na experiência sensorial, forem apresentados, a emoção será imediatamente despertada. (SE, p.145)

A emoção só chega à poesia de maneira indireta, cristalizada num conjunto de situações externas que funcionam como um código ou um atalho para as situações internas. Talvez porque efusões líricas espontâneas chocariam leitores modernos realistas por serem embaraçosamente ingênuas, mais ou menos como um poema que tentasse lhes ensinar algo de maneira explícita poderia parecer questionável. Mas também porque, para Eliot, a poesia, por ser uma fuga da personalidade, é obrigatoriamente uma fuga do sentimento, não uma demonstração dele. Esse é um dos motivos pelos quais o conceito de sinceridade não tem muito espaço em sua crítica. Também existe algo bem inglês na ideia de que não se traz as emoções à flor da pele, e Eliot era inglês em quase tudo, exceto pelo fato de ser norte-americano.

O objeto e a emoção se fundem na poesia, como acontece na obra de Bradley. No entanto, para Bradley a relação entre sujeito e objeto é "interna" ou necessária, ao passo que existe algo ligeiramente estranho quando Eliot usa a frase *"que deverá ser* a formulação daquela emoção específica". Alguém pode achar que ela sugere uma conexão um pouco arbitrária entre sujeito e objeto – uma conexão instaurada pelo poeta, como se ele firmasse um contrato especial com o leitor.

No entanto, seria curioso dizer "sempre que você se deparar com imagens de água, pense na inveja". Existe uma ligação necessária, não casual, entre a maioria dos nossos estados de espírito e o nosso discurso ou comportamento "externo", de forma que (por exemplo) aprendemos o conceito de dor aos nos familiarizarmos com o modo como as pessoas com dor geralmente falam e se comportam. Se essas ligações necessárias não existissem – se cada um que se sentisse cego de pânico se comportasse de maneira bem diferente dos outros no mesmo estado –, as crianças pequenas teriam dificuldade de aprender a linguagem dos sentimentos.

Eliot considera *Hamlet* um fracasso artístico porque falta ao estado de espírito do herói um correlato objetivo adequado, que é uma forma elegante de dizer que seu sofrimento espiritual parece não ter um motivo suficiente. Sua emoção excede os fatos tal como eles aparecem. Essa, certamente, não é uma situação inusitada: "O sentimento intenso, extático ou terrível, sem um objeto ou excedendo seu objeto, é algo que toda pessoa sensível já conheceu" (SE, p.146). Na verdade, para Sigmund Freud o nome dessa condição é desejo, que sempre excede qualquer objetivo específico. Melancolia, observa Freud, é luto sem objeto. Alguém pode até chamar esse excesso de a própria subjetividade. Não está claro, contudo, por que é que não se pode inverter essa situação e tirar partido poético dela, em vez de censurá-la como um defeito literário. "A canção de amor de J. Alfred Prufrock", em que os sentimentos do narrador parecem carecer de uma causa ou de um objeto determinado e resistem a todas as tentativas de defini-lo, pode ser considerado um exemplo particularmente perfeito disso.

Em geral, porém, Eliot prefere que seus sujeitos e objetos se misturem em blocos contínuos de experiência. Apesar de ser um grande admirador da obra de Baudelaire, ele julga que "o teor de sentimento (dentro dela) está sempre rompendo o recipiente" (ibid., p.424), de modo que o descompasso entre sujeito e objeto se torna uma fissura entre conteúdo e forma. A emoção ou experiência subjetiva representa o conteúdo de uma obra, enquanto a forma é o modo como o poeta constrói um objeto impessoal a partir dele. Por outro lado, o estilo de prosa de F. H. Bradley é elogiado porque combina perfeitamente com o conteúdo de seu pensamento, de modo que a própria escrita do filósofo é um exemplo daquilo que ele defende. Para Eliot, na prosa de Lancelot Andrewes, clérigo do início da Idade Moderna, as emoções estão inteiramente contidas nos temas sobre os quais o autor medita e são explicadas por eles. Outro aspecto dessa unidade entre forma e conteúdo é que, na poesia, o som e o sentido devem andar juntos, o que, na opinião de Eliot, visivelmente não ocorre em *Paraíso perdido*, de Milton. Na poesia verdadeiramente conceituada, o som é inseparável do sentido, ao passo que no imponente estilo miltoniano os dois parecem se mover em níveis diferentes.

"Pode ser, como eu li", Eliot escreve em *De poesia e poetas*, "que exista um elemento dramático em grande parte de minhas obras iniciais" (OPP, p.98). É típico de sua postura não possessiva em relação à própria poesia que ele tenha pegado esse dado junto aos críticos, ou pelo menos tenha fingido fazê-lo. (Uma vez mais, talvez haja uma postura meio zombeteira aqui.) Os críticos podem lhe dizer do que tratam seus poemas ou que qualidades eles revelam. Um dos motivos pelos quais Eliot é tão cético a respeito do significado dos poemas, inclusive daqueles que ele mesmo escreveu, é que ele não considera que o significado seja fundamental para a poesia. Ele confessa ter afeição por um grande número de poemas que não compreende plenamente ou dos quais, na primeira leitura, ele não entendeu absolutamente nada. Por exemplo, ele ficou encantado ao ler Dante no original antes mesmo de saber italiano. A poesia pode se comunicar antes de ser compreendida. O significado num poema, ele assegura com uma imagem deliciosamente oposta, é como o pedaço de carne que o ladrão joga ao cão da casa para mantê-lo quieto enquanto se dedica aos seus negócios ilícitos. Nesse caso, o cão é o leitor e o ladrão é o poeta; e a tarefa deste último é distrair os leitores com um significado facilmente consumível enquanto continua invadindo seu inconsciente.

É irônico que Eliot seja considerado com frequência um poeta "intelectual", certamente porque muitos de seus poemas são difíceis de decifrar, porém hermetismo não é a mesma coisa que intelectualismo. Dylan Thomas é hermético, mas sua obra está longe de conter ideias profundas. Apesar de Eliot ser um crítico extremamente erudito (ele dá a impressão de ter lido tudo de literatura e filosofia, incluindo alguns textos em sânscrito), não seria totalmente injusto chamá-lo de poeta anti-intelectual. Ele certamente defende que os processos poéticos mais importantes ocorrem num nível muito mais profundo que a razão. Na verdade, sua desconfiança da racionalidade comum é um dos elos entre sua prática de vanguarda e suas opiniões conservadoras. As vanguardas existem para contestar formas consagradas de raciocínio, às vezes utilizando o contrassenso, a desordem, o ultrage e o absurdo. Os conservadores, naturalmente, rejeitam todas essas experiências extravagantes; entretanto, também desconfiam das análises racionais, que associam à esquerda política e esquemática. Contra isso, ele elogia as virtudes da tradição, da afeição, da lealdade, da intuição e de tudo que tenha resistido ao teste do tempo. É por isso que o autor de *A terra devastada*, um poema que chocou profundamente alguns leitores, é também o direitista pretensioso de "Tradição e talento individual", um ensaio publicado três anos antes, e o conservador anglicano é um entusiasta daquele que talvez seja o romance mais audacioso já publicado em inglês, *Finnegans Wake*, de James Joyce – "uma obra-prima excepcional", como ele a descreve (OPP, p.120).

O poeta, ressalta Eliot, tem de ter um sexto sentido para a sílaba e o ritmo que penetra muito além dos níveis conscientes do pensamento e do sentimento, mergulhando até "o mais primitivo e esquecido, retornando à origem e trazendo algo de volta" (UPUC, p.118). Os poetas precisam encontrar palavras para o inexprimível, estendendo-se para além das fronteiras da consciência cotidiana para voltar desse território inexplorado e contar o que descobriram ali. Ao fazê-lo, unem "o velho e obliterado com o trivial, o recente e o novo e surpreendente, a mente mais antiga com a mais civilizada" (ibid., p.119). A poesia pode ajudar a destruir métodos obsoletos de percepção, fazendo que vejamos o mundo moderno de novo; contudo, ao fazê-lo, ela também traz à tona "os sentimentos mais profundos e desconhecidos que formam o substrato do nosso ser, no qual raramente penetramos, pois a maior parte das nossas vidas é uma fuga consciente de nós mesmos, uma fuga do mundo visível e sensível" (ibid., p.155). As técnicas inovadoras de um poema como *A terra devastada* – pastiche, imagens fragmentadas, discurso coloquial, alusões recônditas, trechos da mitologia, experiência tipográfica e coisas do gênero – estão na linha de frente da poesia da época; todavia, uma das ironias da obra é que esses artifícios de vanguarda são postos a serviço do arcaico e do atávico. Ao destruir nossa falsa consciência habitual, o poema deveria mergulhar para além da nossa experiência diária para nos pôr em contato com nossos sentimentos mais primordiais, que remontam às origens da humanidade. Numa manobra modernista familiar, o muito novo e o muito velho se conectam. Ocorre um pacto secreto entre eles, e é dessa cumplicidade ou choque que flui a arte mais fecunda.

Na opinião de Eliot, os poetas têm de ser tanto as criaturas mais primitivas como as mais sofisticadas. Se eles são mais sensíveis ao presente que os outros, isso se deve basicamente ao fato de serem os portadores de um passado vivo. Nesse caso, há um paralelo com o conceito de tradição de Eliot, no qual o passado continua à espreita como uma força modeladora dentro do presente. É a essa essência primitiva do nosso ser que Freud e seus discípulos dão o nome de inconsciente – uma região que é, simultaneamente, antiga e imutável, como os arquétipos mitológicos que embasam secretamente *A terra devastada*. Para Freud, o inconsciente desconhece a temporalidade, um pouco como, para Eliot, as emoções mais fundamentais permanecem constantes de Homero a Housman. Dessa forma, um dos projetos mais escandalosos e revolucionários da época de Eliot – a psicanálise – pode ser atrelado a uma visão conservadora da humanidade como algo basicamente imutável. O inconsciente, com os mitos e símbolos que o acompanham, também pode ser utilizado para fundamentar a aversão de Eliot ao individualismo. A verdadeira individualidade é muito mais profunda que a personalidade individual. Suas raízes se encontram numa área submersa de imagens coletivas e emoções impessoais. O indivíduo, sobretudo o autor isolado, tem uma importância relativamente insignificante. Ele é apenas a ponta de um *iceberg* cujas profundezas são insondáveis. Estamos diante aqui de uma versão primitiva do que seria conhecido posteriormente como a teoria da "morte do autor" ou, pelo menos, a desvalorização drástica do autor. O poeta, ressalta Eliot numa passagem de inusitada intensidade emocional, é assombrado por um demônio, um impulso obscuro sem rosto nem nome, e a poesia é o exorcismo desse "mal-estar agudo" (OPP, p.107). Trata-se de uma versão mais sombria do conceito romântico de inspiração. Quando finalmente os autores organizam suas palavras de forma adequada, eles podem se purificar desse ímpeto demoníaco e, ao fazê-lo, se livrar completamente do poema, entregando-o aos leitores para que eles possam relaxar depois da sua labuta. Isso parece mais um trabalho de parto particularmente doloroso que uma obra da imaginação criativa. A poesia é algo que nos tira do nosso sistema. E qualquer que seja sua origem misteriosa, certamente não é a mente individual.

Os poetas não conseguem prever quando essas explosões misteriosas ocorrerão: eles devem simplesmente se dedicar à tarefa de aperfeiçoar seu ofício, à espera dessas convulsões espirituais. Portanto, o processo poético implica uma boa dose de trabalho consciente, mas o mais importante não é isso. Pelo contrário, o mais importante é que o poema se impõe na consciência do poeta como uma força cega e implacável da natureza; e depois de ter criado raízes nela, ocorre algo que não pode ser explicado por nada que ocorreu antes. Num comentário tipicamente perspicaz sobre Ben Jonson, Eliot observa que a aparência refinada do seu verso indica que o "inconsciente não reage ao inconsciente" na transação entre o poema e o leitor. "Não assistimos ao despertar de uma torrente de sentimentos incompreensíveis" (SE, p.148) – ou seja, falta à obra de Jonson, no geral admirável e que Eliot elegantemente caracteriza como uma arte da superfície em vez de meramente superficial, "uma malha de raízes tentaculares que alcance os temores e desejos mais profundos" (ibid., p.155). Para Eliot, a poesia mais eficaz cria uma enorme câmara de ressonâncias e alusões que se infiltram no inconsciente do leitor de uma forma que está muito além do controle do poeta. Talvez o mais belo exemplo desse processo na própria obra de Eliot seja "Gerontion". Se a *realidade* moderna está espiritualmente falida, é possível compensar isso até certo ponto com uma riqueza de *experiências*, o que, em grande parte, é uma questão subliminar. Não admira que Eliot seja tão despreocupado com a compreensão consciente – por exemplo, com a atividade acadêmica de identificar alusões e explicar passagens difíceis. Embora as notas de *A terra devastada* tenham exatamente esse objetivo, atualmente há um consenso de que elas estão ali sobretudo para preencher algumas páginas em branco. O problema não é a compreensão consciente – aliás, os leitores podem muito bem estar compreendendo um poema num nível inconsciente, quer saibam disso ou não. Uma grata notícia para o estudante que, temeroso, abre os *Cantos* de Pound ou os poemas de Paul Celan.

A ideia de impessoalidade poética está intimamente relacionada ao classicismo autoproclamado de Eliot. O classicismo, em geral, é menos centrado no sujeito que o romantismo. Antes de mais nada, na opinião de Eliot o clássico não é a obra de um gênio individual, e sim um exemplo de arte literária que evoca uma civilização específica – que dá voz a uma cultura e a uma história específicas no auge da sua maturidade. O gênio singular que a produz não é o de um autor individual, mas o de um espírito de uma época específica e de um povo específico. A grandeza de Virgílio brota do seu lugar na história do Império Romano, bem como da evolução da língua latina. A obra clássica aproxima uma língua nacional do ponto da perfeição, e, ironicamente, é essa sua capacidade que a faz ter um apelo tão universal. Se obras desse tipo transcendem seu momento histórico, elas o fazem por pertencerem tão intimamente a ele. Eliot menciona a leitura da antiga poetisa grega Safo e como ele sente a "fagulha que consegue transpor esses 2500 anos" (OPP, p.131). A era clássica é uma era de estabilidade, de crenças compartilhadas, de normas universais e de sentimentos sutilmente nuançados. Na visão de Virgílio, o mundo se caracteriza pela ordem, pelo equilíbrio e pela civilidade, e assim deve ser a poesia que o retrata. O mais próximo que a literatura inglesa chega de um período clássico é o século XVIII, sobretudo na poesia de Alexander Pope; todavia, a gama de sentimentos do período é limitada demais para o gosto de Eliot, pois lhe falta a amplitude e a versatilidade do verdadeiro clássico. O período sugere certa fragilidade de espírito, e Eliot é extremamente indiferente até mesmo à sua arte literária mais exemplar.

No entanto, existe um problema aqui. A civilização clássica representa o ideal social e cultural de Eliot, e o autor clássico que molda sua mente mais profundamente é Dante. Contudo, embora ele produza um pastiche impressionante da poesia de Dante numa passagem de "Quatro quartetos", a influência é rigidamente limitada quando se trata da criação de sua própria obra. Existem dois motivos pelos quais isso acontece. Se a obra clássica floresce com base em valores e padrões compartilhados, o pluralismo liberal que Eliot considera tão desagradável na sociedade moderna indica que ela existe numa quantidade ínfima. Os poetas não podem mais pressupor que eles e seus leitores compartilham a mesma sensibilidade. Não existe mais uma comunidade de sentido e de crença. Ao mesmo tempo, se um clássico quiser captar o espírito de uma civilização inteira, ele deve estar em contato com sua vida e a sua língua compartilhadas.

T. S. Eliot

O discurso poético não deve ser idêntico ao discurso cotidiano, mas deve revelar as mais belas virtudes do prosaísmo, o que o aproxima do cotidiano. No entanto, manter-se fiel à vida e à língua compartilhadas na Europa do início do século XX implica registrar uma esterilidade e uma devastação espiritual que está mais próxima de Baudelaire que de Dante. Por conseguinte, Eliot declara que o poeta moderno não deve enxergar apenas a beleza e a glória, mas também o tédio e o horror da existência humana.

Portanto, para Eliot, ser leal a um dos critérios de um clássico significa desconsiderar alguns outros: ordem, equilíbrio, harmonia, nobreza e coisas do gênero. Significa criar uma poesia marcada pela desordem espiritual, por imagens sórdidas, por ritmos quebrados, por trechos banais de discurso e por paisagens internas áridas. Foi com Baudelaire, Eliot nos conta, que ele aprendeu que o trabalho do poeta é fazer poesia com o não poético. A ordem e a harmonia só podem ser sugeridas de maneira indireta, seja por uma vaga alusão, por uma justaposição irônica ou (como em *A terra devastada*) por meio de um subtexto mitológico que insinue a possibilidade de regeneração. Eliot ressalta que Baudelaire extrai algumas de suas imagens mais impressionantes da vida comum, porém, ao mesmo tempo, faz que aquela vida acene para algo maior que ela mesma. Trata-se de uma estratégia habitual no início da sua produção poética. Ao apresentar uma situação com toda a sua sordidez, é possível sugerir a necessidade de transcendê-la sem precisar explicitar uma alternativa, o que poderia exigir um verso com propósitos evidentes demais para o leitor. É só com "Quatro quartetos" que essa forma negativa de transcendência é explicitamente tematizada. Se a poesia tem de se apegar à natureza não regenerada do presente é em parte porque a sua linguagem tem de ser fiel à experiência cotidiana, e em parte porque obras literárias que propõem um ideal abstrato não conseguem interagir com os leitores céticos modernos. Em vez disso, sua linguagem precisa penetrar no sistema nervoso, nos órgãos sensoriais e nos terrores e desejos inconscientes do leitor, tudo aquilo que um ideal distante provavelmente não consegue realizar. Examinaremos mais de perto esse aspecto da poética de Eliot posteriormente.

O clássico, portanto, é mais para ser admirado que imitado. Mais relevante para a era moderna é um período que, na opinião de Eliot, é nitidamente não clássico: o dos elizabetanos e dos jacobinos. Ele alega que nessa civilização não existe uma estrutura de ordem, como existe, segundo ele, no mundo de Sófocles e de Racine. Pelo contrário: ela lhe parece uma era de anarquia, dissolução e decadência – de um individualismo rebelde e extravagante que se recusa a aceitar limites. Existe uma espécie de "voracidade artística" em circulação – um desejo de explorar todas as formas concebíveis e todos os efeitos bizarros, os quais, com o passar do tempo, culminarão no egoísmo desenfreado da Europa moderna. "A era de Shakespeare", Eliot observa, "se movia numa corrente contínua, certamente deixando redemoinhos após sua passagem, em direção à anarquia e ao caos" (SE, p.54). É uma época de desconfiança desordenada e conflitos religiosos, ao lado da desorientação em relação ao que importa como convenção literária. Até Shakespeare se entrega a figuras de linguagem forçadas e confusas, exibindo "uma criatividade imagética distorcida e atormentada" (ibid., p.74). Samuel Johnson pensava quase a mesma coisa. Seu talento era muito extravagante e indisciplinado para o gosto de Eliot, ao contrário do neoclássico Racine, cuja obra ele aprecia muito.

No entanto, são justamente esses aspectos do início da era moderna que Eliot pode utilizar em seus próprios tempos conturbados; e a história literária tem de ser reescrita para ressaltar essa afinidade. Na linguagem de Walter Benjamin, um estado de emergência no presente evoca um momento do passado, e os dois formam uma "constelação" ao longo dos séculos. O "anarquismo" do Renascimento também é o desencadeador de uma grande variedade de sentimentos complexos e de novas formas estimulantes da linguagem, de modo que, para adotar uma frase de Karl Marx, a história avança pelo seu lado mau. Para o marxismo, o capitalismo nascente é "progressista" e explorador, porque libera novas formas de energia criativa, o que contraditoriamente aproxima o argumento de Eliot de uma teoria da história que ele abomina. "Se novas influências não tivessem sido introduzidas", ele ressalta, "e ordens antigas não tivessem se deteriorado, a linguagem não teria deixado de explorar alguns de seus principais recursos?" (ibid., p.91). É esse legado fecundo que autores como o próprio Eliot herdarão alguns séculos mais tarde. A perda da ordem social e cósmica pode ser um desastre espiritual, mas ela também representa um ganho inestimável para a linguagem e a sensibilidade, que rompem os limites tradicionais e se tornam mais sutis, diversificadas, voláteis e experimentais. As texturas da poesia ficam mais belas e suas imagens, mais ricamente compactadas. É uma linguagem mais sincera, mas que evolui rapidamente; cheia de perspicácia, porém intelectualmente ágil. O final do século XVI e o início do século XVII assistem a "um aperfeiçoamento gradual na percepção das variações de sentimento, e a um desenvolvimento gradual dos instrumentos que expressam essas variações" (SW, p.67). O fato de esse período também ser a matriz de grande parte daquilo que Eliot detesta – materialismo, democracia, individualismo, secularização – é um exemplo das artimanhas da história, que tira com uma mão o que dá com a outra.

Eliot foi uma influência seminal para F. R. Leavis, que, como veremos posteriormente, situa a chamada sociedade orgânica no século XVII; portanto, é tentador deduzir que Eliot é a fonte dessa doutrina leavista. Contudo, isso é o oposto da verdade. O ideal social e religioso de Eliot se encontra no mundo de Dante, que escreve num período que (assim nos dizem) demonstra uma sensibilidade uniforme de maneira mais impressionante que qualquer outra época. Porém, é justamente porque esse mundo está implodindo na Inglaterra do início do século XVII que este último período representa o ápice *literário* de Eliot, já que a erosão do tradicional, junto com o surgimento turbulento do moderno, revigora a língua e a sensibilidade de maneira mais profunda que qualquer outra coisa que testemunhamos desde então. É uma era de "decomposição", mas no sentido mais nutritivo do termo. De todo modo, a visão religiosa de Eliot de que a natureza humana é corrompida significa que, para ele, não pode haver uma ordem social totalmente saudável, o que seria possível para o secular Leavis. A civilização de Dante pode ser exemplar, mas ela contém a consciência viva do pecado e da condenação.

O protagonista das reflexões de Eliot é, do começo ao fim, a língua – mais especificamente, o modo como a sua evolução reflete certos avanços ou retrocessos na qualidade do sentimento de toda uma cultura. Toda evolução da língua também representa uma mudança de sentimento e de sensação. O pensamento pode se manter constante ao longo de períodos e línguas diferentes, mas a vida afetiva é muito mais específica culturalmente. A sensibilidade muda o tempo todo, observa Eliot, mas é preciso um escritor genial para inventar os instrumentos formais que expressem essas mudanças. (Não precisamos investigar muito a fundo para saber quem realiza essa tarefa no início do século XX.) Em alguns dramaturgos jacobinos, testemunhamos "aquela discreta e contínua alteração da linguagem, palavras continuamente justapostas em associações novas e inesperadas, significados continuamente *eingeschachtelt** em significados, uma evolução da língua inglesa que talvez jamais tenhamos igualado" (SE, p.209). Evoluções sensoriais e linguísticas são lados de uma mesma moeda. É como se esses dramaturgos prenunciassem técnicas modernistas como montagem, elisão, distanciamento e ambiguidade. *The Revenger's Tragedy*, de Cyril Tourneur, revela "uma evolução de vocabulário e de métrica extremamente original, diferente de qualquer outra peça [de Tourneur] e de qualquer outro dramaturgo" (ibid., p.186), quando o horror da existência humana encontra justamente as palavras e os ritmos certos para se revelar. (Hoje sabemos que um dos motivos pelos quais a peça é diferente das outras obras

---

* Em alemão no original: "aninhados, contidos". (N. T.)

de Tourneur é o fato de ter sido escrita em coautoria com seu colega Thomas Middleton.) Poderíamos sugerir, então, que o tema de Eliot é menos a língua em si que a língua como um registro da história da sensibilidade. Ele está em busca daquilo que Stefan Collini chama, num contexto diferente, de "uma história *qualitativa* da experiência".[9] O trabalho da crítica é avaliar diferentes nuances de sentimentos, sejam eles "decadentes" ou sentimentalistas, exuberantes ou debilitados, sarcásticos ou sublimes. Certos tons e cadências são sinais de uma sensibilidade diferenciada. Eliot está mais interessado "no método de organização da sensibilidade de Dante" (ibid., p.275) do que, digamos, em suas crenças cosmológicas ou idiossincrasias teológicas. Nesse sentido, sua crítica pertence a um *corpus* literário do século XX que vai de I. A. Richards, F. R. Leavis e George Orwell a Richard Hoggart e Raymond Williams e que procura detectar na qualidade da língua a qualidade da civilização da qual ela nasce. Trata-se de uma preocupação tipicamente inglesa. O interesse de Eliot não reside tanto naquilo que o poema diz – aliás, em geral ele é extremamente indiferente àquilo que chamamos normalmente de conteúdo –, mas na "estrutura de emoções" que ele expressa. Veremos posteriormente que a expressão "estrutura de sentimento" é fundamental para a crítica de Raymond Williams, um adversário de Eliot na maioria dos outros aspectos. Para os dois críticos, o que está em jogo não é uma proliferação disforme de emoções, mas justamente padrões organizados de sentimento. Trata-se daquilo que Eliot chama de "lógica da sensibilidade" (ibid., p.269).

A casa do sentimento é a língua, pelo menos quando se trata de poesia. A língua, escreve Raymond Williams, "é tanto o registro da história de um povo como as instituições políticas, as religiões e os métodos filosóficos".[10] Para Eliot, a tarefa do poeta não é exatamente

---
9 Collini, S. *The Nostalgic Imagination*. Oxford: Oxford University Press, 2019. p.186.
10 Apud ibid., p.187.

purificar a língua da tribo, como sugere Mallarmé, mas preservá-la e enriquecê-la para que ela possa oferecer uma gama mais sensível e variada de tons e sentimentos. A língua se assemelha a um organismo vivo em constante mutação e também ininterruptamente sendo corroída; e o artista literário está envolvido numa batalha infindável contra essa deterioração, como "Quatro quartetos" deixa claro. Um dos motivos para a decadência de uma língua à medida que evolui é porque ela oferece apenas uma gama limitada de possibilidades literárias, muitas das quais já terão sido exploradas por autores do passado. Nesse sentido, todo escritor moderno está atrasado. Portanto, embora a língua seja o suporte do poeta, ela também é seu antagonista. Em momentos de grande transformação histórica, precisamos de uma forma de discurso que esteja "se esforçando em digerir e aceitar novos objetos, novos sentimentos e novos aspectos, como a prosa do sr. James Joyce ou dos primeiros trabalhos de Conrad" (ibid., p.327). Durante a própria vida de Eliot, o nome dessa sublevação é modernismo, e só a modéstia o impede de acrescentar seu próprio nome aos dos autores por ele mencionados. No entanto, embora as formas precisem ser desfeitas e remodeladas de tempos em tempos, a língua impõe suas próprias leis e limites a essas transformações, determinando os ritmos dos discursos e os padrões sonoros de modo que restringe as possibilidades de inovação. Somos os servos do nosso discurso, não seus senhores; e o poeta é meramente o instrumento por meio do qual ele pode ser transmitido de uma geração a outra no formato mais vigoroso possível.

A poesia da era que vai de Marlowe a Marvell apresenta, aos olhos de Eliot, uma sutileza e uma complexidade que continuam insuperáveis. Dali em diante, porém, tem sido uma decadência completa – ou, pelo menos, até chegarmos ao próprio Eliot e a um punhado de colegas modernistas. É possível que todas as épocas sejam corrompidas, porém, linguisticamente falando, algumas são mais corrompidas do que outras. O verso branco decai de Shakespeare a Milton, tornando-se menos capaz de expressar sentimentos nuançados e sensações complexas. Com seus latinismos esdrúxulos, sintaxe tortuosa, formas poéticas ritualizadas, distanciamento do discurso cotidiano e falta de precisão sensorial, Milton provoca um grau de destruição da língua inglesa do qual ela ainda não se recuperou. Ele é uma "Muralha da China" que impede que voltemos a uma época em que podíamos sentir nosso pensamento tão instantaneamente como o aroma de uma rosa. Repito: não é inconcebível que a hostilidade de Eliot em relação a esse regicida puritano esteja ligada a uma aversão a sua posição política revolucionária. No entanto, também nesse caso a forma prevalece sobre o conteúdo. Na época de John Dryden, declara Eliot num floreio tipicamente professoral, "o espírito e a sensibilidade da Inglaterra se modificam" (UPUC, p.22). Há uma perda de energia entre os textos de Montaigne e o estilo de Hobbes, e deste àquilo que Eliot considera a prosa árida de Gibbon e Voltaire. Contudo, língua e afeto nem sempre estão intimamente ligados: no século XVIII, a dicção poética se torna mais refinada, mas os sentimentos que ela registra ficam mais vulgares, de modo que em poetas como Thomas Gray e William Collins uma sofisticação ainda evidente na linguagem desapareceu da sensibilidade.

Em outras palavras, estamos falando daquilo que provavelmente é o dogma mais famoso de Eliot: a "dissociação da sensibilidade". A ideia foi aproveitada com tanta avidez por outros críticos que Eliot chegou a confessar que estava farto e envergonhado dela. Trata-se de uma dissociação que surgiu supostamente em meados do século XVII, separando escritores como os poetas metafísicos e os dramaturgos jacobinos (que conseguem revestir sua linguagem com uma complexa unidade de pensamento, de sentimento e de experiência sensorial) de malfadados autores que os sucederam e que foram incapazes de alcançar essa fusão. É o momento em que a arte literária sinaliza uma queda mais cabal na degradante era moderna. Ele representa a derrota do sistema monárquico, a ascensão do secularismo, o triunfo do racionalismo científico, o fim da universalidade da Igreja, a perda de um senso de ordem cósmica e o surgimento de um individualismo descontrolado. Uma violenta guerra civil tinha decapitado o monarca, o puritanismo de classe baixa tinha destruído a Igreja, e enquanto alguns poetas eram capazes de pensar, mas não de sentir, outros, em sua maioria rotulados de românticos, eram capazes de sentir, mas não de pensar.

Visto dessa perspectiva, fica mais fácil compreender como é possível dizer que a tradição literária ignora algumas de suas mais renomadas reputações, pois o que aquela tradição realmente significa, como já sugerimos, é um *tipo* específico de escrita, um tipo de escrita que reflete uma sensibilidade supostamente não dissociada. Para Dante, a filosofia medieval constitui um sistema de ideias que são vividas, percebidas e reconhecidas nos sentidos. Os elizabetanos e os jacobinos também transmitem "um tipo de pensamento sensorial" (ASG, p.19). Por outro lado, "Tennyson e Browning são poetas, mas não sentem seu pensamento tão imediatamente como o aroma de uma rosa. Para Donne, um pensamento era uma experiência; ele modificava sua sensibilidade" (SE, p.287). No teatro de George Chapman "existe uma apreensão sensorial direta do pensamento, ou uma recriação do pensamento em forma de sentimento" (ibid., p.286). Eliot busca uma união entre dois significados da palavra "sentimento": como significado, mas também como sensação.

Os escritores mais talentosos do período de Donne e de Chapman eram dotados de "um mecanismo sensível capaz de absorver todo tipo de experiência" (ibid., p.287). Era uma época em que "o intelecto estava bem na ponta dos sentidos. A sensação se tornava palavra e a palavra se tornava sensação" (ibid., p.209-10). Percebemos, nesses autores, a dificuldade inevitável do fazer poético numa era diversificada e fragmentada. O hermetismo poético, portanto, é um produto histórico. "O poeta tem de se tornar mais abrangente, mais alusivo e mais indireto a fim de forçar, se necessário deslocar, a língua até o seu significado" (ibid., p.289). A linguagem poética se torna particularmente condensada, vibrante e alusiva, marcada por uma compactação de imagens e uma reprodução de associações.

Nesse caso, Eliot está se referindo aos poetas metafísicos, mas ele poderia muito bem estar descrevendo sua própria obra literária ou mesmo a poesia modernista em geral.

O poeta metafísico, confrontado com a dissonância e a desintegração, procura forjar unidades a partir de fragmentos, mas ele o faz de maneira irônica e constrangida, ciente de que, numa ordem social desintegrada, essas semelhanças estão fadadas a parecer arbitrárias e inorgânicas. Isso é o que entendemos como conceito metafísico. Existe um ótimo exemplo dele nos versos iniciais de "Prufrock", de Eliot, que nos apresenta uma imagem claramente absurda: "Sigamos então, tu e eu, / Enquanto o poente no céu se estende / Como um paciente anestesiado sobre a mesa". A analogia impõe uma afinidade ao mesmo tempo que alardeia sua estranheza. Não existe uma correspondência específica entre as duas partes, a menos que se queira vinculá-las pela cor vermelha (poente e sangue). Elas são forçadas a se aliar, porém de uma forma que ressalta deliberadamente sua discrepância. Ou, para citar a famosa caracterização dos poetas metafísicos feita por Samuel Johnson, que o próprio Eliot também cita em seu ensaio sobre esses escritores, "as ideias mais heterogêneas são unidas pela violência" (ibid., p.283). Parte do significado da imagem de Eliot se encontra na forma ostensivamente sintética como ela é construída. Ela é um exemplo daquilo que Samuel Taylor Coleridge chama de fantasia, em oposição às unidades orgânicas da imaginação. No mundo medieval de Dante e Tomás de Aquino, pelo menos na versão cor-de-rosa de Eliot, a realidade é composta de algumas correspondências determinadas por Deus às quais o poeta pode recorrer espontaneamente. No entanto, na era moderna isso não é mais assim, de sorte que todas as relações entre as coisas se tornam fortuitas, produtos da mente, não inerentes à realidade. O que mantém o mundo unido é um ato de consciência arbitrário, que é o que temos na analogia de Prufrock. É interessante observar, contudo, que, numa declaração feita em *De poesia e poetas*, Eliot procura ter o melhor dos dois mundos, ao anunciar que a arte "nos dá uma percepção de que existe ordem na vida ao impor a ela uma ordem" (OPP, p.93). Talvez ele quisesse dizer que, ao organizarmos os fragmentos da existência humana numa forma um pouco arbitrária, podemos permitir o surgimento de um padrão mais profundo, um padrão que, de alguma forma, está determinado. Não é uma descrição errada de *A terra devastada*.

Existe um subtexto histórico à tese da dissociação da sensibilidade, embora o próprio Eliot não o explicite. Na era moderna, com a expansão da ciência, do racionalismo, da tecnologia, do consumismo, da burocracia e do predomínio do pragmatismo, a língua está fadada a se tornar mais abstrata e, portanto, menos acolhedora para a poesia. No entanto, essa anemia verbal também inspira uma revolta romântica, que pode fazer a balança pender muito para o lado do subjetivismo e do comodismo. As duas tendências são lados da mesma moeda. Como observa Marx, o utilitarismo e o romantismo são péssimos gêmeos. Portanto, o que é preciso é um modo de sentir que se fortaleça ao ser sensorialmente objetificado, como no correlato objetivo, mas também uma forma de pensar que evite o friamente conceitual ao se manter próxima dos sentidos. O conservadorismo de Eliot o leva a desconfiar do puramente cerebral (esquemas áridos são para jacobinos e stalinistas), mas também a se manter distante de arroubos sentimentais descontrolados.

No fim, os poetas não se distinguem tanto por um senso de verdade ou de beleza, mas pelo grau de sensibilidade da sua constituição psicofísica. Devemos fazer mais que olhar dentro do coração; também devemos "olhar dentro do córtex cerebral, do sistema nervoso e do trato digestivo" (SE, p.290). Encontraremos um viés neurológico semelhante na obra do amigo de Eliot, I. A. Richards. Estamos falando da fisiologia da poesia, não apenas do seu significado extraível. Numa passagem surpreendente, Eliot observa que as imagens sensoriais de Dante sugerem que "a ressurreição do corpo talvez tenha um significado mais profundo do que percebemos" (ibid., p.250). "Em nenhum poema", ele acrescenta, "experiências tão distantes das experiências comuns foram expressas tão concretamente" (ibid., p.267). Por outro lado, os versos do dramaturgo carolíngio Philip Massinger, que escreve depois da Queda na doutrina de salvação de Eliot, padecem de certa anemia verbal. O estilo literário deveria mapear "as derrocadas das formas de percepção, de registro e de digestão das impressões" (ibid., p.211), ao passo que a obra de Massinger "não é guiada pela comunicação direta por meio dos nervos" (ibid., p.215). Pensamos numa estrofe de "Prufrock": "Impossível exprimir exatamente o que penso! / Mas se uma lanterna mágica projetasse o desenho dos nervos numa tela...".

A poesia, portanto, atua por meio da sensação e da sugestão, não por meio de um racionalismo anêmico. Ainda que ela comporte ideias, elas devem ser concretizadas de forma sensorial. Existe uma relação entre essa doutrina poética e a natureza da ideologia. As doutrinas políticas mais convincentes, embora muito abstratas em si mesmas, triunfam quando se incorporam na experiência vivida de homens e mulheres. Na verdade, é improvável que qualquer ideologia dominante que não consiga realizar esse projeto sobreviva por muito tempo. É assim que o poder se transforma na cultura comum, de tal forma que passamos a obedecer a suas ordens de modo habitual e espontâneo, por costume, não por convicção intelectual. Pressupostos que são sentidos são mais convincentes que aqueles que podem ser formulados, escreve Eliot em *After Strange Gods*. Trata-se de um típico artigo do credo conservador – conservador, pois se ideias e crenças são tão imediatas como o aroma da lavanda, então elas são muito mais difíceis de refutar do que se pudessem ser objeto de discussão. E essa aceitação espontânea de ideias pode se mostrar conveniente para os poderes dominantes. De todo modo, a visão de que o que mais importa na poesia é sua especificidade sensorial não deve ser aceita sem questionamento, como veremos posteriormente no caso de F. R. Leavis. Só com o romantismo é que ela realmente ganha sua verdadeira dimensão. Quando lemos Horácio, John Clare ou Robert Graves, essa dificilmente é a primeira impressão que fica para nós.

Se a língua está colada no mundo, então não parece haver espaço para que ela atue como sua crítica. A crítica tem de estabelecer certa distância do seu objeto para poder avaliá-lo. Portanto, a linguagem poética pode representar a experiência ou a realidade, mas não pode emitir um julgamento sobre elas. Ela não pode nos oferecer o mundo e, ao mesmo tempo, avaliá-lo. Consequentemente, na poética de Eliot as próprias atitudes do autor devem permanecer, na maioria das vezes, implícitas, insinuadas pelo tom, pelo ritmo, pela alusão, pela sugestão ou pela justaposição irônica. Elas podem ser mostradas, mas não ditas. Isso é bom, já que a era moderna, cansada dos sermões e da propaganda, não vai simpatizar facilmente com a arte literária conceitual ou didática. Nós modernos, afirma Eliot, desconfiamos do tipo de poesia que pretende edificar, instruir ou persuadir. Seu colega I. A. Richards observa que "sentimentos desordenados não podem ser purificados pela pregação".[11] Como diz Barry Cullen, "a nova poesia tem de ser um refletor da consciência fragmentada, não um veículo de sentimentos elevados".[12] Para um autor doutrinário como Eliot, isso pode representar um problema; entretanto, estamos lidando com a doutrina de um conservador, o qual, como vimos, provavelmente desconfia das concepções abstratas. Em vez disso, o debate sobre ideias gerais é desviado para o interior da sua prosa, deixando um contraste curioso entre ela e a poesia. A diferença passa sobretudo pelo tom.

A poética de uma sensibilidade integrada é aquela em que a língua está ligada a seu objeto. As duas, por assim dizer, formam uma sociedade orgânica em miniatura. "Num estado saudável, a

---

11 Richards, I. A. Nineteen hundred and now. In: Constable, J. (Org.). *Collected Shorter Writings 1919-1938*. Londres: Routledge, 2001. p.178.
12 Cullen, B. The impersonal objective. In: MacKillop, I.; Storer, R. (Orgs.). *F. R. Leavis*: Essays and Documents. Londres: Continuum, 2005. p.161.

língua", escreve Eliot num ensaio sobre o poeta Swinburne, "apresenta o objeto e está tão próxima dele que os dois se identificam" (SE, p.327). Os signos aderem a seus referentes, ao contrário do que acontece em *Paraíso perdido* – uma obra que, segundo Eliot, tem de ser lida duas vezes: uma para captar a melodia, a outra para captar o sentido. As palavras e as coisas, harmoniosamente unidas na obra de Shakespeare ou de Donne, se apartaram na era moderna e precisam ser costuradas novamente por meio de uma nova prática poética. No entanto, isso não é muito coerente com as primeiras produções poéticas do próprio Eliot. À época, ele era influenciado pelo movimento simbolista francês, do qual foram extraídos muitos de seus princípios críticos: a autonomia da obra de arte, a multiplicidade de significados e a resistência à racionalidade comum, sua natureza evocativa, não declaratória, o caráter elusivo da verdade, a irrelevância das intenções do autor, o papel fundamental do mito, do símbolo e do inconsciente, o poema como uma revelação fugidia de uma realidade transcendente. Veremos posteriormente que a maioria desses princípios é veementemente refutada pelo mais violento dos críticos antissimbolistas, William Empson.

Na visão dos simbolistas, o signo ou a palavra é mais ou menos autônomo – uma realidade concreta em si mesma, não apenas o veículo de um significado. Consequentemente, existem passagens na obra poética de Eliot que parecem se referir a um objeto ou situação, mas que, na verdade, são apenas misturas verbais, fragmentos de linguagem autorreferentes que não têm nada no mundo real a que se agarrar. Em "Gerontion", por exemplo, lemos a respeito de "Hakagawa, fazendo reverências em meio aos Ticianos", mas não devemos perguntar quem é Hakagawa, ou o que ele pretende com suas reverências entre as obras de um mestre genovês. Em "Um ovo para cozinhar", encontramos expressões como "olhos rubros dos abutres" e "o mundo de um tostão", fenômenos que só existem no nível da linguagem. Expressões como essas têm ressonâncias, não referentes; e, como o ônus da denotação não recai mais sobre elas, estão livre para se reproduzir e provocar novas reverberações na mente do leitor. No entanto, como a palavra como algo em si mesmo não é o mesmo que a palavra enquanto algo associado a um objeto, é difícil encontrar coerência na estética de Eliot. Ambas as técnicas materializam a língua, mas de modo bem diferente.

Suas reflexões a respeito do lugar do pensamento ou das ideias na poesia são igualmente inconsistentes. Num dado momento, ele sustenta que o pensamento, o sentimento e a experiência sensorial devem se mesclar, mas argumenta, em outra passagem, que os poetas não pensam, de modo algum, em sua poesia. Pelo contrário, eles expressam o que ele chama de equivalente emocional do pensamento. A arte não deve encarnar uma filosofia ou agir como um suporte da argumentação. A sabedoria é mais importante que a teoria. Por trás da obra de Dante existe um sistema de pensamento coerente, ao contrário do que ocorre com Shakespeare, mas do ponto de vista poético a distinção é irrelevante. Nenhum dos autores produz nenhum pensamento concreto, já que essa não é a tarefa dos poetas. Ideias intangíveis em uma quantidade excessiva para o gosto de Eliot atormentam Shelley. Eliot insiste que é a sua abstração que ele considera ofensiva, não o fato de que a maioria delas lhe são politicamente repulsivas, uma afirmação em que só o mais caridoso dos leitores poderá acreditar. Por outro lado, John Donne provavelmente não acreditava em absolutamente nada, simplesmente catava, "como uma gralha, diversos fragmentos brilhantes de ideias que lhe surgiam diante dos olhos" (SE, p.138-9), mas nem por isso sua obra é pior. No entanto, apesar de Eliot se mostrar cético quanto ao papel das ideias na poesia, sua última obra-prima, "Quatro quartetos", não carece delas, e já vimos que ele censura a obra de D. H. Lawrence por sua incapacidade de pensamento. Ele também defende que tanto *Agamêmnon* e *Macbeth* como os textos de Aristóteles são obras do intelecto, algo difícil de conciliar com a afirmação de que os poetas não pensam em seus versos. Existe um poeta modernista que é até melhor que Eliot – Wallace Stevens –, cujos poemas tratam frequentemente de epistemologia, dificilmente o tipo de assunto que sentimos de forma tão palpável como o aroma de um perfume.

O importante, Eliot insiste, não são tanto as crenças do autor, e sim a sua "ortodoxia da sensibilidade e o senso de tradição" (ASG, p.38). Todavia, de todo modo, um escritor que valoriza tais coisas provavelmente compartilha das mesmas opiniões de Eliot. Ele afirma que o leitor não precisa concordar com a opinião do poeta para considerar sua obra convincente; no entanto, caso essa concessão abra as comportas para os textos de um número excessivo de trotskistas desgrenhados, ele também insiste na diferença entre as doutrinas sensatas e bem fundamentadas (quer as endossemos ou não) e as doutrina medíocres ou infantis, que empobrecem nossa reação à poesia. Ele não parece aceitar que aquilo que se considera sensato ou infantil é uma questão polêmica, do mesmo modo que às vezes é difícil diferenciar aquilo que se considera verdadeiro ou falso. Abominar as ideias de um poeta, ele afirma, afeta obrigatoriamente a avaliação que se faz da sua arte, ao contrário de apenas discordar delas. Eliot certamente tem em mente as imagens de Milton e Shelley. Ele defende que é impossível separar inteiramente nossas crenças pessoais da nossa reação a uma obra de arte; e embora possamos, naturalmente, compreender as opiniões de um poeta sem aceitá-las, é provável que a absorção da visão que o poeta tem das coisas no nível emocional mais profundo também exija que nos comprometamos com ela moral e intelectualmente. Há ocasiões em que as crenças na poesia afetam Eliot por terem um valor meramente prático (será que elas potencializam o efeito poético geral?), e outras em que ele adverte que o escritor não pode adotar, por motivos exclusivamente poéticos, um sistema de conceitos que ele considere falso. O homem Dante não é idêntico ao poeta Dante; contudo, se suspeitássemos que ele pensava que o sistema teológico implícito na *Divina comédia* era absurdo, nossa fruição da obra diminuiria consideravelmente. E se as visões que os poetas promovem são torpes ou sem valor, eles não estão, de modo algum, escrevendo poesia. Uma fonte dessas discrepâncias é o conflito entre a poética de Eliot – que, como vimos, atribui um lugar inferior às concepções gerais – e sua postura política conservadora – que o indispõem com as ideias poéticas radicais e o deixam preocupado em refutá-las. Entretanto, isso significa aceitar que existe realmente pensamento na poesia, algo que Eliot reluta em fazer em outras ocasiões.

Uma das vantagens de escrever como Dante, tendo como pano de fundo uma doutrina incontestável, é que ela pode realizar o trabalho da crença no lugar do escritor, permitindo que ele se dedique à atividade poética. Como já vimos, William Blake supostamente carece de "uma estrutura de ideias convencionais e tradicionais, que teria impedido que ele se distraísse com uma filosofia própria e concentrasse sua atenção nos problemas da poesia" (SE, p.322). A obra clássica depende justamente dessa comunhão de convicções, e a sua ausência, no caso de Blake, o deixa à vontade para se entregar a fantasias pessoais e maquinações políticas. Numa cultura em que os valores e os princípios são compartilhados, o poeta não precisa se dedicar a uma atividade intelectual enfadonha. Na visão de Eliot, Samuel Johnson é um crítico criado justamente em tais condições, escrevendo na sociedade "segura" da Inglaterra augusta. Por outro lado, na era moderna, a sociologia, a psicologia e as especialidades do gênero ampliam nossa percepção da relação do poema com a cultura como um todo; todavia, elas também provocam disputas e contestações, desviando nossa atenção da obra propriamente dita.

Portanto, a crítica autêntica requer uma cultura comum. É o que Eliot defende num ensaio sobre Johnson em *De poesia e poetas*. Ele afirma que Dante pensava de uma maneira que era compartilhada por todo indivíduo culto da sua época, uma generalização arriscada. No entanto, em *O uso da poesia e o uso da crítica*, Eliot parece defender o contrário – que, em primeiro lugar, é o esgotamento desses critérios comuns que resulta no surgimento da crítica. "O momento importante para o surgimento da crítica", ele escreve, "parece ser quando a poesia deixa de ser a expressão da mente de todo um povo" (UPUC, p.22). No caso de Wordsworth e Coleridge, por exemplo, algumas transformações históricas profundas indicam que o crítico não pode mais considerar a poesia como um dado, sendo necessário analisar seus pressupostos sociais e filosóficos mais profundos. A teoria surge quando as práticas se encontram em dificuldade. É quando uma atividade literária ou social não pode mais se considerar natural, sendo na verdade forçada pelas circunstâncias históricas a um novo tipo de autoconsciência, que a crítica ou a teoria começam a se consolidar. Aliás, a teoria é essa autoconsciência. Só precisamos pensar seriamente sobre as coisas quando elas deixam de funcionar como deviam. No entanto, Eliot afirma que a crítica também pode se tornar um problema em si mesma. Numa sociedade pluralista liberal, nossa fruição estética de uma obra literária pode estar em contradição com nossa censura ideológica dela; a variedade de pontos de vista leva inevitavelmente ao conflito; e o ruído dessa discórdia crítica pode abafar a música da arte poética.

Conclui-se desse argumento que, numa cultura estabelecida, com crenças comuns, a crítica desapareceria. O objetivo dos críticos, como o dos políticos radicais, é ficar sem trabalho por ajudar a promover as condições nas quais eles não seriam mais necessários. Não obstante, enquanto a crítica ainda existe, ela representa uma atividade coletiva e cooperativa, um pouco como a língua e a civilização. Por isso, ela fornece um antídoto a uma sociedade atomizada, que consiste na "busca comum do julgamento justo" (SE, p.45); veremos posteriormente que F. R. Leavis extrairá dessa frase o título de uma de suas obras mais influentes.

De forma mais ou menos solitária, esse ex-banqueiro e sacristão bem-comportado deu início a uma revolução literária e crítica que ainda repercute mundo afora. Se algumas de suas opiniões sociais são ofensivas e alguns de seus conceitos críticos não resistem a uma análise mais rigorosa, é com suas reflexões sobre a literatura que se forjou uma crítica tipicamente moderna. Sua revisão do cânone literário inglês é surpreendentemente audaciosa, a amplitude do seu cosmopolitismo é impressionante, e a sua sensibilidade está a anos-luz dos versos anêmicos e contidos que ele encontrou quando chegou pela primeira vez a Londres. Ele foi do Missouri a Mayfair, de bolchevique literário a instituição nacional, numa drástica mudança de lealdade e de identidade; mesmo assim, é difícil afastar a suspeita de que, em todos esses papéis, ele era um artista consumado que, como as estrelas de teatro de revista que ele admirava, sempre ficou de olho no efeito que causava no público, e de quem sempre se podia esperar uma representação impressionante de si mesmo.

2
I. A. Richards

Em *Ensaios escolhidos*, T. S. Eliot cita um escritor que ele saúda como "um dos jovens psicólogos mais perspicazes", além de descrevê-lo em outra passagem como "de capital importância na história da crítica literária" ("The Modern Mind", RC, p.213).[1] O psicólogo

---

[1] Neste capítulo recorri a *I. A. Richards: Selected Works 1919-1938*, magnificamente editado por John Constable, que abrange os seguintes volumes, todos publicados pela Routledge em 2001: v.1, em coautoria com C. K. Ogden e James Wood, *The Foundations of Aesthetics* (1922), FA; v.2, em coautoria com C. K. Ogden, *The Meaning of Meaning* (1923); v.3, *Principles of Literary Criticism* (1924), PLC; v.4, *Practical Criticism*, PC; v.5, *Mencius on the Mind* (1932), MM; v.6, *Coleridge on Imagination* (1934), CI; v.7, *The Philosophy of Rhetoric* (1936), PR; v.8, *Interpretation in Teaching* (1938), IT; v.9, *Collected Shorter Writings 1919-1938*, CSW; v.10, *I. A. Richards and His Critics*, RC. Também recorri a I. A. Richards, *Speculative Instruments* (Londres: Routledge & Kegan Paul, 1955), SI. As abreviaturas que aparecem depois de alguns desses títulos são as empregadas no texto depois das citações. A análise mais abrangente de Richards é *I. A. Richards: His Life and Work*, de John Paul Russo (org.) (Baltimore: Johns Hopkins University Press, 1989). Entre as análises críticas mais esclarecedoras disponíveis está *Language, Thought and Comprehension: A Case Study of the Writings of I. A. Richards*, de W. H. N. Hotopf (Londres: Routledge & Kegan Paul, 1965).

em questão era Ivor Armstrong Richards, que tomou de assalto a Faculdade de Inglês de Cambridge no início dos anos 1920. Filho de um mestre de obras que também era engenheiro químico, Richards chegara a Cambridge vindo de uma escola particular com a intenção de estudar História; no entanto, ele não tardou a constatar (em suas próprias palavras) que a história era algo que jamais deveria ter acontecido e, em vez disso, decidiu estudar Ciências Mentais e Morais. O ódio pelo passado como uma saga de crueldade e privação acompanhá-lo-ia pelo resto da vida, uma aversão que contrastava claramente com seu otimismo em relação ao futuro.

À época, a Faculdade de Inglês de Cambridge não era exatamente um polo de investigação crítica rigorosa. Sir Arthur Quiller-Couch, que ocupava a cátedra de Inglês, passava a maior parte do tempo no vilarejo de Fowey, na Cornualha, como comodoro do iate clube local, dignando-se a visitar Cambridge durante algumas semanas em cada semestre. Ele tinha o hábito de chamar de "cavalheiros" as pessoas que ocupavam um auditório no qual havia um grande número de mulheres, antes de passar a discorrer com entusiasmo, durante mais ou menos uma hora, a respeito do duplo mistério da alma interior e do universo exterior. Ele normalmente dava aula de fraque. O que importava eram as fofocas literárias, o bom gosto e as *belles-lettres* requintadas, não informações críticas rigorosas. T. S. Eliot, que não era exatamente um admirador do profissionalismo, menciona a "aversão britânica pelo especialista" como uma das causas da mediocridade intelectual do país.[2] Por volta do final do século XIX, o sociólogo Émile Durkheim escreveu que "foi-se o tempo em que o homem perfeito era aquele que parecia se interessar por tudo sem se ligar exclusivamente a nada, capaz de experimentar e de compreender tudo, que encontrava uma forma de unir e condensar em si mesmo tudo que havia de

---

2 Apud Collini, S. *Absent Minds*: Intellectuals in Britain. Oxford: Oxford University Press, 2006. p.303.

mais deslumbrante na sociedade".³ A era do diletante estava chegando ao fim.

Não chega a surpreender que, no ambiente amador e requintado da Faculdade de Inglês de Cambridge, o jovem I. A. Richards tenha pensado em se tornar um guia de montanha nas Hébridas em vez de arriscar a sorte na universidade. (Ele era um alpinista altamente qualificado, e certa vez um raio ateou fogo em seu cabelo durante uma escalada. Ele também obrigou um urso a recuar, nas Montanhas Rochosas do Canadá, urinando sobre ele de uma sacada.) Em 1919, um convite para lecionar na Faculdade de Inglês evitou que ele passasse a vida escalando as encostas escarpadas das Hébridas. A exemplo do colega ligeiramente mais novo, F. R. Leavis, ele recebia por cabeça, isto é, de acordo com o número de alunos que assistiam a suas aulas.

Duas obras revolucionárias, *Princípios de crítica literária* (1924) e *A prática da crítica literária* (1929), se tornaram mundialmente famosas e transformaram seu autor num astro internacional. Poderíamos dizer que ele, de maneira mais ou menos solitária, profissionalizou um assunto que até então consistira basicamente de palavras vazias, impressionismo e erudição. Ele também estava bem consciente de sua própria importância nessa esfera. Alguns de seus colegas eram totalmente contrários à ideia de avaliar obras literárias, preferindo discuti-las de forma acadêmica. A professora de inglês de Oxford Helen Gardner qualificou tal avaliação como "uma estupidez, ou até mesmo um crime". Richards também foi um dos primeiros exemplos do que chamaríamos hoje de teórico da literatura, ou seja, alguém que sente que a maioria dos críticos literários é incapaz de refletir de forma sistemática sobre aquilo que eles fazem. "Os críticos", escreve Richards, "até agora mal chegaram a se perguntar o que estão fazendo ou em que condições trabalham" (PLC, p.202). Do ponto

---

3 Durkheim, É. *The Division of Labor in Society*. Londres: Palgrave Macmillan, 2013. p.43.

de vista de um teórico, os críticos não recuam o suficiente no tempo. Enquanto o crítico pergunta (por exemplo) se o poema é eficaz, o teórico quer saber, antes de mais nada, o que entendemos por poema e com que critério julgamos seu êxito.

As aulas de Richards em Cambridge eram tão concorridas que às vezes ele era obrigado a dá-las ao ar livre, possivelmente a primeira vez que a universidade presenciou tal acontecimento desde a época medieval. Ele foi ao Japão e à China, dando cursos sobre crítica prática em Pequim, e voltou à China alguns anos depois, antes de assumir uma cátedra em Harvard. A exemplo de seu aluno mais famoso, William Empson, ele tinha uma mentalidade claramente cosmopolita. Em sua primeira visita ao Oriente, ele e sua companheira, Dorothy, primeiro escalaram os Alpes, depois foram a Moscou, onde se encontraram com Sergei Eisenstein, tomaram o Expresso Transiberiano para Vladivostok, viajaram de navio ao Japão e à Coreia e então partiram por terra para a China, passando pela Manchúria. O casal aprendeu o básico de chinês durante a viagem. Por outro lado, o cosmopolitismo de Eliot se restringia sobretudo à Europa, além de um punhado de textos budistas e em sânscrito antigo.

A visão que Richards tinha do exterior era compartilhada em menor escala pela Faculdade de Inglês de Cambridge à época. Como vimos, a faculdade surgiu paralelamente às experiências do modernismo europeu e não estava, de modo algum, isolada delas. Também não estava distante dos novos avanços da crítica e da literatura norte-americanas. O próprio Richards intercedeu em favor do modernismo e foi um dos primeiros críticos a defender Hopkins e Hardy. Certa vez, ele contrabandeou um exemplar de *Ulysses*, de James Joyce, para os Estados Unidos, enquanto F. R. Leavis foi detido pela polícia distrital de Cambridge pela posse do romance. No caso de Leavis, a questão foi levada até as altas esferas do Ministério do Interior, que temia que alguém degenerado o suficiente para ler o livro pudesse ser uma má influência para as jovens senhoras a quem lecionava. Como Leavis tinha uma opinião desfavorável sobre Joyce, o qual descrevia confidencialmente como um "irlandês sórdido", o incidente não deixa de ser irônico.

Durante suas quatro últimas décadas de vida, Richards abandonou quase inteiramente a crítica literária, ocupando-se, em vez disso, dos problemas relacionados à pedagogia (inclusive em escolas secundárias), à alfabetização no mundo, ao ensino de inglês como língua estrangeira, à tecnologia e à comunicação. Entre suas inúmeras antevisões está seu papel fundamental na atual indústria global do ensino de língua inglesa. Ele ressaltou que a comunicação, não a crítica, fora sua preocupação desde o princípio; e foi por esse caminho que ele passou da crítica literária para a política internacional. A língua foi o elo entre as duas, já que, na sua opinião, a formação em línguas estrangeiras, bem como em inglês como língua estrangeira, promoveria a paz e o entendimento entre as nações, numa era de nacionalismo agressivo. Ele dava pouca importância aos fatores estruturais (interesses materiais, por exemplo, ou o poder da ideologia) que destroem o diálogo e impedem o consenso. Ele também acreditava que, sem a alfabetização, os homens e as mulheres dos países mais fracos e mais pobres estavam condenados à miséria social e econômica. Sua obra influenciou profundamente a educação, tanto em escolas como em universidades.

Ele passou a maior parte do tempo promovendo o chamado Inglês Básico, uma forma simplificada da língua inventada por seu colega C. K. Ogden, e fundou um instituto nos Estados Unidos, o Language Research Inc., para ajudar a divulgá-lo. É provável que a sinistra novilíngua do romance *1984*, de George Orwell, seja uma paródia do projeto. Ogden era pacifista, feminista e colaborava com James Joyce, além de ser um famoso excêntrico de Cambridge: ele rechaçava profundamente o ar puro e os exercícios e achava que as conversas podiam ser conduzidas de maneira mais eficaz se os participantes usassem máscara. A campanha de Richards em defesa do papel do Inglês Básico na promoção do entendimento mútuo em escala global, que acabou fazendo que ele fosse notado tanto por

Churchill como por Roosevelt, envolveu-o em frequentes viagens e negociações internacionais com diversos governos. Seu objetivo era nada menos que anular a maldição de Babel.

A cruzada também o levou aos Estúdios Walt Disney, em Los Angeles, onde, com a ajuda dos cartunistas, ele criou as primeiras imagens para os manuais de ensino de idiomas que seriam usadas num programa da Marinha norte-americana voltado aos marinheiros chineses. É difícil imaginar, digamos, T. S. Eliot trabalhando ao lado dos criadores do Pato Donald. Curiosamente, a versão em Inglês Básico que Richards fez de *A república*, de Platão, foi distribuída às tropas norte-americanas, e, posteriormente, a CIA faria uso de suas técnicas de análise verbal minuciosa. Ele também foi contratado pela Fundação Rockefeller para redigir um comunicado sobre a prática de leitura. O mais mundano dos professores tinha passado de acadêmico a ativista global, falando de maneira bastante solene sobre seu desejo de unir o planeta. Apesar de ser um objetivo louvável, ele implicava o equívoco racionalista liberal de que o conflito é basicamente um problema de falha de comunicação. Se ao menos nos conhecêssemos melhor, deixaríamos nossos antagonismos de lado. Entre outros mal-entendidos, esse é incapaz de explicar o fato de que muitos opositores se conhecem bem demais; aliás, entram em conflito uns com os outros justamente por esse motivo. Não foi um mal--entendido que provocou a quebra de Wall Street ou a ascensão do fascismo na época de Richards. Um dos inconvenientes das mídias sociais é que existe comunicação demais, não de menos.

Quando era estudante em Cambridge, Richards tinha fama de ser meio anarquista e se tornou membro da sociedade dos Hereges. Na verdade, ele não era anarquista, e sim liberal, e considerava que a liberdade talvez fosse o valor mais precioso, um argumento que às vezes era fácil de confundir com um libertarianismo mais militante. No entanto, de certa forma, seu credo liberal de fato o levou a tomar decisões radicais. Ele nutria uma desconfiança profunda dos estudos de inglês, sobretudo como uma disciplina digna de avaliação, considerando "uma injustiça e uma profanação usar a literatura com essa finalidade" (FA, p.xxxiv). Ele também acreditava que a pesquisa acadêmica em inglês era basicamente uma perda de tempo e escreveu numa carta pessoal que desprezava os literatos. Segundo ele, o Inglês era incapaz de fornecer disciplina suficiente para o intelecto, e suas experiências com a capacidade de análise crítica dos alunos, que abordaremos posteriormente, o convenceram de que os níveis de proficiência em leitura eram tão assustadoramente baixos que tornavam o tema inútil como forma de educação. Na verdade, ele passou a considerar a crítica acadêmica sua inimiga, uma opinião compartilhada pelo colega F. R. Leavis, declarando que "a maior ameaça aos padrões críticos mundiais agora vem das universidades" (CI, p.lx). Ele mesmo era um pioneiro da chamada crítica prática, como veremos posteriormente, mas também era teórico da literatura, psicólogo, filósofo da linguagem, esteta, pedagogo, comentarista cultural e poeta de segunda. Diante dessa diversidade de interesses, a concepção que Cambridge tinha do Inglês lhe parecia lamentavelmente provinciana.

Ao mesmo tempo, os interesses intelectuais de Richards se mostraram úteis para uma faculdade que buscava uma forma mais convincente de legitimar o inglês como um tema acadêmico do que recorrer aos mistérios da alma e do universo ao estilo de Quiller-Couch. A obra de Richards foi fundamental para situar o tema numa base disciplinar sólida. Consequentemente, Cambridge se mostrou agradecida: Basil Willey, que lecionou posteriormente nessa universidade, o descreve como o fundador da crítica literária moderna e afirma que desde Samuel Taylor Coleridge ninguém refletiu tão profundamente sobre o tema.[4] É verdade que nenhum crítico inglês desde Coleridge apresentara conceitos tão fundamentais ou tamanho arsenal de instrumentos teóricos para influenciar o estudo das

---

4 Ver Willey, B. I. A. Richards and Coleridge. In: Brower, R.; Vendler, H.; Hollander, J. (Orgs.). *I. A. Richards*: Essays in His Honor. Nova York: Oxford University Press, 1973. p.232.

obras literárias. Richards tinha um interesse nada inglês nos princípios fundamentais. Pode-se dizer que sua obra representa a defesa mais sistemática da poesia que existe em língua inglesa. Coleridge, que tinha interesses teóricos semelhantes e sobre quem Richards escreveu um livro impressionante, foi uma de suas fontes de inspiração mais determinantes, como também o foi, em menor proporção, Confúcio. Na verdade, na opinião de alguns estudiosos, a influência de Coleridge levou Richards a abandonar, ou ao menos a modificar, sua ética benthamita. No futuro, ele declarou profeticamente, os críticos sentiriam falta de recursos teóricos que antes não eram considerados necessários, e ele mesmo conduziu uma campanha praticamente solitária contra os especialistas em literatura contrários à teoria, entre os quais se destacava o medievalista de Oxford C. S. Lewis. Certa vez, Lewis, em tom de sarcasmo, entregou a Richards um exemplar de sua própria obra *Princípios de crítica literária* para ajudá-lo a pegar no sono.

Vistas de uma perspectiva tradicionalista, as opiniões de Richards a respeito da língua são surpreendentemente heterodoxas. Ele rejeita a ideia de uso correto – "esse controle social ou esnobe da língua", como ele o chama (PR, p.51) –, insistindo, ao contrário, que o modo como as pessoas realmente falam e escrevem também é o modo como devem fazê-lo. Se as pessoas à sua volta não pronunciam o *h*, então o uso correto é você também fazer o mesmo. A regra de que devemos usar uma palavra do modo que os "melhores" escritores o fazem (mas quem decide quem é melhor?) lhe parece o dogma mais pernicioso do ensino de inglês. Em *O significado de significado*, ele denuncia como "a superstição do Significado Adequado" a ideia de que as palavras fazem parte, de certa forma, daquilo que representam ou têm um significado rígido independentemente de seus usos específicos. Não existe nenhuma relação intrínseca entre uma palavra e uma coisa. Imaginar que tal relação existe é uma espécie de "magia das palavras" – a crença "primitiva" de que o nome faz parte daquilo que ele denota e de que é possível invocá-lo como uma presença espiritual. Segundo esse ponto de vista, manipular palavras é manipular coisas. Para Ogden e Richards, pelo contrário, as palavras só se ligam aos objetos num contexto ou numa situação específica. Só quando se leva em conta esse contexto é que a conexão entre signo e objeto pode ser estabelecida. Para demonstrar o argumento, Richard elaborou um famoso diagrama – a imagem de um triângulo com as palavras "Símbolo", "Pensamento" e "Referente" (ou objeto) em seus respectivos ângulos – para mostrar que a relação entre o primeiro e o terceiro é sempre mediada pelo segundo. (O filósofo norte-americano C. S. Peirce antevê essa percepção, referindo-se ao que Richards chama de Pensamento como Interpretante.)[5] Apresentando o argumento de outra forma: a relação entre linguagem e realidade é sempre uma questão de interpretação, não é algo determinado, natural, imediato ou intuitivo. Mesmo assim, o conceito antigo de "magia das palavras" sobrevive, na visão de Richards, na reificação de certas abstrações que têm um poder descomunal de moldar a realidade: Igreja, Estado, Ordem, Liberdade, Líder, Nação, Democracia e assim por diante. Na opinião de Ken Hirschkop, "[a] versão moderna do sagrado foi, em suma, política, pois foi nela que encontramos abstrações pelas quais valia a pena morrer e matar".[6] Nesse sentido, *O significado de significado* incorpora uma política que desconfia dos ídolos e dos fetiches relacionados à sua teoria do significado.

Ogden e Richards afirmam que, independentemente do que os gramáticos possam imaginar, existem várias gramáticas diferentes que são utilizadas com diversas finalidades, e, antes de mais nada, a própria gramática não diz nada a respeito da situação social ou do contexto discursivo que dá origem a uma expressão. Os gramáticos, tal como os lógicos, tendem a tratar suas próprias classificações

---

5 Ver Buchler, J. (Org.). *Philosophical Writings of Peirce*. Nova York: Dover Publications, 1955. p.99.
6 Hirschkop, K. *Linguistic Turns 1890-1950*. Oxford: Oxford University Press, 2019. p.167.

como algo imutável e absoluto. Eles não reconhecem que o modo de classificar depende do que se está procurando fazer. Noções como sujeito e predicado ou universal e particular não são inerentes ao pensamento humano, mas convenientes para atender a determinados objetivos. Nossas categorias gramaticais refletem, em última instância, a forma como esculpimos o mundo como parte da luta pela sobrevivência, de modo que o pensamento está enraizado em nossa biologia e a linguagem faz parte do nosso comportamento corporal. Se tivéssemos corpos e organizações sensoriais diferentes, habitaríamos um mundo completamente diferente, como certamente acontece com as enguias e os cangurus; e se por acaso fôssemos enguias ou cangurus capazes de falar, nossa língua certamente seria incompreensível para as criaturas que somos agora. Nossos sentimentos e atitudes são moldados por nossas necessidades sociais e psicológicas. Para Richards, como para Friedrich Nietzsche, a estrutura supostamente objetiva do mundo é, na verdade, uma projeção da nossa gramática, e uma gramática diferente produziria uma realidade diferente. O ensino tradicional de gramática, que é incapaz de compreender esse ponto de vista, deveria ser banido das escolas. Em vez disso, o que deveria ser estudado é o que Richards chama, em *Speculative Instruments*, de "leis da elasticidade da linguagem" (SI, p.80), sua natureza maleável e ágil – embora se observe que, se uma lei é elástica demais, ela deixa de ser lei. Por ser liberal, Richards é contra todo tipo de rigidez e de conformismo. Opinião pública, "bom-tom", códigos sociais e normas morais convencionais são igualmente suspeitos.

O Richards do início de carreira não é apenas um jovem iconoclasta inquieto. Irreverente, ele proclama que quase todas as teorias linguísticas existentes devem ser abandonadas e descarta rapidamente todo o legado estético de Immanuel Kant em diante. A maior parte dos dogmas críticos do passado é absurda ou obsoleta, e uma parcela ainda maior de grandes obras de arte do passado nos é inacessível. O fato de as obras de arte serem produtos de seu momento histórico pode limitar sua durabilidade, algo que, para Richards (mas, como vimos, não para Eliot), acontece em certa medida com Dante. A maior parte da antiga tragédia grega, como quase todos os dramas trágicos elizabetanos à exceção de Shakespeare, deveria ser descartada como pseudotragédia. A crença de que existe uma condição estética especial que se diferencia claramente do resto da nossa experiência é uma "ilusão". Pelo contrário, "o universo poético não dispõe, de modo algum, de uma realidade diferente da do resto do mundo, e não dispõe de nenhuma lei especial nem de nenhuma peculiaridade transcendente" (PLC, p.70). As obras de arte lidam com prazeres e emoções banais. Os artistas podem ser diferentes de seus compatriotas, mas apenas porque as experiências que compartilham com eles são, no seu caso, organizadas de forma mais sensível. É uma diferença de grau, não de tipo. Veremos posteriormente que F. R. Leavis também rejeita completamente a ideia de que existem valores especificamente literários.

Ao contrário de Eliot, Richards é um igualitarista, não um elitista; ele defende que "ninguém deve se encontrar numa situação em que se veja privado de todos os valores normalmente disponíveis" (ibid., p.56). Como veremos, a influência do utilitarismo permeia essa convicção de que cada um vale um, e não mais que um. A forma mais plena de expressão humana – a poesia – tem de ser amplamente disponibilizada, já que "a salvação que estamos buscando é para todos" (SI, p.71). A educação em massa talvez seja nossa única esperança; e se os homens e mulheres comuns acham a poesia moderna incompreensível, isso é culpa de um sistema social e educacional imperfeito, não resultado da sua própria burrice. Quando se trata de cultura, existe "um abismo entre aquilo que a maioria prefere e o que a opinião mais qualificada considera excelente" (PLC, p.34), e a proteção desses padrões de excelência contra o gosto vulgar das massas é um dos motivos pelos quais a crítica precisa de uma dose de rigor profissional. Ainda assim, Richards insiste que esse fosso tem de ser reduzido. Ele também pede licença para duvidar de que quem tem formação humanista é, em geral, mais moralmente respeitável do que quem não tem. Apesar disso, a boa leitura desenvolve a nossa sensibilidade; e se ela ocorresse numa escala mais ampla, poderíamos esperar que gerasse repercussões sociais favoráveis.

No entanto, o que torna Richards um pensador genuinamente radical é o fato de ele ser um materialista assumido, e isso numa época em que a atmosfera literária estava carregada de formas pseudorreligiosas de crítica. Contudo, na década de 1920, Cambridge era particularmente acolhedora ao espírito científico, como a obra de Richards comprova. Para ele, a emoção e a imaginação são questões relacionadas ao cérebro e ao sistema nervoso, não à alma. Todas as formas de idealismo platônico – a crença na Beleza, na Bondade e na Verdade, por exemplo – são escorraçadas, junto com conceitos metafísicos supostamente ultrapassados como essências, naturezas, substâncias, atributos, universais, verdades eternas, valores absolutos e coisas do gênero. O humanismo tem de ser reconstruído com um embasamento secular e científico. Profundamente influenciado pela filosofia de William James, Richards é um pragmático que tem o hábito de perguntar não o que as coisas são, mas como elas funcionam. "Uma ideia ou um conceito", ele escreve, "como as partículas e os raios fundamentais de um físico, só é conhecido pelo que faz" (PR, p.2). A verdade em sentido amplo é o que estimula nossos interesses e potencializa nossas energias. As teorias devem ser consideradas instrumentos de especulação, não fins em si mesmas. Afinal, sempre somos obrigados a superar um conjunto de ideias para fazer uma escolha existencial (este poema é realmente tão ruim como eu desconfio que seja?), algo que a teoria sozinha não pode fazer por nós. Ainda assim, Richards considera que a teoria, pelo menos a de tipo embrionário, está implícita até mesmo em nossas percepções aparentemente mais rudimentares. Diferentemente dos empiristas, ele não acredita que em primeiro lugar existe a experiência sensorial e depois sua tradução em conceitos. Ao contrário, a interpretação está presente do começo ao fim. Além disso, nossas percepções e reações são determinadas pelo conjunto da nossa história, não apenas por aquilo que atinge o globo ocular ou o tímpano num dado momento. A crítica também tem limites. Somente na poesia, ou talvez na matemática, confrontamos ideias tão firmemente compactadas e entrelaçadas que qualquer análise que se faça delas certamente se mostrará interminável. Nem mesmo os instrumentos críticos mais precisos conseguem decifrar as interações intrincadas do som, do ânimo, do sentimento, do tom, da altura, do andamento, do ritmo, da cadência e assim por diante, cada um dos quais modifica os outros e gera infinitas possiblidades que não podem ser esquematizadas. O poema representa o que Richards chama, em *A prática da crítica literária*, de uma "complexidade fantástica". Nesse sentido, o texto poético nunca está totalmente fechado. Sempre haverá uma nuvem espectral de significados possíveis rondando qualquer leitura específica do poema. "Inferência e especulação!", ressalta Richards. "O que mais é a interpretação?" (ibid., p.35). Nossa ideia de valor ativa diferenças e afinidades microscópicas demais para serem percebidas conscientemente, e é nesse ponto que a crítica tem de admitir sua incompletude. No fundo, compreender é um processo arriscado e aleatório.

"O ser humano", escreve Richards, "não é, de maneira nenhuma, primordialmente uma inteligência; ele é um sistema de interesses" (PLC, p.299). Como Eliot, ele desvaloriza o intelecto ao mesmo tempo que valoriza o sistema nervoso. Antes de chegar a compreender o significado de um poema, já estamos reagindo subliminarmente ao som e à textura de suas palavras, à percepção de seu movimento, a seus tons e ritmos, tudo isso antes que a mente tenha tido tempo de entrar em ação. O paralelo com a poética igualmente neurológica de Eliot é evidente. A diferença está no fato de que, enquanto para Eliot a vida significativa de um poema é conduzida num nível visceral e neural muito mais profundo que a mente, o materialista Richards desconfia que a mente e o sistema nervoso são, na verdade, uma coisa só. Nós somos nossos corpos – mais especificamente, nossa constituição neurológica. A despeito da poética semirreligiosa de correntes como o simbolismo, o esteticismo e a Nova Crítica norte-americana, ele é um pensador profundamente naturalista que atribui um valor supremo à arte, ao mesmo tempo que não encontra nada de minimamente transcendente nela.

A poesia, portanto, é insondavelmente complexa demais para ser explicada cientificamente. Contudo, Richards não exclui a possibilidade de que, quando a ciência que mais lhe importa – a psicologia – tiver evoluído de sua atual condição rudimentar para um estado mais sofisticado, essa compreensão poderá estar, em princípio, ao nosso alcance. A crítica literária é, ou deveria ser, um ramo da psicologia. Aliás, Richards parecia acreditar que, no futuro, as ciências poderiam substituir as humanidades, de modo que um dia fosse possível atribuir a nossos valores humanistas um fundamento científico. Ainda assim, para Richards, a poesia é uma forma de comunicação muito mais rica que a ciência, que é necessariamente reducionista. Entretanto, isso não significa endossar a aversão grosseira, por vezes arrogante, pela ciência do humanista tradicional, cujos traços podem ser encontrados entre os pós-modernistas do presente. Por volta do início do século XX, o discurso da ciência tinha se tornado tão preponderante no Ocidente que alguns humanistas se sentiram obrigados a vencê-lo ou a aderir a ele. F. R. Leavis escolheu a primeira estratégia, enquanto Richards, assim como os estruturalistas e semioticistas algumas décadas depois, optou pela segunda.

A psicologia estuda a mente, mas como temos acesso a ela? A resposta de Richards a essa pergunta é a mesma de Eliot: pela linguagem. É por meio da linguagem que aprendemos determinadas nuances de sentimento e de desejo, além dos nossos conceitos e valores; e é por meio das complexidades e ambiguidades da linguagem que descobrimos a imagem mais fiel da nossa mente. "Uma estrutura de palavras", escreve Richards no ensaio "Our Lost Leaders", "contém para nós o mundo completamente abstrato dos valores morais" (CSW, p.337). Como diz o crítico Joseph North, "a linguagem [é] a sedimentação de um esforço histórico coletivo para chegar a um acordo com o mundo".[7] Ela codifica o modo pelo qual a humanidade classificou e controlou seu ambiente por milênios, de modo que, para Richards, como para seu contemporâneo em Cambridge Ludwig Wittgenstein, imaginar uma linguagem é imaginar uma forma prática de vida. A linguagem é o registro psicológico da humanidade, a gravação de nossa história por meio de sons e de signos, um pouco como para Eliot ela representa um depósito de riquezas acumuladas ao longo de muito tempo. E como outras formas de permanência do passado (família, Igreja, comunidade e coisas do gênero) estão sendo destruídas pela modernidade, na opinião de Richards a linguagem está se tornando rapidamente a principal ligação disponível com nossos ancestrais. Para ele, contudo, o que está em jogo aqui não é uma linha única de continuidade – nenhuma tradição venerável *à la* Eliot, mas uma rica diversidade de legados. É isso que diferencia um pluralista liberal de um conservador.

A crítica literária se preocupa, entre outras coisas, com a avaliação de obras literárias. No entanto, como se inventa uma concepção materialista de valor? A elaboração dessa teoria é uma das ações mais inovadoras de Richards, embora, como veremos, ela também tenha problemas. Inspirando-se, em *Princípios de crítica literária*, no pensamento ético de Jeremy Bentham, que criou a doutrina do utilitarismo no final do século XVIII, ele considera que a mente humana está dividida em dois tipos de impulso: os apetites (ou desejos), de um lado, e as repulsas, de outro; e tudo que satisfaz os primeiros é valioso. Para viver bem, é preciso controlar os apetites para que a maior quantidade possível deles seja satisfeita. A moralidade é basicamente uma questão de organização. Valor é moderação. Um pouco como, para Bentham, uma ação virtuosa é aquela que promove a maior felicidade

---

7 North, J. *Literary Criticism*: A Concise Political History. Cambridge, MA: Harvard University Press, 2017. p.51.

ao maior número de pessoas, para Richards, uma obra de arte eficaz é aquela que satisfaz o maior número de apetites. Segundo Bentham, um dos problemas é que a ética tem de ser forçosamente retroativa: só podemos saber o número de pessoas cuja felicidade foi promovida recuperando as consequências da nossa ação. Isso não representa um problema para o crítico richardiano diante de um poema. Mais precisamente, valioso é aquilo que satisfaz um apetite sem prejudicar uma necessidade igualmente ou mais importante. Visivelmente, Richards precisa definir a palavra "importante" de modo que impeça que se recorra a um padrão não utilitarista como o dever, a lei divina, o amor pela humanidade, o Deus supremo, a revelação de uma Verdade maior e assim por diante. Ele fica irritado com palavras como "deve", "precisa", "certo" e "errado", bem como com grande parte do discurso moral tradicional. Portanto, em vez disso, a importância do impulso é definida em relação ao quanto sua não satisfação prejudicaria outros impulsos – o prejuízo que ela provocaria em todo o sistema. É, de fato, uma ética quantitativa, embora Richards rejeite essa acusação. A organização mais desejável é aquela em que houver menos desperdício, ou seja, aquela em se sacrifica e se reprime o mínimo e se explora o máximo possível a personalidade das pessoas. O ideal moral de Richards, como o de F. R. Leavis, é a vida plena. Viver moralmente não é viver de maneira submissa ou abnegada, mas desabrochar na plenitude das próprias forças. Immanuel Kant teria objetado, mas Aristóteles, Hegel e Marx teriam concordado. "O verdadeiro valor do equilíbrio", escreve Richards em *The Foundations of Aesthetics*, "é que é melhor estar plenamente vivo que parcialmente vivo" (FA, p.77). Quanto menos desequilibrado você for, mais experiências poderá desfrutar.

Que influência isso tudo tem na poesia e, mais especificamente, na qualidade do poema? A resposta é que a boa poesia representa a mais bela, delicada e eficiente organização de impulsos disponível ao ser humano. As palavras, Richards observa, não são um "suporte em que a vida é reproduzida. Sua verdadeira obra consiste em restabelecer a ordem da vida" (PR, p.90). Na vida cotidiana, nossos impulsos tendem a ser confusos e desordenados, sobretudo na turbulenta era moderna; na arte, porém, eles usufruem de uma sistematização perfeita, atingindo um equilíbrio que mobiliza toda a personalidade. O resultado é uma sensação de inteireza, plenitude, lucidez, unidade, liberdade, integração, serenidade, equilíbrio, estabilidade e autonomia. Richards menciona a "organização dos nossos sentimentos", do mesmo modo que Eliot escreve a respeito da "estrutura de emoções" e Raymond Williams cunharia mais tarde a expressão "estrutura de sentimentos". No caso de Richards, não é difícil perceber a influência de Confúcio por trás dessa poética. A arte é uma forma de higiene mental. Ela nos permite manter certo equilíbrio e certa serenidade em meio aos choques e atritos do cotidiano. Na verdade, o equilíbrio em questão pode ser literal, como quando Richards afirma seriamente que alcançar o equilíbrio numa área da vida pode ter efeitos salutares em outra, por exemplo, a capacidade de ficar de pé numa perna só sem balançar. A leitura de Goethe pode fazer maravilhas para ajudar a imitar uma cegonha.

Portanto, a arte não nos ensina a viver por meio daquilo que ela diz, mas por meio daquilo que mostra – por sua unidade, harmonia e equilíbrio. Pode-se dizer que seu próprio desprendimento é didático. O valor supremo é se encontrar num estado de completo autocontrole e autossuficiência, que Richards também considera a forma mais elevada de liberdade; e é isso que um poema ou uma pintura eficaz consegue realizar. É a partir da sua forma, não do seu conteúdo, que aprendemos a viver. Richards despreza o que chama de "caçadores de mensagens", ou seja, aqueles que invadem as obras literárias em busca de seu conteúdo moral. A lição moral que eles não conseguem reconhecer é o próprio poema. Um poema não é um sermão ou um comunicado, é uma experiência traduzida em palavras; e, na visão de Richards, suas palavras não apenas expressam a experiência, elas são constitutivas dela. É como se a experiência se produzisse no ato da comunicação e não pudesse ser abstraída dele.

Como acontece com qualquer teoria ética, o argumento benthamita de Richards apresenta problemas. Ele parece presumir, por exemplo, que todos os nossos supostos impulsos são intrinsicamente positivos e que a única coisa errada é frustrá-los. William Empson, que aceitava essa visão do valor em termos gerais, pergunta no livro *Milton's God* se ela se aplica ao desejo de causar dor. Ou seja, ela é uma visão muito ingênua da mente, em comparação, digamos, com os horrores pavorosos que Freud desvela; todavia, Richards, apesar de acreditar, como Eliot, que a poesia brota das raízes mais profundas da psique, nutre uma desconfiança tipicamente inglesa da psicanálise, algo comum entre os psicólogos acadêmicos da época e do presente. No entanto, se todos os nossos apetites são intrinsicamente respeitáveis, o que fazer com meu impulso irresistível de estrangular meu gerente de banco? Richards replicaria que esse apetite é ilícito porque contraria muitos outros desejos meus. No entanto, há também a questão do direito que o gerente tem de satisfazer suas necessidades, o que não seria fácil se ele estivesse morto.

Além disso, é um enorme contrassenso afirmar que, digamos, o genocídio é mau simplesmente porque nos provoca confusão mental. A teoria é curiosamente autocentrada. O fato é que o genocídio é imoral por causa daquilo que faz aos outros, não sobretudo por aquilo que faz aos seus autores. Richards argumenta que, como o comportamento injusto ou agressivo nos priva de diversos valores importantes, ao nos comportarmos de maneira prejudicial aos outros prejudicamos a nós mesmos. Mas nem todos que prejudicam outros seres humanos são pessoas sem caráter. Sempre há o caso do vigarista sensível e solidário. Quem comete um ato monstruoso não é necessariamente um monstro moral. Também é muito conveniente para o virtuoso afirmar que, lá no fundo, os maus são infelizes por causa da sua maldade. Seja como for, seria possível tolerar um pouco de desprezo moral se isso significasse se sustentar o resto da vida com os frutos de um lucrativo assalto a banco.

I. A. Richards

Diríamos que Martin Luther King era moralmente louvável porque tinha organizado satisfatoriamente seus impulsos psicológicos? Elogiamos King porque ele dedicou a vida aos outros, mas esse tipo de valor não desempenha um papel muito significativo no sistema de Richards. Embora reconheça a importância de manter relações amistosas com os outros, isso não nos leva muito além da sala dos professores. Essa postura ignora o fato de que a autorrealização mais profunda é recíproca, sendo alcançada na autorrealização dos outros e por meio dela. O nome que damos a essa reciprocidade em sua forma mais fecunda é amor. O nome que Marx dá a ela politicamente é comunismo. A ética de Richards, pelo contrário, é individualista demais para conter uma dimensão social rica como essa, como aliás é de se esperar de um pensador liberal. Ele está convencido de que o bem de cada pessoa é um fim absoluto em si mesmo. Ele também abre a porta para o relativismo moral ao declarar que o que é valioso para um indivíduo pode não o ser para outro. O exemplo funciona muito bem se estamos pensando, digamos, num tênis ou numa panqueca de chocolate, mas parece menos convincente se temos em mente a justiça ou a sinceridade. O argumento também se aplica à literatura. Diferentes leitores reagem ao mesmo poema de maneiras distintas, mas só o fazem, Richards tem o cuidado de acrescentar, dentro de determinados limites. Caso contrário, estaríamos diante do constrangimento de existirem tantas versões de *A terra devastada* quanto há leitores da obra.

Richards nega que a sua teoria dos impulsos seja calculista e mecanicista, mas é difícil perceber como ele pode fazê-lo de forma plausível. Se os impulsos devem estar em equilíbrio, isso certamente envolve alguma forma de cálculo. William Empson ressalta, do seu jeito brincalhão, que, como no nível psicológico sentimos cerca de um milhão de impulsos por minuto, os cálculos envolvidos devem ser bem complexos. De qualquer modo, como identificamos um impulso? E como ele pode ser "satisfeito" por um poema? Um dos motivos pelos quais Richards nega que os apetites sejam calculáveis é porque às vezes ele parece pensar que eles são incontáveis, incompreensivelmente complexos e interrelacionados de forma intrincada. Porém, pode haver dois significados da palavra "impulso" em ação aqui: de um lado, o sentido corrente de uma necessidade de rir ou de gritar e, de outro, o sentido mais técnico de cargas elétricas e químicas que percorrem as fibras nervosas, o qual supostamente é o que Empson tem em mente. No entanto, Richards, o paladino da crítica prática, nos oferece poucas análises poéticas de fato que demonstrem sua teoria do valor, deixando assim um monte de questões não resolvidas.

"Ordem" é uma palavra-chave tanto para Richards quanto para Eliot. O indivíduo mais admirável é aquele que é estável, equilibrado, controlado e coerente. Parece, assustadoramente, um chefe de polícia britânico em Punjab. Essas virtudes vêm acompanhadas de uma aversão pela ineficiência, defeito de quem não consegue coordenar seus impulsos da maneira mais produtiva. Nessa aversão pelo desperdício, talvez se possa identificar o filho do mestre de obras. Num comentário deliberadamente insultuoso, Richards escreve que John Keats "é um poeta mais eficaz que [Ella Wheeler], o que é o mesmo que dizer que suas obras têm mais valor" (PLC, p.182). Foi esse tipo de comentário que inspirou T. S. Eliot a escrever, na revista *The Dial*, que o sistema de pensamento de Richards parecia uma versão mental de um armário de aço da marca Roneo. No entanto, por que a ordem, o equilíbrio e a parcimônia deveriam ser considerados sempre algo positivo? Richards costuma escrever como se a maior ameaça à civilização seja o caos, uma afirmação que está longe de ser evidente. Em sua própria época, um perigo mais iminente foi suscitado por uma versão patológica da própria ordem – pelos regimes autocratas de Hitler, Franco, Mussolini e outros ditadores, que eram extremamente organizados. A cientologia e a polícia secreta da Coreia do Norte certamente também são incrivelmente organizadas, mas isso não é motivo para admirá-las.

É verdade que o jovem Richards escrevia na esteira da Primeira Guerra Mundial, um período em que ele temia que toda a estrutura da civilização ocidental estivesse desmoronando e se encaminhando para uma catástrofe sem precedentes; entretanto, essa oposição entre ordem e caos é demasiado simplista. A depressão econômica dos anos 1930 certamente deu origem a certo grau de agitação na Grã-Bretanha, sobretudo sob a forma de marchas da fome e confrontos políticos nas ruas; contudo, grande parte dessa agitação ocorria por uma causa justa, enquanto a ordem social dominante destruía fontes de sustento e comunidades inteiras. Ainda assim, parece que Richards só enxergou tumulto e frivolidade ao redor de si.

Quanto ao equilíbrio, que Richards nunca para de elogiar, não há muito mérito em estabelecer um equilíbrio criterioso entre, digamos, o racismo e o antirracismo. Nesse aspecto, a imparcialidade pode ser veladamente preconceituosa. O centro nem sempre é o lugar adequado para se ficar, sobretudo quando se trata do conflito entre, digamos, as empresas de petróleo e os ecologistas. Liberais como Richards tendem a desconfiar do sectarismo político, como se todo engajamento fosse terrivelmente tendencioso. Todavia, o próprio liberalismo defende a liberdade em vez da tirania, o diverso em vez do monolítico, a flexibilidade em vez da intransigência e assim por diante. A Resistência Francesa era bastante parcial, como são aqueles que se opõem aos casamentos forçados e à violência doméstica. Richards, por sua vez, enxerga a poesia como o exemplo perfeito de imparcialidade, ou "impessoalidade", como ele às vezes a denomina, examinando o objeto de diversos ângulos, não mais predisposta a uma perspectiva que a outra. Porém isso certamente não é verdade. Diversos poemas privilegiam um ponto de vista em detrimento de outro, e muitos podem ter razão em fazê-lo. "In Memoriam", de Tennyson, não considera uma explosão de gargalhadas estrepitosas diante da morte do amigo do poeta Arthur Hallam como algo tão adequado como as lágrimas. E quanto à arte "engajada"? *Guernica*, de Picasso, retrata o bombardeio de uma cidade basca de um modo sobriamente desapaixonado? O teatro feminista apresenta uma visão descompromissada da misoginia?

O ser humano bem organizado e autossuficiente se parece desconfortavelmente com o Homem Burguês. Ele também é uma versão psicologizada e "científica" de uma forma conhecida de humanismo clássico, para a qual a vida virtuosa consiste em concretizar nossos diferentes potenciais e aptidões de forma tão plena, harmoniosa e abrangente quanto possível. Supõe-se que seja isso que o crítico Geoffrey Hartman tem em mente quando descreve Richards como "um classicista do sistema nervoso".[8] Ele colocou uma roupagem científica em uma ética antiga. O maior defensor vitoriano dessa visão é John Stuart Mill, sobretudo no belíssimo ensaio *Sobre a liberdade*. No entanto, o indivíduo polivalente é um espécime humano que o sociólogo Max Weber teme estar desaparecendo do mundo, e, de todo modo, poderíamos perguntar se sempre vale a pena almejar a polivalência. E o indivíduo que rejeita todas as outras atividades para buscar um único objetivo e, ao fazê-lo, consegue tirar o mais belo som de uma tuba ou fabricar o bilhar mais espetacular do seu tempo? De todo modo, não há motivo para supor que nossas habilidades sejam mutuamente harmoniosas. Esse também é um enfoque mais adequado ao indivíduo contemplativo que ao indivíduo ativo, já que a ação envolve predileção, orientação e a exclusão de determinadas possibilidades em prol de outras. O argumento não funciona particularmente bem se partimos do ego como agente. Se a verdade é unilateral, como Marx sustenta, nossas intervenções concretas no mundo também o são.

Pode-se alegar que Richards utiliza uma teoria radical, ou seja, uma teoria materialista, com objetivos conservadores: a necessidade de manter a ordem. Como muitos liberais (embora de inclinação esquerdista, no caso dele), ele tende a achar que a discórdia é intrinsicamente indesejável. É por isso que a conquista suprema do poema é a compatibilização das antíteses e a solução das contradições. No entanto, é claro que alguns antagonismos são incontornáveis, e a

---

8 Hartman, G. The dream of communication. In: Brower et al. *I. A. Richards*. p.167.

tentativa de resolvê-los pode não ter nada de imparcial. O confronto entre democratas e neonazistas é inevitável, assim como entre o patriarcado e as feministas. O conflito pode ser produtivo, mas também perigoso, como no caso dos escravizados que se revoltam contra seus senhores. É do interesse de quem está no poder que esse conflito seja reprimido. É claro que o príncipe Charles sentir-se-ia aliviado se seus críticos parassem de protestar contra o seu comportamento mimado e petulante e estivessem unidos no apreço por sua sabedoria. Pensadores liberais como Richards tendem a ignorar a quais interesses a ordem e a reconciliação servem. A ideologia tem sido definida como a solução imaginária de contradições reais, e é isso de fato que, para Richards, a poesia faz.

Os anos 1920 foram os mais produtivos desse crítico, o período em que ele estava no auge da forma. No entanto, foi também nesses anos que a Europa sentiu o impacto de diversas vanguardas artísticas (futurismo, construtivismo, dadaísmo, expressionismo, surrealismo e outras semelhantes), e esses grupos não estavam a fim de resolver contradições em nome da estabilidade. Pelo contrário, a maior parte deles produzia obras de arte dissonantes, fragmentadas e divididas internamente, expondo antagonismos em vez de resolvê-los. Longe de alimentar uma sensação de plenitude e de serenidade no público, elas procuravam abalar suas certezas habituais e, ao fazê-lo, colocá-lo num relacionamento mais crítico com a ordem social vigente.

Por outro lado, na Grã-Bretanha culturalmente tradicionalista havia poucas experiências artísticas desse tipo, fato que a crítica de Richards reflete. Ele defendia que a civilização ocidental estava enfrentando a maior transformação histórica de todos os tempos, com o desenvolvimento da ciência, da tecnologia, da cultura de massa, do secularismo e de guerras mundiais; todavia, a mente humana ainda precisava assimilar essas transformações. Isso não está distante da visão de diversas vanguardas europeias, porém, enquanto elas pretendem usar sua arte para produzir um ser humano transformado, adaptado a um mundo fragmentado e conflituoso,

Richards pergunta como o indivíduo pode manter sua serenidade e equilíbrio clássicos no meio dessa convulsão histórica. A resposta, em poucas palavras, é: por meio da poesia. Como os vanguardistas, ele prevê a evolução de uma mente profundamente moderna, uma mente com flexibilidade para mudar de rumo, processar partes dissonantes de dados sensoriais e realizar mudanças rápidas de postura; o importante, porém, é conseguir fazer isso sem perder a compostura. É importante perceber que Richards tem uma concepção não cognitiva da arte. A função da poesia não é produzir nenhum tipo de conhecimento. Ela é mais uma forma de terapia que um modo de compreensão. Num comentário deliberadamente provocativo, ele ressalta que a tragédia não nos convence de que está tudo bem com o mundo, mas de que está tudo bem com nosso sistema nervoso. Ela o faz, principalmente, harmonizando nossas reações antagônicas de compaixão e temor. Existe uma acepção, portanto, em que a arte nunca nos permite sair de nós mesmos. Num certo sentido, sem dúvida, a poesia é algo que usamos para alcançar efeitos concretos. Ela não é só um fim em si mesma, mas nos mostra como viver. No entanto, ela não cumpre essa função sendo didática ou moralista, mas simplesmente sendo ela mesma. Sua autonomia e autorrealização é que nos ensinam a sermos humanos, pois o objetivo da vida é compreender nosso próprio ser o mais plenamente possível. As barreiras entre o estético, o moral e o social são, portanto, eliminadas.

Chamar a arte de não cognitiva significa que, embora as obras literárias pareçam fazer afirmações a respeito do mundo, elas na verdade apresentam ao leitor o que Richards chama de pseudodeclarações. Pseudodeclarações podem ser verdadeiras, como quando um romance nos informa que o porto de Rijeka fica na Croácia. Mas a questão não é essa. Declarações como essa justificam sua presença numa obra de arte somente pelo papel que desempenham na liberação e na organização dos nossos impulsos – ou aquilo que Richards chama de nossas atitudes, ou seja, nossa disposição de agir de determinada maneira. Elas não são oferecidas apenas como informação, e tampouco o são declarações "morais" como "O mundo é um palco", "Uma beleza terrível nasceu" ou "Nós devemos nos amar uns aos outros ou morrer". A resposta correta a tais asserções não é "Isso mesmo!" ou "Quanta bobagem!". Em vez disso, somos convocados a compreendê-las como parte de um contexto poético mais amplo no qual nossos impulsos estão equilibrados e harmonizados; e, nesse sentido, uma obra flagrantemente absurda também serviria. Pode até haver referências ou sistemas de referência mutuamente contraditórios num poema, já que a verdade, no sentido usual, não está em jogo. É possível identificar por trás desse argumento a presença de Matthew Arnold, que procurou combater o crescente ateísmo das massas vitorianas alegando que afirmações como "existe um ser divino" podem ser factualmente falsas, mas que não perceber a força delas é um erro. Seu propósito é fortalecer valores morais como reverência, temor e responsabilidade, evitando, assim, as consequências socialmente subversivas da incredulidade religiosa. Para Arnold, a religião se torna uma espécie de poética edificante, um pouco como, para Richards, a poética se torna uma forma de religião redentora. O conceito de pseudodeclaração tem sua origem na Morte de Deus.

Segundo essa visão, a "verdade" de uma declaração poética é avaliada por sua adequação interna – pelo modo como ela colabora com outros aspectos do seu contexto para provocar determinada reação. O controle que o poeta tem dos nossos pensamentos, Richards observa, geralmente é a sua principal maneira de controlar nossos sentimentos. Tal como acontece com Eliot, o papel do intelectual é minimizado, o que não quer dizer que o significado do poema seja irrelevante. Sua importância, contudo, está na maneira como ele consegue provocar sentimentos, como o ritmo, o tom, a rima, a atmosfera, a métrica etc. podem fazer tão bem. Para Richards, a linguagem poética é emocional, não referencial. Mais precisamente, é uma linguagem em que o referencial está subordinado ao emocional. O emocional não inclui apenas sentimentos, mas estados de espírito, atitudes, avaliações e crenças. Podemos ter sentimentos emocionais, ou seja, convicções que satisfazem este ou aquele impulso, sem concordar intelectualmente com tais convicções. O brado "Justiça será feita!" é uma forma de estimular determinadas paixões e atitudes, não uma previsão verificável ou refutável do que acontecerá. "Referencial", para Richards, significa na verdade "factual" ou "empírico", e o paradigma dessa forma de linguagem é a ciência. Afirmações científicas supostamente devem ser emocionalmente neutras. Manuais de química normalmente não provocam grandes ondas de desejo ou de desprezo nos leitores. Na ciência, a mente está submetida às coisas, enquanto na esfera emocional a mente adapta as coisas a seus próprios objetivos e desejos.

Mesmo assim, Richards sabe muito bem que a neutralidade da ciência é relativa – aliás, como veremos posteriormente, ele considera a ciência como um mito entre tantos outros. Existem situações (realizar uma cirurgia cerebral, por exemplo) em que é fundamental ser uma pessoa serena. Isso também se aplica a grande parte do que acontece num laboratório. A falta de sentimentos nem sempre é condenável, de maneira alguma. Quando vamos extrair um dente, não queremos que o dentista, sentindo-se frustrado e irritado por não conseguir arrancá-lo, nos ponha o pé no peito para servir de alavanca. Mesmo assim, a ciência tem uma dimensão emocional e valorativa. Os neurocirurgiões certamente sentiriam que estavam perdendo tempo se acreditassem que a vida humana não vale absolutamente nada. Quando escrevemos um ensaio científico, estamos fornecendo informações factuais aos outros para determinados propósitos e dentro de um contexto social mais amplo; os fatos em si passam necessariamente por um processo seletivo, e eles são definidos unicamente dentro de determinados contextos conceituais que são historicamente específicos. Além disso, a ciência (embora Richards não faça comentários sobre o fato) revela fenômenos de uma beleza estonteante e consegue fazê-lo com o toque de elegância estética e arrebatamento criativo das mais belas obras de arte. Portanto, não existe uma distinção rígida entre o emocional e o referencial, e provavelmente nenhuma declaração unicamente referencial. Apenas transmitir informações factuais suscita a questão do porquê se está fazendo isso, o que se espera alcançar com isso, por que se escolhe focar nesses fatos e não em outros e assim sucessivamente.

Ainda assim, existe uma diferença entre dizer "Acabou de ficar vermelho" e "Ele é um vermelho asqueroso". Existe uma diferença funcional entre o emocional e o referencial, mesmo que ela não seja imutável; e, para o pragmatista Richards, o fato de a diferença realizar um trabalho produtivo é suficiente para justificar sua existência. Contudo, a diferença nunca é absoluta; na poesia, o sentimento e o significado estão sempre se modificando mutuamente. Talvez isso represente a resposta de Richards à dissociação da sensibilidade de Eliot. De qualquer modo, nem sempre é fácil diferenciar o que estamos pensando do que estamos sentindo ou separar ambos do que queremos fazer. Para Richards, muitos usos da linguagem misturam o emocional e o referencial (ou "simbólico", como ele às vezes o chamou de forma confusa), e o exclusivamente referencial, se é que isso existe, constitui uma parte secundária do nosso discurso. Ele ressalta que exageramos tremendamente a importância das afirmações factuais. Frases como "O ritmo cardíaco irregular pode ser tratado eficazmente por meio do uso criterioso de maleato de enalapril" não são típicas do nosso discurso diário, nem mesmo em centros de saúde. Ludwig Wittgenstein era outro que considerava os jogos de linguagem de referência como um modelo equivocado para a linguagem como um todo, que não é essencialmente propositiva. Na maior parte da nossa atividade verbal, a saudação, a brincadeira, o pensamento, o xingamento, o questionamento, a discussão e assim por diante tendem a superar o modo indicativo. Alguns analistas de Richards afirmam que ele finalmente supera a diferença entre o emocional e o referencial por meio do conceito coleridgeano de Imaginação, que representa tanto uma revelação emocional como uma forma de verdade.

Portanto, não é verdade que o mundo está dividido ao meio entre fatos e sentimentos ou entre fatos e valores. E o motivo não é apenas que os fatos só podem ser identificados dentro de estruturas conceituais que não são, de modo algum, desprovidas de valores. É também porque não há dúvida de que existem fatos morais, que constituem uma categoria distinta tanto das observações científicas como das reações emocionais. O próprio Richards não endossaria essa afirmação. Quando se trata de moral, ele é um chamado emotivista que defende que os valores morais, longe de serem objetivos, simplesmente registram o modo como nos sentimos a respeito de determinadas formas de comportamento. Para um emotivista, existe uma situação factual – digamos, um homem enforcando uma criança – e, em seguida, uma reação subjetiva a ela, por exemplo, "Isso é errado". Por outro lado, para um realista moral a inadequação da ação não tem a ver simplesmente com o que você e eu podemos achar dela. Ela é inerente à própria ação. O realista moral pode até ser capaz de avaliar se uma ação é moral ou imoral simplesmente olhando uma fotografia dela – embora, no caso de alguém que está enforcando uma criança, seria preciso saber se ele estava em sã consciência para chamar o gesto de crime, algo que uma fotografia não determinaria. Contudo, segundo essa teoria, enforcar uma criança continua sendo imoral mesmo que exista um consenso universal de que não pode haver uma forma de comportamento mais virtuosa. Segundo essa perspectiva (questionável), é possível que todos se enganem a respeito das questões morais, do mesmo modo que outrora todos acreditavam que a Terra era plana. Aliás, houve uma época em que quase todo mundo aceitava a tortura. Chamar um ato de "assassinato" é afirmar que é um fato que se trata de um assassinato. O assassinato não está somente na mente. Não se trata de um ato descritível de maneira neutra acrescido de uma avaliação subjetiva dele. Não é possível fazer uma separação nítida entre fato e valor, como alegam tanto positivistas como emotivistas de lados opostos da cerca.

I. A. Richards

Portanto, para o realista moral, podemos dizer que as declarações morais são verdadeiras ou falsas, tal como as descritivas. Embora possa haver debates intermináveis para saber se determinado comportamento é irresponsável ou prudente, generoso ou egoísta, estamos discutindo a respeito de fatos, não dos nossos sentimentos. Consequentemente, de acordo com essa teoria, quando alguém declara "Uma beleza terrível nasceu", faria todo o sentido retrucar "Não, não nasceu", tal como "Me poupe!" seria uma resposta bem coerente para "O mundo é um palco". Faz parte da tarefa do crítico (embora Richards não concorde com isso) emitir juízos sobre tais declarações – investigar se uma obra literária revela verdades morais importantes, o que pode ser um dos motivos pelos quais a avaliamos bem. Por outro lado, se um poema ou um romance nos surpreende por estar cheio de princípios morais perversos ou equivocados, isso pode limitar nossa fruição da obra, assim como uma obra supostamente realista que, sem nenhum propósito artístico evidente, apresentasse continuamente a topografia de Liverpool de uma forma grotescamente incorreta. Richards admite que uma afirmação moral ofensiva pode destruir o efeito estético de um poema, porém defende, ainda assim, que uma declaração moral falsa pode servir para organizar nossa mente de maneira mais eficaz que uma verdadeira. Uma das funções mais importantes da poesia, ele acredita, é aprofundar nossa sensibilidade em relação à linguagem, numa época em que a publicidade e a propaganda política se tornaram insidiosamente poderosas; no entanto, isso é irônico, já que na publicidade e na propaganda o que importa não é tanto o que é dito como os efeitos emocionais que aquilo produz, o que também acontece em grande parte da concepção poética de Richards.

Existe uma relação entre o conceito de pseudodeclaração de Richards e a natureza da ideologia, compreendida como um conjunto de sentimentos e ideias que ajudam a sustentar uma forma de poder condenável. Nem todas as declarações ideológicas são falsas: é verdade, por exemplo, que a rainha da Inglaterra é uma mulher escrupulosa e trabalhadora que não costuma praticar roubos em lojas nem depredar delegacias de polícia. Contudo, alguém que considerasse que valia a pena apresentar esse argumento provavelmente o estaria utilizando para justificar a instituição da monarquia, não simplesmente para dar uma informação. Como acontece com as pseudodeclarações de Richards, o que importa é o modo como a proposição se comporta dentro de um contexto mais amplo, não sua veracidade ou falsidade intrínseca. A palavra de ordem "Vidas brancas importam" enuncia uma verdade, mas ela também é racista, já que foi pensada para desacreditar o movimento Black Lives Matter [Vidas Negras Importam].

Como pragmatista, Richards acredita que as palavras não significam nada em si mesmas. Elas ganham significado somente quando são usadas por interlocutores com um objetivo específico. Quando se trata da linguagem, ele também é um antiessencialista intransigente: palavras como "poética" e "estética", por exemplo, não têm um significado imutável e intrínseco, mas abrangem todas as coisas conhecidas por meio desses nomes por todos os tipos de motivo. A teoria, conhecida tecnicamente como nominalismo, abrange inúmeras questões que Richards deixa de abordar – sendo uma das mais evidentes o motivo pelo qual chamamos de elefante todas as coisas que não têm nada em comum exceto o nome "elefante". Para Richards, as palavras não correspondem a coisas, mas a pensamentos e sentimentos – ou, como diria o linguista Ferdinand de Saussure, a significados (conceitos), não a referentes (objetos ou situações no mundo). A análise dos signos, para a qual Richards usa o desagradável termo "semasiologia", deve ser colocada no centro da ciência e da filosofia, embora o termo menos deselegante que surgiria algumas décadas depois fosse semiótica. Dessa e de outras maneiras, ele é uma espécie de profeta.

Todo significado, portanto, é contextual: uma única expressão aciona toda a linguagem, um pouco como um movimento da mão envolve quase todo o sistema muscular. Em nenhum tipo de linguagem isso é mais verdadeiro que na poesia, na qual cada palavra é moldada e sustentada por todas as outras, num processo que Richards, roubando um termo do poeta John Donne, chama de "interinanimação". Ele acredita que as palavras ganham sentido por causa dos diversos contextos em que são empregadas, de modo que elas são os meios pelos quais diferentes competências discursivas aplicadas em diferentes situações podem ser reunidas. Elas são as interseções de forças diversas. Na obra *Os elementos da lei natural e política*, o filósofo Thomas Hobbes ressalta, de forma um pouco mais pessimista, que, em razão de os contextos em que as palavras ocorrem serem muito variados, é difícil resgatá-las do equívoco e da ambiguidade. Um dos motivos pelos quais Hobbes acreditava na soberania absoluta era porque ela era indispensável para estabelecer significados precisos.

Richards identifica quatro aspectos do discurso: intenção, sentimento, tom e sentido (ou significado). Os três primeiros ele agrupa às vezes na palavra "gesto", que pode prevalecer sobre o sentido. "Intenção" parece se referir menos a um ato mental por parte de um autor que ao modo como um fragmento da linguagem é organizado para produzir um efeito, o qual está publicamente disponível para nós de uma forma que o chamado ato mental não está. A "intenção" de uma cadeira é a forma como ela é construída para que seja possível sentar nela. Podemos falar das intenções do poema em si – mas não na visão que Richards tem do poeta, que pode não se lembrar do que pretendia, ou que pretendia inúmeras coisas diferentes, talvez mutuamente contraditórias, ou que não tinha nada de especial em mente exceto o ato de escrever. A Nova Crítica norte-americana, que foi muito influenciada pelo ideário de Richards, viria a adotar essa ideia de intencionalidade. A primeira definição de tom implica a postura perante o leitor, porém, posteriormente, essa definição se ampliou e passou a incluir a postura perante a própria temática. Em todos os discursos ou textos, Richards insiste, devemos dar a devida atenção ao modo, à ocasião, ao contexto e ao propósito.

Em *The Philosophy of Rhetoric*, Richards afirma que só é possível compreender um fragmento de linguagem levando em conta o enunciado completo. Não se trata de compreender o significado das palavras soltas e depois uni-las como se fossem tijolos em um edifício. "O pensamento livre e discursivo e a sua expressão", ele escreve em *Interpretation in Teaching*, "são muito mais úteis para nós que a expressão rígida, explícita e verificável de significados distintos definíveis isoladamente" (IT, p.302). O significado, seja ele poético ou não, resulta "da interação das possibilidades interpretativas de todo o enunciado" (PR, p.37). Isso inclui palavras que espreitam silenciosas em segundo plano, de modo que o significado de um termo, como o trabalho do porteiro do hotel Ritz, pode depender tanto do que ele deixa de fora como do que ele deixa entrar. Na verdade, todo significado inclui essa ausência, já que compreendemos uma palavra recordando um contexto concreto em que ela faz sentido, mas que não está presente no momento. A palavra, digamos, é uma súmula desse contexto, um signo que representa o que está faltando. Até as experiências podem funcionar como signos, no sentido de que elas também evocam contextos passados.

Em todos esses aspectos, Richards antecipa o que seria chamado posteriormente de teoria do discurso, bem como a hermenêutica moderna ou arte da interpretação. Ele até prefigura o pensamento de Jacques Derrida ao afirmar que o significado das palavras é sempre protelado ou suspenso, esperando pelos termos que vêm depois delas. As palavras não têm significado isoladas umas das outras; e se seu sentido parece estável, isso se deve apenas à regularidade de seus contextos. Só o contexto dá ao significado uma base sólida, uma visão quase tão antiga quanto o pensamento de Santo Agostinho. Isso também se aplica aos sentimentos e às atitudes. Todavia, os contextos propriamente ditos nem sempre são fáceis de definir. Entre uma série de possíveis cenários, em qual deles devemos situar uma palavra, e onde esses cenários começam e terminam? Às vezes o contexto pode ser convocado a fazer coisas demais, a exemplo de autodefesas familiares como "A expressão 'hipocritazinho asqueroso' que eu usei para me referir a você foi tirada de contexto".

Faz parte da natureza do signo ser portável, capaz de ser transferido de um lugar para o outro; e a falta de clareza de significado que pode resultar disso, longe de ser um defeito, é parte do que faz o signo funcionar. Em *Investigações filosóficas*, Ludwig Wittgenstein compara falar uma língua "pura" a tentar andar sobre o gelo, lembrando-nos, em vez disso, do que ele chama de terreno acidentado do discurso cotidiano. (A propósito, existem muitos pontos de convergência entre as ideias de Richards e as de Wittgenstein, embora o primeiro, que detestava o jeito autoritário do segundo, negue ter sido influenciado por ele.) Na pesquisa que fez sobre Coleridge, Richards menciona a "habitabilidade" de alguns significados, um tema que está presente ao longo de sua obra. Ele está interessado no modo como certas palavras-chave como "ser", "causa", "ter", "mesmo" e assim por diante mudam de significado – um interesse que, como veremos, foi herdado por William Empson em *The Structure of Complex Words* e também por Raymond Williams em *Palavras-chave*. O significado é fluido, multifacetado e às vezes impossível de definir com precisão. A ambiguidade está por toda parte. Não existe uma única construção correta de uma frase, já que seu sentido depende de seus diversos usos. Na verdade, Richards publicou uma obra popular, *How To Read a Page*, dedicada a esse assunto.

Talvez Richards, como os pós-estruturalistas que o acompanham, dê demasiada importância à instabilidade semântica. Contra o fantasma dos significados imutáveis, ele empunha sua doutrina das Definições Múltiplas, e há momentos em que isso é visivelmente adequado. A palavra *lunette*, por exemplo, pode significar em inglês uma abertura ou janela arqueada num teto abobadado, um nicho em forma de meia-lua ou de semicírculo que contém uma pintura ou uma estátua, uma fortificação com duas faces formando dois flancos e uma cantoneira saliente, um suporte para a hóstia consagrada numa custódia ou uma argola num veículo por meio da qual ele pode ser rebocado. No entanto, palavras como *marmalade** ou *myxomatosis* são muito menos maleáveis. Além disso, se as palavras mudassem completamente de sentido quando fossem transferidas de um contexto para outro, uma criança pequena teria dificuldade de aprender a falar. As crianças não assimilam um idioma aprendendo palavras isoladas, mas compreendendo como elas são utilizadas em determinadas situações concretas; entretanto, se não houvesse continuidade nessas situações, elas certamente se sentiriam perdidas. A linguagem inclui tanto a identidade quanto a não identidade, como fica bastante evidente quando afirmamos que a mesma palavra é empregada de formas diferentes. A diferença pura seria tão inteligível quanto a identidade pura.

Como ressalta Michael Moriarty, "nos perguntamos como o signo poderia ser adaptado, e a sua novidade contextual ser assimilada, se não houvesse ali uma unidade relativamente estável que pudesse ser identificada no nível semântico".[9] Em "O padre pôs a hóstia no suporte" [*The priest placed the host in the lunette*] e "O mecânico passou a corda pela argola" [*The mechanic looped the tow-rope through the lunette*], o significado da palavra *lunette* [suporte/argola] se modifica completamente. No entanto, não é o que acontece com "A melhor geleia que existe é, sem dúvida nenhuma, a da marca Frank Cooper's com pedaços" e "Num momento de descontrole, do qual se arrependeria, ele esvaziou o pote de geleia dentro das calças do policial". A importância do contexto é uma questão de gradação; nem todos os contextos têm o mesmo peso. "Cachorro" pode significar várias coisas, mas sua referência mais comum é a uma espécie de animal.

Richards afirma que a linguagem "é o órgão supremo do desenvolvimento autônomo da mente [...], um instrumento de controle

---

* Geleia. (N. T.)
9 Moriarty, M. The longest cultural journey. In: Prendergast C. (Org.). *Cultural Materialism*: On Raymond Williams. Mineápolis: University of Minnesota Press, 1995. p.100.

da nossa transformação" (SI, p.9). Ela é o veículo de todo o nosso desenvolvimento diferenciado, "de tudo aquilo em que superamos os outros animais" (PR, p.88). Em outra passagem, ele a chama de "principal instrumento de coordenação do atendimento aos propósitos mais fundamentais da vida" (CI, p.176) e declara que a linguística é a mais abrangente e fundamental de todas as investigações. Afirmações como essas são típicas do que se poderia denominar revolução linguística do século XX, uma revolução que pode ter exagerado o papel da linguagem ao enfatizar sua importância. Os outros animais vivem sobretudo pela experiência sensorial, mas Richards considera, corretamente, que é um equívoco pensar na linguagem nesses termos. Imagens sensoriais, por exemplo, não são fundamentais para a comunicação verbal, e quem pensa que elas o são é vítima da teoria pictórica da linguagem. Mas que imagem lhe vem à mente quando alguém diz "Olá!" ou "Pode voltar na próxima quarta-feira"? Que imagem visual é evocada por "Ser ou não ser, eis a questão"? Existe, contudo, o que Richards chama de imagens "associadas", ou seja, aquelas que são produzidas pelo processo físico da linguagem, por seus sons, ritmos e texturas. Uma imagem "auditória" é o som de palavras no ouvido da mente, enquanto uma imagem "articulatória" é a sensação de como seria pronunciá-las, a sensação que elas provocam nos lábios, na língua e na garganta da mente. As outras formas de visualização ele chama de "livres". No que diz respeito ao processo físico, é interessante notar que Richards era considerado um dos mais excepcionais declamadores de poesia de sua época. Existe um contraste entre seu talento nesse campo e seu estilo de prosa sem graça e meio anêmico.

As restrições de Richards em relação às imagens sensoriais surgiram numa época em que havia uma grande preocupação literária com o que era palpável ou concreto. Pensamos nos poetas imagistas, na poesia de Eliot ou na crítica de F. R. Leavis. Segundo essa visão, a linguagem é mais convincente quando parece tão densa e palpável como as próprias coisas, transmitindo seu sabor e sua textura. Contudo, não é um defeito da palavra "maçã" o fato de ela não transmitir a acidez e a firmeza da própria fruta. Não é o que se espera dela. Palavras não devem ser confundidas com coisas. Richards também recorda que o concreto, que normalmente imaginamos como algo simples e imediato, é na verdade complexo. Ele deriva de uma palavra latina que significa "crescer junto" e significa a convergência de inúmeras características diferentes. Desse modo, o que torna um pedaço de papel uma entidade "concreta" e não "abstrata" é o fato de ele ser quadrado, cor-de-rosa, frágil, leve, semitransparente e assim por diante. O abstrato, por outro lado, é um conceito mais simples. Por coincidência, essa é precisamente a definição de concreto proposta por Karl Marx em *Grundrisse*, uma obra que ainda era desconhecida quando Richards escrevia.

Portanto, não é preciso que a linguagem evoque imagens visuais, sonoras ou táteis para funcionar. Aliás, as palavras representam o ponto de encontro de tipos de experiência que, em alguns casos, jamais poderiam se agrupar em sensações e intuições. É possível ter uma lata de lixo que se transforma num excelente primeiro-ministro no nível da linguagem, mas não no mundo sensorial cotidiano. Nesse aspecto, a linguagem nos liberta da prisão dos sentidos, oferecendo possibilidades que uma lesma seria incapaz de imaginar. Na verdade, a lesma não consegue imaginar muita coisa, já que para sonhar com situações alternativas é preciso dispor de linguagem. Mesmo assim, as lesmas têm sua própria forma de inteligência, que pode carecer de uma certa grandeza einsteiniana, mas que Richards deveria levar mais em conta. Isso porque, em dado momento da sua obra, ele afirma que não existe inteligência não verbal. Talvez ele nunca tenha encontrado um Cocker spaniel ou uma criança de um ano de idade. Os pontos de vista linguísticos de inúmeros filósofos modernos podem ter sido moldados pelo fato de que eles tiveram pouco ou nenhum contato com crianças. Também é verdade que o corpo tem sua própria inteligência, a qual a mente talvez desconheça completamente.

I. A. Richards

Richards tem uma abordagem pioneira do conceito de metáfora. Longe de tratá-la como um simples enfeite ou como um desvio do uso normativo da língua, ele a considera o "princípio onisciente da língua" (PR, p.61). "Todos nós só vivemos e falamos", ele escreve, "por meio da atenção que damos às semelhanças" (ibid., p.59). Ele defende que todas as atividades intelectuais são descritas numa linguagem inspirada no físico e são, nesse aspecto, metafóricas. O próprio pensamento avança por meio da diferenciação e da comparação, de modo que a metáfora faz parte da sua essência. Além disso, tudo é apreendido de acordo com algum tipo de categoria, de modo que ver é sempre "ver como", e isso, no sentido lato do termo, é uma atividade metafórica. Transpomos um objeto isolado para a categoria a que ele pertence, ao passo que (para tomar emprestado um exemplo de Martin Heidegger) o lagarto não vê a rocha em que está deitado *como* uma rocha. A rocha faz parte do seu mundo sensível, mas não de um mundo de significado. A metáfora, que funde dois ou mais pensamentos ou imagens, é um microcosmo da natureza pluralista da língua propriamente dita. Para Richards, ela é formada por um "teor", que é a ideia ou objeto subjacente; um "veículo", que é o modo pelo qual o teor se expressa; e um "território", que indica tudo que os dois têm em comum. Desse modo, "guerreiro" pode ser um teor, "tigre", seu veículo, e "força" ou "coragem", o território que os conecta. O teor e o veículo interagem sem cessar, à medida que às vezes um é empurrado para o primeiro plano, às vezes o outro. O teor pode ter um único veículo ou diversos veículos, e a tensão ou a oposição entre os dois pode ser tão importante como a fusão. Os dois elementos também podem colaborar para produzir um significado mais convincente e diversificado do que cada um deles tomado isoladamente conseguiria. Nesse sentido, a metáfora é uma transação entre contextos, já que, como todas as palavras, o teor e o veículo só são inteligíveis como parte de um cenário linguístico mais amplo. Uma metáfora, como em algumas das passagens mais deliciosas de Shakespeare, pode ser "montada" sobre outra, e esta sobre outra, sem que o processo autogerador jamais, por assim dizer, aterrisse em terra firme não figurativa.

Essa ideia de um processo ininterruptamente criativo é fundamental para a concepção de poesia de Richards. O poema é basicamente significado em movimento, e o movimento (ritmo, cadência, métrica e assim por diante) pode realçar o significado ou operar contra ele, contrariando o sentido ou refletindo-o. Em suas últimas obras, à medida que a influência de Coleridge se aprofunda, Richards continua a considerar o poema como uma estrutura de impulsos harmonizados, uma opinião partilhada por Coleridge, mas também como um crescimento orgânico – um crescimento que o leitor "realiza", no sentido de que o "recria", e, ao fazê-lo, compreende sua personalidade como um todo. O objetivo final da leitura é a autocriação. Os leitores tomam consciência de que estão criando o poema ao mesmo tempo que estão explorando, "se tornando" ou apreendendo o poema, e o verbo ambíguo em inglês *to realise* [realizar/perceber/compreender] capta ambas as ações. Estamos tão intimamente ligados à obra que se torna impossível dizer onde ela termina e onde nós começamos; se a estamos produzindo ou se é ela que está nos produzindo. Conhecedor e conhecido, ou conhecimento e criatura, são idênticos. Há uma pitada de Confúcio por trás dessa doutrina, que representa uma capitulação momentânea de um crítico materialista a uma ideia semimística. Há também uma antevisão da teoria da recepção do final do século XX.

Para Richards, a metáfora não é apenas um artifício verbal. Às vezes ele utiliza o termo como sinônimo de "mito", referindo-se ao modo como a mente molda o mundo e o torna inteligível. Projetamos certas metáforas na realidade para compreendê-la, mas a realidade já é em si mesma metafórica, visto que é o resultado de projeções anteriores do mesmo tipo. Portanto, para Richards, como para Friedrich Nietzsche e Jacques Derrida, a metáfora está em toda parte. Não é possível descolá-la, camada após camada, para chegar a uma realidade crua. Tudo que podemos fazer é revestir um conjunto de metáforas com outro. Para colocar a questão de maneira mais técnica, Richards é um materialista na medida em que acredita numa natureza que é independente da mente, mas ele não é um realista filosófico no sentido de alguém que defende que este mundo pode ser conhecido tal como realmente é. Nós mesmos projetamos valores, significados e sentimentos nas coisas inertes da realidade, de modo que tudo que podemos de fato conhecer somos nós mesmos. A natureza sempre é Natureza-para-nós. Como a atividade construtiva da mente penetra nos dados sensoriais aparentemente mais simples, não existe nada que seja simplesmente dado. Essa é uma visão típica do idealismo filosófico, que acredita que a mente cria o mundo, a qual, portanto, pareceria incompatível com o materialismo de Richards. No entanto, para ele a mente é ela mesma material, mais ou menos idêntica ao sistema nervoso.

Portanto, nossa vida é pautada pelo mito, ou seja, uma forma específica de ordenar a realidade que permite que nos adaptemos a ela e, consequentemente, prosperemos. Aliás, para Richards, a própria ciência é simplesmente nossa modalidade mais recente de mitologia, uma mitologia que organiza o mundo de tal forma que aumenta nosso controle sobre ele. No entanto, embora precisemos do mito da ciência para a nossa existência concreta, precisamos de outras formas de ficção para o nosso bem-estar espiritual. Por meio dessas fábulas estimulantes, "nossa vontade se acumula, nossa força se consolida e nosso crescimento é controlado"; sem elas, "o ser humano não passa de um animal cruel e desalmado" (CI, p.134). Esses mitos unificam nossa existência, dotando-nos de uma sabedoria da qual a ciência é incapaz e ligando-nos a uma natureza com a qual estamos perdendo rapidamente o contato. Ao realizar essas funções, os mitos modernos herdam o papel das ficções do passado (metafísica, moralidades absolutas, a confiança na tradição e na autoridade) e, acima de tudo, da religião – de modo que, em certo sentido, Richards, como Nietzsche, é um filósofo da morte de Deus. Como vamos preservar a ordem e os valores num mundo do qual o

Todo-Poderoso desapareceu e que não acredita mais em absolutos morais? T. S. Eliot passa do ateísmo ao cristianismo, algo incomum para um escritor moderno; Richards descobre uma forma de valor supremo no progresso da humanidade; William Empson (para antecipar um pouco) odeia Deus como se acreditasse que ele existisse; F. R. Leavis descobre um substituto para ele no vitalismo de D. H. Lawrence; e Raymond Williams, que recusou o ritual eclesiástico da crisma quando era criança, é totalmente indiferente ao assunto.

A resposta de Richards para o desaparecimento da divindade é inequívoca: a forma mais eficaz de criar estabilidade e sentido num universo pós-teísta é a poesia. A poesia, ele insiste, num comentário que provavelmente queria escandalizar e certamente pretendia ser citado, "é capaz de nos salvar; ela é um instrumento perfeitamente viável para superar o caos" (*Science and Poetry*, em PLC, p.330). Ela é o exemplo mais admirável de ordem mental e emocional de que dispomos e "o canal indispensável para a reconstituição da ordem [social]" (CI, p.174). A poesia vai reconstruir nossas mentes e, com elas, nossa civilização. Tal como acontece com Matthew Arnold, o poeta adota então o manto do profeta ou do sacerdote. T. S. Eliot, que, como cristão, despreza qualquer tentativa de substituir a religião pela arte, comenta sarcasticamente que isso é o mesmo que dizer que o papel de parede vai nos salvar quando as paredes tiverem ruído. A ideia de que a poesia, que envolve apenas uma fração minúscula da população, redimir-nos-á do "caos" da modernidade é tão absurda a ponto de ser ligeiramente cômica. Pelo menos a religião, apesar de seus crimes e delírios, conseguiu a adesão de bilhões de homens e mulheres comuns em todo o mundo. Richards, como vimos, espera difundir mais amplamente o estudo da literatura, mas ainda assim é provável que ele continue sendo uma atividade de uma minoria.

Ele afirma que a poesia pode parecer inferior à religião, à moral, à ciência ou à metafísica, já que ela é simplesmente uma ficção. Todavia, quando reconhecemos que a religião, a moral, a ciência e a metafísica também são ficções, podemos superar esse preconceito. Além disso, a poesia é conscientemente fictícia, aquilo que qualquer mito autêntico tem de ser. Os mitos devem ter ciência de que são míticos, bem como o devem aqueles que confiam neles. Desse modo, sua relação com os mitos deve ser irônica, acreditando e não acreditando ao mesmo tempo. Caso contrário, corremos o risco de confundir a obra das nossas mãos com a realidade absoluta, o que é uma forma de idolatria. Em *O sentido de um fim*, o crítico Frank Kermode diferencia os mitos, que se consideram verdadeiros, da ficção, que não o faz. Mitos são ficções que se consideram fatos. Nesse caso, Richards teve de proceder com cautela: ele era um liberal que proclamou a necessidade do mito numa era fascista, e, nas mãos dos fascistas, o mito estava rapidamente se tornando nocivo. Por conseguinte, os homens e as mulheres devem conferir uma credibilidade limitada aos seus universos simbólicos, recusando-se a atribuir uma autoridade excessiva a qualquer um deles. Não é evidente que as pessoas realmente consigam viver dessa forma por qualquer período. Otelo simultaneamente acredita e duvida que Desdêmona lhe é fiel, mas isso é sinal de uma mente em pedaços, não de um ironista.

Precisamos, portanto, criar uma espécie de segunda natureza, uma vez que a própria natureza, no sentido das coisas como realmente são, é impenetrável para nós. Essa segunda natureza é a esfera prática na qual conduzimos nossa vida diária, um mundo de paixões e valores, ações e percepções, e a investigação científica representa apenas um pequeno setor dela. A ciência não consegue satisfazer nossos questionamentos metafísicos, o que, para Richards, não é uma grande perda, já que ele acredita que a metafísica é uma farsa; contudo, ela apresenta determinadas carências afetivas que precisam ser satisfeitas, e essa é a função da arte e da cultura. Por meio da linguagem, construímos uma realidade para satisfazer o conjunto das nossas carências, de modo que "as estruturas dos nossos diversos mundos são as estruturas dos nossos significados" (PR, p.12). Longe de constituir um fato incontornável, a realidade é um produto das nossas convenções, que variam de acordo com o lugar e a época;

a arbitrariedade dessas convenções fica bem evidente quando nos deparamos com uma cultura diferente o suficiente da nossa, como aconteceu com Richards quando visitou a China. Ele admite que essa é uma verdade dura de engolir, já que parece indicar que nossa existência carece de uma base sólida. Ele é o que chamaríamos hoje de um pensador antifundacionista, além de ser um precursor de outros aspectos do pós-modernismo, entre eles o relativismo cultural. Se o mundo é uma projeção de nós mesmos, então é inevitável que o poema também o seja. Como alguns teóricos da recepção mais recentes, Richards afirma que grande parte do que consideramos estar "dentro" de uma obra literária na verdade foi posto ali pelo leitor. Talvez pela primeira vez na história da crítica inglesa, o leitor desfavorecido surge dos bastidores e é colocado no centro do palco literário. O texto literário é uma transação com um leitor, não um objeto estável. Ele também não deve ser tratado como parte da biografia do seu autor, uma forma de crítica da qual Richards desconfia. Ele é um precursor da semiótica, da teoria do discurso, da hermenêutica, da neurociência, dos estudos pós-coloniais e da chamada leitura cerrada, mas também é um dos primeiros especialistas do que mais tarde seria conhecido como teoria da recepção ou da resposta do leitor, e seu livro extremamente influente *A prática da crítica literária* é um dos grandes clássicos dessa corrente, antes mesmo que ela tivesse de fato se desenvolvido. Do mesmo modo que a teoria da recepção examina a ação do leitor ao ajudar a elaborar o texto literário, Richards afirma que toda interpretação exige que preenchamos conexões que não são criadas pela própria obra e que, no caso da poesia, nossa liberdade para forjar essas relações é a principal fonte da energia da obra. Nenhum escritor consegue fornecer todo o contexto do que diz, de modo que os leitores trarão seu próprio arcabouço de pressupostos ao que é dito, cada um deles bastante diferente dos outros. A beleza, por exemplo, está nos olhos de quem vê. Como no caso das pseudodeclarações, o que parece uma declaração a respeito de um objeto acaba se referindo ao sujeito. No que toca à beleza, trata-se de um argumento bastante convincente, considerando-se que grande parte do que se entende por beleza se modifica segundo a época ou o lugar, embora o fato de que o estupro ou a tortura também estarem nos olhos de quem vê seja um problema que já examinamos de passagem.

Em linhas gerais, Richards acredita que o que dizemos a respeito de um poema é, na verdade, um atalho para descrever seus efeitos sobre nós. Podemos dizer que o trecho de um poema tem um tom brincalhão ou um ritmo desajeitado, mas, para ele, isso é uma consequência do modo como o lemos, não uma característica da própria obra. A sensação de equilíbrio que um poema eficaz cria está na mente ou no sistema nervoso do leitor, não nas palavras no papel. O enredo de uma peça ou de um romance é simplesmente "uma série, um sistema, forjado de maneira complexa, de pensamentos, sentimentos, expectativas, surpresas, desejos, esperanças, decepções e coisas afins" (CSW, p.161). O ritmo também depende de surpresas, expectativas e assim por diante. Portanto, o enredo e o ritmo também estão apenas na mente. Existe algo numa obra literária que não esteja? As marcas pretas na página, talvez. Porém, como para identificar algo como uma marca preta é preciso um gesto interpretativo, então seria ele também simplesmente um acontecimento mental? Para Richards, até mesmo avaliações literárias revelam mais sobre os leitores – seus antecedentes, seus interesses atuais e assim por diante – que sobre a obra em questão.

O fato de que não há beleza, inveja, agonia, vírgulas, apóstrofos ou finais de versos numa obra sem um intérprete não significa, porém, que descrever um poema é descrever o leitor. A oposição entre o que é dado pelo poema e o que é construído pelo leitor é enganosa. Quando dizemos que a palavra *mother* [mãe] está "no" poema, não queremos dizer que ela está nele do mesmo jeito que a aguardente está na garrafa. Queremos dizer que, na língua inglesa, normalmente se aceita que esses seis símbolos pretos têm um significado específico ou um conjunto de significados específicos e que o leitor não pode simplesmente decidir que, em vez disso, eles significam *porridge* [mingau]. Portanto, o significado é, nesse sentido, objetivo. Podemos nos enganar quanto a ele, do mesmo modo que quanto ao fato de uma narrativa conter uma personagem chamada Júlia ou quanto ao número de palavras que existem num verso; e é nesse sentido particular que tais questões não são puramente subjetivas. (Embora também possamos nos enganar a respeito do subjetivo – não no sentido de que não sabemos se estamos tendo uma experiência específica ou não, mas no sentido de que podemos, digamos, considerar que estamos sentido raiva quando, na verdade, estamos com medo.)

Ainda assim, o significado não é objetivo como as quedas d'água. Estas últimas existiriam mesmo se não houvesse seres humanos, mas os significados não. O Monte Etna não existe simplesmente porque todos concordamos que ele existe, ao passo que, se não concordássemos que seis símbolos pretos têm determinado significado, eles não teriam. Talvez em outra língua eles signifiquem "trator". Algumas coisas fazem parte do mobiliário do mundo, outras não. Não existe nada na natureza chamado "propriedade", que é um construto puramente social, mas existem coisas na natureza chamadas árvores, algumas das quais podem me pertencer. Na obra sobre Coleridge, Richards procura resolver o conflito entre o que é dado num texto e o que projetamos nele por meio do conceito de "fato mental" de Coleridge, que implica uma interação do sujeito com o objeto.

Richards enxerga a obra poética como o modo pelo qual o poeta transmite uma experiência da sua própria mente para a mente do leitor. No entanto, essa é uma forma estranha de pensar nela. Tomemos, por exemplo, a abertura de *Paraíso perdido*, de John Milton:

> Do homem primeiro canta, empírea Musa,
> A rebeldia – e o fruto, que, vedado,
> Com seu mortal sabor nos trouxe ao Mundo
> A morte e todo mal na perda do Éden,

I. A. Richards

> Até que Homem maior pode remir-nos
> E a dita celestial dar-nos de novo...

Que experiências esses versos estão tentando transmitir? E como saberíamos que aquilo que experimentamos enquanto os lemos é o mesmo que Milton experimentou enquanto os escrevia? O fato é que a passagem não nos apresenta uma experiência que poderia ser descrita independentemente de suas palavras. Ela nos oferece, em vez disso, um conjunto de significados – e significado não é experiência, da mesma forma que prometer, pretender ou esperar não são experiências. Certamente podemos nos referir à experiência das palavras – ao modo como seu som, sua forma, seu ritmo e textura reverberam na mente –, mas as palavras não são simplesmente um suporte de uma experiência que está "por trás" delas. Qual é a experiência por trás de "Acabamos de ficar sem sardinha"? Sentimo-nos inclinados a dizer que, nesse contexto, o conceito de experiência é totalmente enganador, uma ressaca de uma tradição empirista que nos estimula a basear atividades não sensoriais nas sensoriais. Eu poderia dizer que tive a experiência de fechar uma gaveta, mas tudo que eu quero dizer com isso é que fechei uma gaveta. Existe outro resíduo do legado empirista na forma como Richards se refere ao poema como um "estado mental" (CSW, p.230) e ao significado como um processo mental. O poema, contudo, existe no papel, não existe primeiramente na mente. Sem dúvida, é na mente que ele ganha vida, mas chamaríamos uma conversa de estado mental só porque ela envolve a mente? Um advogado de defesa ardiloso poderia livrar seu cliente descrevendo seu gesto de morder a orelha de alguém como um estado mental?

Quanto ao significado, Wittgenstein ressalta que ele é uma prática social, uma forma de fazer coisas com palavras, não um acontecimento invisível em nossa cabeça. Como o significado é uma questão social, a frase "Tem um maníaco com um facão sujo de sangue se aproximando sorrateiramente por trás de você" significa o que significa independentemente do que esteja se passando na minha cabeça enquanto pronuncio as palavras. É claro que as palavras de um poema podem nos oferecer o que poderíamos chamar de experiência virtual, de modo que pareçamos sentir os prazeres sensoriais de nos recostarmos num caramanchão frondoso saboreando uma taça de Chardonnay e acariciando um gato, mas essa experiência não é dissociável da linguagem do poema, e não importa se o poeta realmente passou por ela ou não. Até onde sabemos, o poeta pode ser um abstêmio com uma aversão patológica ao contato com animais.

Dizem que Richards foi o primeiro crítico a prestar atenção ao tom na poesia, uma das formas principais por meio das quais o sentimento penetra na linguagem. O tom também é um caso exemplar do argumento que tentamos apresentar há pouco. Ele não é objetivo como um ponto e vírgula o é. Podemos discutir a respeito do tom de uma passagem, mas não a respeito do fato de ela conter um ponto e vírgula. No entanto, ele é objetivo no sentido de que não podemos simplesmente aplicar um tom antigo que desejarmos a uma sequência de palavras. Seria perverso, mas não impossível, ouvir Lear dizer "Sou um velho muito ridículo" num tom jovial ou sarcástico. Isso se dá porque os sentimentos são, de certa forma, tão sociais como os significados. "De certa forma" porque algumas de nossas emoções também são naturais. Ter a honra militar contestada é um sentimento exclusivamente cultural, mas é natural que os seres humanos sofram com a morte de entes queridos, entrem em pânico quando caem acidentalmente de edifícios altos e gritem quando são torturados. Essas não são apenas questões culturais, como diriam alguns teóricos. Algumas delas, como o modo de rir ou de chorar das pessoas, são naturais, mas possuem diferentes inflexões culturais, enquanto outras são mais ou menos universais. O modo como os canadenses gritam quando estão sendo torturados é basicamente igual ao dos cambojanos. Contudo, assim como aprendemos gradualmente a significar, também aprendemos os nomes tradicionalmente estabelecidos para as nossas emoções "pessoais", que é o modo como

I. A. Richards

passamos a identificá-las não apenas para os outros, mas para nós mesmos. Também aprendemos o que é culturalmente adequado sentir em situações específicas. Ainda podemos discutindo sobre tom, da mesma forma que podemos discutir sobre significado: por exemplo, as palavras de Lear devem ser consideradas tocantes ou de autocomiseração? Entretanto, seria estranho afirmar que elas devem ser proferidas como se o rei estivesse tendo um ataque de riso enquanto as pronuncia, a menos que ele estivesse sendo interpretado como alguém totalmente pirado.

Em 1932, Richards publicou um livro intitulado *Mencius on the Mind*, que sintetiza boa parte do seu pensamento. Mêncio era um antigo filósofo chinês cujo *status* intelectual só era inferior ao de Confúcio. Com a ajuda de colegas chineses, Richards conseguiu decifrar uma parte de seus textos. De certa forma, ele se sentia mais à vontade na China que em Cambridge, e em determinado momento pensou em assumir um cargo acadêmico permanente no país. Ele não era imune a algumas ilusões sentimentais a respeito do despótico regime chinês, ressaltando, em 1968, que a população local tinha um horror à violência profundamente arraigado e estava mais perto de alcançar a boa vida que os ocidentais. Esse comentário foi feito apenas dois anos depois de Mao Tsé-tung ter dado início à Revolução Cultural, na qual um grande número de chineses foi assassinado, levado ao suicídio ou aniquilado de outras formas, e apenas uma década depois do chamado Grande Salto Para Frente, que resultou numa das fomes mais terríveis da história moderna.

Mesmo assim, o livro sobre Mêncio representa um encontro fascinante entre um dos principais intelectuais do Ocidente e uma cultura muito diferente, cujo estilo e estrutura de pensamento inconfundíveis ele tem muita vontade de compreender. Segundo Richards, povos diferentes podem ter estruturas mentais extremamente diferentes, e as descobertas da psicologia ocidental podem ser muito mais específicas do que pensamos. Ele não parece achar esse relativismo cultural muito problemático, como seria de se esperar, tendo em vista que ele tinha por objetivo uma comunicação aprimorada entre as nações. Ele acredita que é perigoso impor a lógica ocidental em formas de pensamento para as quais ela é inadequada, um ponto de vista que antevê algumas teorias pós-coloniais. Deve-se evitar o que ele chama de "pensamento nacionalista" (MM, p.90). Ele foi um grande defensor da Liga das Nações (precursora das Nações Unidas), defendia um governo mundial e estava profundamente comprometido com o entendimento internacional. Com essas novas formas de internacionalismo veio a necessidade de compreensão mútua numa escala jamais imaginada, de modo que as questões de interpretação se tornaram profundamente políticas.

Talvez uma coisa que Richards pensava que o Ocidente podia aprender com a China era como promover a ordem sem a necessidade de uma fundamentação religiosa. O que também o atrai nos textos chineses é o fato de que eles não parecem se nortear por uma lógica explícita ou uma sintaxe claramente expressa; e isso, ele acredita, gera uma compreensão dos mecanismos da língua de um modo geral, possibilitando, como acontece, inúmeras interpretações diferentes, nenhuma das quais pode ser considerada definitiva.[10] É como se ele se deparasse com uma língua que pratica o que ele sempre preconizou. A obra de Mêncio tem uma característica fluida e instável que Richards, com sua aversão pela classificação inequívoca e rígida, considera particularmente gratificante. Frases inteiras em chinês podem ter uma expressão indefinida, fazendo que seu significado permaneça indeterminado. Os conceitos têm uma imprecisão que lhes dá força e coerência, e a língua, ele acredita, não dá atenção a determinadas particularidades que são cruciais no Ocidente. Richards aprova o fato de Mêncio se manter afastado dos conceitos

---

10 Nesse caso, estou apresentando as próprias opiniões de Richards sobre Mêncio e a língua chinesa em geral, sem a competência para aferir a validade de suas avaliações.

I. A. Richards

metafísicos, dispensando universais, particulares, substâncias, atributos, essências, classes e coisas do gênero. Um interesse naquilo que uma coisa é em si mesma, e não na importância moral e social que ela pode ter, impressiona Richards por ter um estilo de pensamento ocidental recente. Ele também afirma que, nos textos de Mêncio, o emocional prevalece sobre o significado, como acontece com Richards na poesia, e que, de modo geral, na língua chinesa às vezes temos de escolher entre os diferentes sentidos de uma palavra de acordo com as suas ressonâncias emocionais. As palavras não se comportam como unidades de discurso imutáveis e independentes, e o significado parece depender muito do contexto. O que importa, como na tradição da retórica ocidental, é a força, ou o "gesto" do discurso, o objetivo que ele procura alcançar, não a simples afirmação; e isso significa, na visão de Richards, que as formas verbais têm de ser compreendidas em função dos efeitos e das intenções de um fragmento da língua, não o contrário.

O pragmatista Richards considera a obra de Mêncio agradável em todas essas formas. Seus argumentos parecem se voltar para interesses concretos direcionados a fins específicos, entre os quais está a manutenção da ordem social, que, como vimos, é um dos valores mais preciosos do próprio Richards. Considera-se natural um determinado sistema de práticas sociais que envolve honra, respeito, hierarquia e assim por diante, e o discurso tem como objetivo sustentá-lo. O que importa não é que a declaração esteja de acordo com os fatos, mas que esteja de acordo com aqueles fatos que são compatíveis com a estrutura social predominante. Richards desconfia que isso também possa ser mais fiel à psicologia ocidental do que ela gostaria de admitir. A preocupação principal de Mêncio não é o conhecimento nem a reflexão, mas a ação virtuosa. O que parece à primeira vista ser uma linguagem referencial é, na verdade, "uma série de imperativos explícitos ou disfarçados" (MM, p.64).

De forma preocupante, Richards parece aprovar totalmente essa subordinação da verdade ao poder, cujos exemplos podiam ser encontrados em abundância nos regimes fascistas da época. Eles também são cada vez mais visíveis nos regimes capitalistas modernos. Ele observa que precisamos de um "relato ficcional da natureza humana que defenda os interesses de uma sociedade perfeitamente organizada e com uma vida sem muitos desperdícios" (ibid., p.66). Devemos subordinar a psicologia (o que ele realmente quer dizer com isso é manipular a mente) à causa da estabilidade social, ou seja, a psicologia deve se tornar ideologia. Para tanto, ele faz uma distinção entre o conceito de equilíbrio, que é profundamente altruísta e não nos predispõe a nenhuma linha de ação em detrimento de outra, e a ideia de harmonia, que coordena nossos impulsos de tal maneira que produz uma ação benéfica. A ação benéfica que ele e Mêncio têm em mente é a preservação da coesão social. Portanto, a harmonia tem a ver com o sectarismo político, já que a coesão social geralmente interessa aos governantes. Todavia, existe uma tensão entre o conservadorismo político implícito nesse exemplo e o interesse de Richards pela ambiguidade, já que a ambiguidade é, de certa forma, o oposto do autoritarismo. Talvez não seja por acaso que, numa época em que o nacionalismo político estava em ascensão, o tema da ambiguidade tenha desempenhado um papel tão fundamental na obra de Richards e de Empson, entre outros. Entre outras coisas, a ambiguidade pode ser um tipo cifrado de antichauvinismo. O acolhimento de diferentes significados pode implicar a abertura à diversidade cultural.

Aparentemente há uma grande distância entre a análise de Mêncio e a obra mais festejada de Richards, *A prática da crítica literária*. No entanto, existem ligações importantes entre elas. Este livro é o registro de uma famosa experiência que Richards realizou com um grupo de alunos de Cambridge, na qual ele lhes entregou poemas sem informar quem eram os autores e quais eram os contextos e pediu que os analisassem e avaliassem. Portanto, vale ressaltar que, embora o nome de Richards esteja ligado indissoluvelmente à chamada crítica prática, um termo inventado por ele, ele mesmo não a

I. A. Richards

aplica muito no texto publicado. É uma forma de investigação que exige a chamada "leitura cerrada", e, com isso, não estou sugerindo que todos os críticos anteriores a Richards liam apenas uma média de duas ou três palavra por linha. Podemos ler uma obra meticulosamente e depois ficar dizendo platitudes a respeito dela. O advogado lê cuidadosamente a petição, mas geralmente não na acepção de perceber sua diagramação na página ou o trecho de aliteração ou assonância como parte do seu significado. Na crítica, a leitura cerrada significa o tipo de leitura que se apega tenazmente ao formato das frases – ao ritmo, ao som, ao tom, à textura, à forma sintática e assim por diante – e apresenta opiniões e interpretações baseadas nisso. Alguns críticos conservadores da época acusaram a abordagem de ser excessivamente míope, tomando a árvore pela floresta. Era muito parecido ao que Eliot chamou de "espremer até o bagaço", ofendendo o senso de decoro e de proporção das pessoas. Um cavalheiro como Quiller-Couch se descontraía com um livro, em vez de esmiuçá-lo como um fiscal de bilhetes intrometido.

No geral, as respostas às passagens distribuídas foram de uma incompetência desoladora. Um crítico caracteriza o balanço de Richards como um "Dunciad" moderno.* Aparentemente, quem compunha aquele que era tradicionalmente o setor mais culto da população era, na prática, incapaz de ler. Richards menciona a natureza "irresponsável e desesperadora" de algumas das contribuições e comenta, com um estilo um pouco malicioso, que elas foram produzidas por estudantes cuja formação custou caro. (Apesar disso, houve algumas avaliações razoavelmente perspicazes, em parte, talvez, porque William Empson e F. R. Leavis estavam entre os participantes.) Inúmeros mitos se formaram em torno desse projeto, uma

---

* Referência ao poema satírico "Dunciad", de Alexander Pope (1688-1744), no qual o poeta celebra a deusa Estupidez (Dulness), que espalha a decadência, a imbecilidade e o mau gosto pelo reino da Grã-Bretanha, sobretudo na esfera literária. (N. T.)

das poucas tentativas de transformar a crítica literária numa atividade colaborativa. Primeiro, Richards não inventou a crítica prática sozinho; ela já fazia parte do exame final de graduação em Inglês de Cambridge há algum tempo, embora Richards a tenha tornado popular. Segundo, ele não acreditava que ler uma obra ignorando seu autor, suas especificidades e seu contexto histórico fosse o método crítico ideal, como pensava a maioria dos novos críticos norte-americanos influenciados por ele. Ele ocultou esses pontos de referência de seus alunos não porque os considerasse irrelevantes, mas para demonstrar o quanto suas cobaias estavam dispostas, uma vez privadas desses indicadores, a valorizar um trecho de sentimentalismo barato vitoriano enquanto depreciavam Donne e Hopkins.

Terceiro, Richards não considerava que o exercício estivesse relacionado principalmente à crítica. Ele o considerava mais relacionado à comunicação, descrevendo-o, de maneira um pouco obscura, como "um trabalho de campo sobre ideologia comparativa" (PC, p.15). O único objetivo da crítica, ele insistia, era aperfeiçoar a comunicação. Ele queria conhecer melhor os principais obstáculos dessa missão, e seus alunos lhe forneceram uma profusão constrangedora de dados. É a ideia de comunicação que liga *A prática da crítica* a *Mencius on the Mind*, já que a compreensão mútua entre duas culturas diferentes parece algo tão errático como a compreensão de um poema por um grupo de alunos ruim de ouvido. Aliás, para Richards, a incompreensão é a regra, e a compreensão é a exceção. A retórica é essencialmente o estudo do mal-entendido. Sua hipótese é confirmada pelos linguistas modernos para quem a linguagem humana é tão complexa, e os fatores envolvidos em sua decodificação tão numerosos, que qualquer ato de compreensão parece um pequeno milagre.

A prática da crítica utiliza o material reunido para examinar as causas frequentes da incompreensão: respostas padrão, literalismo exagerado, associações puramente subjetivas, emoções inadequadas para a ocasião e assim por diante. Parte disso Richards atribuía à influência nefasta da cultura de massa, que, na sua época, significava

I. A. Richards

sobretudo o cinema, o rádio, a literatura popular e os jornais populares. Estava em curso um declínio generalizado da qualidade do discurso, assim como um "nivelamento por baixo" da sensibilidade e da inteligência crítica, com consequências históricas potencialmente desastrosas. Pergunto-me o que ele pensaria das chamadas mídias sociais. Havia uma "deliquescência" da cultura tradicional. Uma sociedade secular, científica, urbana e industrial tinha "neutralizado" a natureza, além de ter invalidado conceitos tradicionais a respeito do universo e do lugar da humanidade dentro dele. Consequentemente, a mente humana tinha saído dos eixos, mas não surgira nenhuma nova visão para restaurar seu equilíbrio. Portanto, era fundamental se livrar dos últimos resquícios da religião, da metafísica e da filosofia, aceitar a morte de Deus e colocar a mente sobre uma base sólida, voltando-se para um discurso tão emocionalmente poderoso como a fé religiosa, mas sem as suas inverossimilhanças flagrantes. Esse discurso era, naturalmente, a poesia. Era uma pena (embora Richards não diga exatamente isso) que quase ninguém a lesse, e que a maioria das pessoas carecesse dos recursos para usufruí-la. Também não era verdade que a secularização tivesse se espalhado tão amplamente como Richards imaginava. Milhões de seus compatriotas ainda acreditavam em Deus, sem falar de sociedades em outras regiões do mundo nas quais a religião continuava solidamente enraizada na prática cotidiana. Havia uma nação assim poucos quilômetros a oeste da Grã-Bretanha.

Portanto, Richards partilha grande parte do pessimismo cultural de Eliot e Leavis. Ele faz referência às "potencialidades sinistras do cinema e do alto-falante" (PLC, p.35), uma declaração não tão absurda como parece se pensarmos no modo como os nazistas usaram essa tecnologia mais ou menos uma década depois que Richard a escreveu. As massas são assoladas pela publicidade, pela propaganda, pelo jornalismo popular, pelo rádio e pelo cinema, o que, consequentemente, empobrece sua vida. Os menos cultos, ele acredita, vivem na anarquia e, por isso, numa época de agitação política, representam uma ameaça à estabilidade social. Richards está ciente da extraordinária capacidade que a língua tem de manipular a mente e, assim como Wittgenstein, considera que ela é capaz de nos encantar. Ele acredita que as palavras são a força mais conservadora do mundo e que a massa dos cidadãos precisa aprender a quebrar seu feitiço; não basta que uma elite culta permaneça imune a suas seduções. Como vimos, a poesia desempenhará um papel importante nessa transformação. Insinuar que só aqueles que são sensíveis à poesia são moralmente admiráveis na vida cotidiana é, evidentemente, uma afirmação elitista demais; portanto, Richards admite que é possível ser um leitor sensível mas uma pessoa intragável. No entanto, se insistisse demais nesse argumento, ele reduziria a necessidade do poder supostamente redentor da poesia; por isso, ele também afirma que existe certa correlação entre uma alta qualidade de crítica e uma alta qualidade de vida.

Essa postura amplamente negativa em relação à cultura contemporânea leva a um surto esporádico de nostalgia. Ele observa que o ruído incessante dos meios de transporte modernos, "substituindo o ritmo dos passos ou dos cascos dos cavalos, é capaz de interferir de diversas maneiras na leitura de um poema" (PC, p.306). Ele também constata que "existem muitos indivíduos, naturalmente, cujas vidas são relativamente estáveis e coerentes, cujos desejos são equilibrados e que têm uma postura sincera. Porém, na maioria dos casos, isso é porque eles não são realmente contemporâneos do automóvel e do rádio" ("Why I Am a Literary Critic", CSW, p.164-5). Contudo, apesar de gostar do barulho dos cascos de cavalo, Richards, como Raymond Williams, é um pensador profundamente moderno, de uma maneira que Eliot e Leavis não são. Ao contrário de Eliot, ele não acredita que a natureza humana é imutável. Deverá surgir uma nova ordem social que não representará de modo algum uma simples volta aos tempos de outrora. O crítico deve ser a parteira dessa nova organização, e a psicologia e o estudo da língua devem nos fornecer uma nova compreensão da nossa mente e um novo controle sobre ela.

I. A. Richards

Essa compreensão permitir-nos-ia reconstruir a educação e alcançar uma cultura mais equilibrada, mais rica e mais estável – uma cultura que não seria apenas forte o suficiente para enfrentar as forças que atuam contra a civilização, mas para utilizá-las a nosso serviço. Em outras palavras, ele está disposto a usar uma psicologia com base científica para combater os efeitos mais degradantes de uma sociedade científico-tecnológica.

Esta última ênfase é o que realmente diferencia Richards dos pessimistas culturais. As novas tecnologias não devem ser descartadas simplesmente por serem opressivas; em vez disso, no espírito das vanguardas europeias, devemos encontrar utilizações produtivas para elas. A própria carreira de Richards comprova sua confiança na tecnologia das mídias, na comunicação de massa e nas instituições de ensino. Sua confiança na mente, na educação, na investigação científica e na possiblidade de transformar nosso ambiente não se resume a uma pitada de racionalismo iluminista. Ela é um estado de espírito otimista, compartilhado de diversas maneiras com William Empson e Raymond Williams. No entanto, Richards a mistura com uma sensação de declínio cultural que está mais próxima do pensamento de Eliot e Leavis. Ele adverte que, quanto mais a comunicação se espalhar, maior será o nivelamento por baixo. Em um texto de 1974, ele afirma que a literatura da época representa uma queda violenta em relação à literatura existente por volta de 1920.[11] Contudo, uma retomada gradual não está fora de cogitação. Durante séculos a ciência foi reprimida pela religião, pela ética e pelas humanidades e precisa funcionar livremente. Compreendida corretamente, ela é uma força de emancipação.

Richards tem toda a razão ao afirmar que, ao longo da história britânica, foi a ciência, de um modo geral, que promoveu a causa do progresso social e as humanidades que atuaram muitas vezes como

---
11 Richards, I. A. Semantic frontiersman. In: Gill, R. (Org.). *William Empson*: The Man and His Work. Londres: Routledge, 1974. p.100.

um bastião contra ele. A desconfiança pós-moderna na ciência é simplesmente a mais recente manifestação de um preconceito histórico secular. De todo modo, como vimos, o racionalismo de Richards tem limites. Embora ele se dedique bastante a enumerar, classificar e desenhar diagramas, esse rigor atende a um objetivo que ele sabe que está fadado a lhe escapar: uma explicação exaustiva da obra de arte. O que a análise minuciosa de um crítico dedicado à ordem revela finalmente é o fluido, o instável e o indefinido. Em certo sentido, isso talvez não seja tão paradoxal como parece: para a ciência da época, sobretudo como ela era praticada em Cambridge, o conceito de indeterminação desempenhava um papel importante.

Poucos críticos foram simultaneamente tão abrangentes e rigorosamente focados como Richards. Por um lado, sua obra abarca o que se transformaria posteriormente num abismo crescente entre as culturas literária e científica, transitando entre literatura, retórica, psicologia, estética, filosofia, linguística, teoria educacional, diagnóstico cultural e alguns relatos horripilantes de suas proezas de alpinista. Por outro lado, nenhum poema é microscópico demais para merecer sua atenção. Ele é provavelmente o primeiro crítico literário que prestou atenção à aparência real do poema na página – ao papel desempenhado no efeito geral por artifícios tipográficos como fonte, quebra de linha, espaçamento e o caráter visual das palavras. Seu discípulo William Empson herdou apenas parte da versatilidade intelectual do professor, mas levou suas técnicas de análise cerrada muito além dos feitos do próprio Richards – aliás, além dos limites de qualquer crítico anterior. É à obra desse *enfant terrible* que nos voltamos agora.

3
William Empson

"Quem me lê também lê Richards", escreve William Empson.[1] Há um eco curioso das palavras de Jesus "Quem vê a mim vê o Pai", uma insinuação que esse ateu combativo certamente teria achado grotescamente inadequada. Ele também declara, numa nota de sua obra mais ambiciosa, *The Structure of Complex Words*, que Richards, seu professor em Cambridge, é a fonte de todas as ideias do livro. Apesar disso, o crítico mais experiente nem sempre retornava os elogios. Enquanto as alusões de Empson à obra de Richards são

---

1 Apud Russo, J. P. (Org.). *I. A. Richards*: His Life and Work. Baltimore: Johns Hopkins University Press, 1989. p.526. As obras de Empson citadas neste capítulo, juntamente com as abreviaturas utilizadas depois das citações para se referir a elas, são as seguintes: *Seven Types of Ambiguity* (Londres: Chatto & Windus, 1930, reedição Londres: Penguin, 1961), STA; *Some Versions of Pastoral* (Londres: Chatto & Windus, 1935, reedição Londres: Penguin, 1966), SVP; *The Structure of Complex Words* (Londres: Chatto & Windus, 1951, reedição Londres: Penguin, 1985), SCW; *Milton's God* (Londres: Chatto & Windus, 1961), MG; *Using Biography* (Cambridge, MA: Harvard University Press, 1984), UB; *Argufying: Essays on Literature and Culture*, John Haffenden (org.) (Londres: Hogarth Press, 1988), A.

respeitosas mesmo quando o primeiro discorda radicalmente do segundo, algumas das referências de Richards a Empson são apenas relutantemente elogiosas. Pode ser que o mestre se sentisse ofuscado pelo brilhantismo do antigo discípulo, possivelmente o crítico mais inteligente que a Inglaterra já produziu.

O pai de Empson era um latifundiário que possuía mais de 2 mil acres, enquanto a mãe era, nas palavras do próprio filho, uma "classista horripilante", por isso ele só podia levar para casa amigos de classe alta que ela aprovava e de quem ele mesmo não gostava.[2] Talvez esse tenha sido um dos motivos do que pode ter sido seu desejo inconsciente de vê-la ser severamente criticada, sobre o qual falaremos adiante. O filho da aristocracia rural frequentou o Winchester College, uma das mais conceituadas escolas inglesas, que, por ser tão ostensivamente privilegiado, ajudou a empurrá-lo para a esquerda política. Aliás, essa talvez seja a única utilidade de um lugar como esse. Em seguida, ele conseguiu uma vaga no Magdalene College, em Cambridge, para estudar Matemática, trocando-a posteriormente pelo Inglês. Quando era estudante, Empson publicou poemas que foram elogiados por F. R. Leavis, se interessou por Marx e Freud e ajudou a dirigir uma revista literária experimental que ficou conhecida por rejeitar um poema de Ezra Pound. Assim como seu mestre, ele era membro da sociedade dos Hereges, da qual se tornou presidente, e se envolveu com um grupo variado de rebeldes, desajustados e excêntricos.

Empson foi expulso de Magdalene por terem encontrado métodos contraceptivos em seu quarto e, com uma mesada modesta fornecida pelo pai, viveu de maneira precária em Londres, passando noites de farra na cidade em companhia de T. S. Eliot, Dylan Thomas, Stephen Spender e Louis MacNeice, entre outros luminares da literatura. Eliot se mostrou um patrono generoso, convidando-o a escrever resenhas para o *The Criterion*. Com 24 anos de idade, ele publicou

---

2 Ver Haffenden, "Introduction". In: Empson, *Argufying*, p.60.

uma das obras críticas mais geniais de que se tem notícia em inglês, *Seven Types of Ambiguity*, em parte composta de alguns de seus ensaios universitários. Ela foi saudada pelo crítico norte-americano John Crowe Ransom como a mais criativa síntese interpretativa já publicada. Seu autor era formal, tímido, amável, deselegante e sem graça e vivia em condições precárias que, segundo a descrição de Robert Lowell, tinham certa "nobreza peculiar e sórdida". Ele também era alcoólatra, bissexual ativo, tinha experimentado ópio e vivia um casamento aberto com a escultora sul-africana Hetta Crouse, que era membro do Partido Comunista. A casa deles em Londres se tornou uma espécie de comunidade boêmia, frequentada por dissidentes literários e políticos, além daqueles que só estavam em busca de um trago.

De 1931 a 1934, Empson lecionou na Universidade Nacional Japonesa em Tóquio. Sua estadia no Japão teve alguns toques dramáticos: certa noite, ao tentar entrar no hotel completamente bêbado por uma janela, ele ficou entalado e precisou ser puxado pelas pernas. Ele também tirou um amigo de uma prisão japonesa disfarçando-o com óculos de sol e um bigode falso. Foi expulso do país por passar uma cantada num motorista de táxi, afirmando, inacreditavelmente, em sua defesa que achava difícil diferenciar os homens das mulheres japonesas. Foi professor em Pequim de 1937 a 1939, onde suas bebedeiras lhe valeram o respeitável *status* de integrante de uma tradição clássica de poetas chineses ébrios. Sua obra educacional no país, ao qual ele retornou alguns anos depois, influenciou profundamente a trajetória futura dos estudos ingleses ali, e, tanto na China como no Japão, ele era considerado um professor dedicado. Foi assaltado na China, desenvolveu um interesse fervoroso pelo budismo e assistiu entusiasmado à entrada triunfal de Mao Tsé-tung na capital.

Durante a Segunda Guerra Mundial, ele retornou à Inglaterra e trabalhou como propagandista ao lado de George Orwell na BBC, tornando-se posteriormente editor de chinês do grupo. Ele considerava o romance *1984*, de Orwell, "horrível", já que a obra menosprezava a capacidade da mente humana de enfrentar as manipulações da linguagem autoritária. Resumindo: o romance ofendera sua fé racionalista. A participação no esforço de guerra o levou a sentir certa afinidade com o Deus de *Paraíso perdido* ("um velho mediador arrogante", como ele o chamou em *Milton's God*), detestável em outros aspectos, que ele considerava sobretudo um propagandista. Em 1953, foi nomeado professor de Literatura Inglesa na Universidade de Sheffield, um cargo que aceitou em parte porque a cidade ficava em seu condado natal de Yorkshire. Foi nomeado cavaleiro em 1979, cinco anos antes de morrer.

Empson e Richards são parecidos em muitos aspectos, embora também haja diferenças entre eles. Empson partilha a visão progressista da história do seu mestre e rejeita a teoria eliotiana de que uma dissociação da sensibilidade tinha levado ao declínio da literatura e da civilização desde o século XVII. Na verdade, ele adota de maneira explícita e antiquada a chamada teoria da história dos Whigs, que considera que a história inglesa é uma expansão contínua da liberdade, da prosperidade e do esclarecimento. Ele afirma que não é verdade que as coisas têm piorado cada vez mais, uma crença que, para muitos intelectuais da época, era quase um artigo de fé. Como Richards, Empson lecionara no sudeste da Ásia e era fascinado pelo pensamento budista. Ele considerava seu livro sobre o assunto, *The Face of the Buddha*, uma das melhores coisas que tinha escrito.[3] O interesse pelo pensamento oriental marca grande parte do período modernista. Empson também era defensor do Inglês Básico e tinha uma visão tão cosmopolita como a de seu professor. Ao voltar da China, o *establishment* da Literatura Inglesa na Grã-Bretanha o atacou, acusando-o de ser formal e provinciano. No entanto, ele não aprendeu chinês nem japonês enquanto esteve no exterior e arrepender-se-ia mais tarde de não ter se integrado mais plenamente à sociedade

---

3 Empson, W. *The Face of the Buddha*. Org. Rupert Arrowsmith. Oxford: Oxford University Press, 2016.

chinesa. De certa forma, ele sempre se comportou como o inglês no exterior. Seu leque de referências literárias, como o de Richards, é quase exclusivamente inglês. Na verdade, dos cinco críticos analisados neste livro, somente Eliot transita normalmente além dos limites da literatura inglesa, enquanto F. R. Leavis dá a impressão de que a única obra que não é em língua inglesa que ele já leu sem enfado ou desprazer é *Anna Kariênina*, de Tolstoi.

Como Richards, Empson é um racionalista que trata com rispidez e desprezo os conceitos simbolistas, imagistas e da Nova Crítica, para os quais o poema é um objeto fechado em si mesmo distante da vida e da língua do dia a dia. Ele é um desmistificador incansável dessas doutrinas, apresentando-se, nas palavras de um crítico, como "o escudeiro dos embusteiros, com seu apurado nariz inglês para os disparates".[4] Ele não é entusiasta da estética, como atesta seu próprio estilo de prosa pouco profundo e informal. A poesia deve ser julgada pelos mesmos padrões racionais de argumentação que utilizamos na vida diária. Não existe nada de místico nem transcendental em relação a ela. Sua verdade, independentemente do que Eliot e os simbolistas possam pensar, não engana definitivamente a língua. O primeiro e mais famoso livro de Empson, *Seven Types of Ambiguity*, recebeu uma boa dose de rejeição da parte dos críticos e resenhistas por essa abordagem simplória. Ele estava claramente fora de sintonia com a ortodoxia literária personificada em Eliot, discordando totalmente da estratégia da poesia modernista que retratava estados de espírito de forma particularmente sensorial ou utilizava a língua para apontar além de si mesma. Como Richards, ele minimiza a ideia de "imagem visual" da poesia. Na sua opinião, o poema é tão passível de ser parafraseado como um texto legislativo, um argumento que cheira a heresia para os simbolistas e Novos Críticos

---

4 Fry, P. Empson's Satan: an ambiguous character of the seventh type. In: Norris, C.; Mapp, N. (Orgs.), *William Empson*: The Critical Achievement. Cambridge: Cambridge University Press, 1993. p.156.

norte-americanos. Parafrasear um poema pode significar perder parte de seu efeito único, mas também pode permitir que retornemos à obra com uma percepção mais rica e profunda do seu significado. Enquanto Eliot acrescentou notas a sua obra *A terra devastada* simplesmente para preencher algumas páginas em branco, e talvez para confundir ainda mais o leitor, Empson às vezes acrescentava notas à sua própria poesia para explicar seu significado ao leitor. Ele não tinha medo de profanar o mistério da sua arte explicando, em termos prosaicos, o que ela significava.

Portanto, trata-se de um crítico que confia no argumento racional, na razão crítica e no debate público aberto. Embora ele se deleite com as complexidades técnicas de um Donne ou Marvell, outro lado dele está totalmente à vontade no século XVIII, que ele considera o próprio santuário da racionalidade. Parafraseando o crítico Christopher Norris, ele trabalha partindo do princípio de que a mente humana, por mais que seja complexa, confusa e internamente cindida, é basicamente sensata; e interpretar um texto é dar uma permissão tão ampla e generosa quanto possível ao modo como uma mente poética específica, por mais sinistramente idiossincrática que seja, está procurando se superar e colher algum sentido dos seus conflitos.[5] É provável que toda contradição tenha uma interpretação sensata, afirma Empson. Isso é o crítico como terapeuta, aproximando-se de significados complexos e de imagens fragmentadas ao mesmo tempo que conserva friamente seu próprio bom senso como um exemplo tácito da mente humana bem ordenada. Ele ressalta que, apesar de a ciência ter mantido o monopólio da razão na era moderna, a crença de que a razão deve influenciar as artes é tão velha como a própria crítica e é fundamental para o seu funcionamento. Quando mal executada, a análise é apenas o refúgio do emocionalmente estéril. Depois de praticar bastante, é possível reagir

---

5 Norris; Mapp, *William Empson*, "Introduction".

simultaneamente à música e ao significado do poema, o que, na opinião de Eliot, é a marca de uma sensibilidade não dissociada.

Embora não seja possível explicar uma obra literária de maneira exaustiva, continua valendo a pena apresentar argumentos vigorosos a seu respeito. O fato de não existir uma verdade definitiva não quer dizer que não exista nenhuma verdade. Vale a pena lembrar que Empson conviveu com o irracionalismo bárbaro do fascismo, diante do qual a confiança na racionalidade básica do ser humano se torna uma forma implícita de política. Assim como Freud, ele tem consciência dos limites da razão – dos conflitos e das ilusões crônicas da mente humana –, mas jamais perde a fé na sua capacidade de construir sentido. O problema é como reconhecer a natureza confusa e contraditória das questões humanas sem desvalorizar a razão e, consequentemente, entregar o ouro para um conjunto heterogêneo de irracionalistas: simbolistas, neocristãos, os "abomináveis" imagistas, intuicionistas, sentimentalistas românticos e outros fantasmas empsonianos obsoletos. E do mesmo modo que Empson confia no equilíbrio da mente – sua capacidade de se organizar em torno de qualquer situação sem perder a integridade –, ele acredita no vigor e na resiliência da língua, algo muito distante da desconfiança da palavra típica do modernismo.

Quando confrontado com uma obra literária, Empson recorre ao que os filósofos chamam de princípio da caridade – o pressuposto de que um fragmento de língua, por mais tortuoso ou obscuro que seja, está tentando dizer algo que faz sentido. "Não poderíamos utilizar a língua como fazemos", ele escreve, "e, acima de tudo, não poderíamos aprendê-la [...] a menos que estivéssemos sempre dispostos a lhe atribuir sentido; portanto, acima de tudo, é mais do que justo tentar dar sentido a uma página impressa" (MG, p.28). Nesse aspecto, compreender é tanto um ato moral como um ato cognitivo, bem como uma atitude fundamental do nosso ser. Antes de passarmos a compreender qualquer coisa específica, estamos sempre num estado que poderíamos chamar de pré-entendimento. Empson considera que toda poesia de qualidade exige um esforço de simpatia intelectual por parte do leitor, de tal maneira que o ato de conhecer é também um exercício afetuoso. Prazer e cognição andam juntos: "a menos que estejamos apreciando a poesia", Empson insiste, "não podemos criá-la, enquanto poesia, em nossa mente" (STA, p.248). Sem um pouco de afeição pela obra, não conseguimos compreendê-la de verdade. Também precisamos confiar que ela mostrar-nos-á de que maneira está tentando ser boa.

Portanto, o ato crítico precisa ser tanto afetivo como analítico, de modo que, pelo menos nesse sentido restrito, a dissociação da sensibilidade de Eliot está superada. Num gesto excessivamente caridoso, Empson argumenta que "o estudante de literatura deve tentar o tempo todo sentir empatia pelo autor" (UB, p.viii). O argumento é antigo: Santo Agostinho, por exemplo, acreditava que a compreensão é uma forma de amar – de se envolver emocionalmente com aquilo que tentamos compreender. Contudo, se a empatia fosse completa, perderíamos nossa capacidade de julgar, que exige certo distanciamento cauteloso. Além disso, ter empatia não significa simpatizar, no sentido de considerar válidos os sentimentos do autor. Podemos ter empatia por um torturador. Mesmo assim, Empson considera que temos de achar que vale a pena analisar o poema minuciosamente, e é essa análise que nos permite conhecer melhor o seu valor. Fato e valor agem em conjunto, cada um potencializando o outro.

A preocupação de Empson com o sentido e o argumento na poesia está em desacordo com a visão que Richards tem dela como uma forma de pseudodeclaração – emotiva, não cognitiva. Como acabamos de ver, para Empson o pensamento e o sentimento trabalham em conjunto no processo da crítica; aliás, a semântica (o que o texto significa) tem primazia sobre os aspectos formais do texto, já que estes últimos só têm significado no contexto daquilo que a obra está tentando dizer. Por exemplo: não consideraríamos uma sintaxe incoerente como sintomática de uma mente perturbada a menos que soubéssemos, a partir do conteúdo do poema, que era isso que ele estava tentando transmitir. De todo modo, as emoções, longe de serem o contrário das afirmações racionais, as contêm implicitamente: estou com medo deste animal porque sei que ele está faminto, que é conhecido por comer seres humanos, porque gosta particularmente da carne de gente do noroeste da Inglaterra como eu e assim por diante. Grande parte do que chamamos de "sentimento" em poesia é, na opinião de Empson, uma estrutura elaborada de significados interligados; e com essa ideia ele antecipa o conceito de "estrutura de sentimento" de Raymond Williams. O principal objetivo de *The Structure of Complex Words*, como o título indica, é investigar o que poderíamos chamar de lógica interna de determinadas palavras, as relações estruturais entre seus diversos sentidos; e se é essa lógica interna que às vezes importa, então Empson está fadado a rejeitar a opinião de Richards de que todo significado é determinado por seu contexto linguístico.

Empson é um realista que acredita que devemos tentar compreender o mundo tal como ele é, enquanto Richards, como vimos, desconfia desse objetivismo ingênuo, que é como ele certamente o consideraria. Quando Empson escreve, em *Seven Types*, que "o objetivo da vida, afinal de contas, não é compreender as coisas, mas preservar nossas defesas e nosso equilíbrio e viver da melhor maneira possível" (STA, p.247), ele está sendo momentaneamente um ventríloquo de seu mestre de uma forma que não condiz com suas verdadeiras crenças. Ele também está em desacordo com seu mentor nas questões da ordem e da unidade, que Richards, como vimos, transforma numa espécie de fetiche. O crítico mais jovem, por sua vez, demonstra certa indiferença à ordem na natureza amorfa e digressiva de seu estilo de prosa. (Quando lhe perguntaram como ele chegou a escrever de maneira tão negligente, ele pôs a culpa na cerveja. Uma pessoa que o visitou em seu quarto de Cambridge o encontrou lambendo pacientemente as manchas de cerveja do tapete, certamente numa hora do dia em que os bares estavam fechados.) Ele admirava o que chamava de certo "relaxamento produtivo" numa obra de arte, que lhe permitia reunir em si diversos elementos discrepantes que estavam contidos na tradição. Ele chega a usar a imagem caseira de um ensopado, no qual diversos ingredientes em pedaços estão espalhados no mesmo suporte. Sabemos quais palavras entraram na criação de um poema, mas cada uma delas flutua no conjunto da língua, um pouco como os ingredientes de um ensopado estão misturados uns com os outros num caldo que os envolve; e do mesmo modo que não sabemos como esses diferentes pedaços do ensopado são misturados ou mantidos em suspensão, também é difícil saber como as palavras extraem seu sabor do conjunto da língua. Para Empson, a língua é uma espécie de inconsciente social cujos recursos profundos estão na base de uma palavra específica ou espreitam no pano de fundo de uma frase mas que são difíceis de trazer para a consciência. Em *Seven Types*, ele se refere de forma enigmática porém sugestiva à "percepção que o poeta tem da natureza de uma língua" (ibid., p.6) e aos "significados latentes no mecanismo de ação da língua" (ibid., p.7). Escritores são aqueles que precisam ter uma língua entranhada na própria carne para poder utilizá-la com eficácia. Eles têm de estar em sintonia com suas estruturas profundas e seus modos de operação típicos; não basta apenas conseguir compor uma bela frase.

A indiferença com que Empson trata a unidade fica evidente em *Some Versions of Pastoral*, uma obra com uma estrutura tão descabida – oscilando da literatura operária a *Alice no País das Maravilhas* – que qualquer concepção coerente do que ela entende por pastoral tem de ser construída sobretudo pelo leitor. Assim, a própria forma do livro sugere uma desunião que a pastoral deve superar, promovendo o congraçamento entre as classes sociais. É um texto deliberadamente mal-humorado, um golpe no decoro acadêmico que pode ser encontrado amiúde na obra de Empson. Na verdade, um crítico considerou o livro como uma piada. Em *Seven Types of Ambiguity*, a sétima ambiguidade a ser examinada é a que reflete uma ruptura, ou divisão interna, fundamental na mente do poeta; e embora Empson admita que essa contradição pode ser resolvida num contexto mais amplo, ele também afirma que a tarefa de reconciliação cabe principalmente ao leitor. Como veremos, um exemplo de mente cindida é a de John Milton; entretanto, trata-se de uma divisão cujos efeitos Empson admira, não lamenta, do mesmo modo que considera Otelo ainda mais plausível por causa de suas motivações contraditórias. O fato de que Milton parece acreditar em coisas diferentes ao mesmo tempo torna *Paraíso perdido* muito mais interessante do que seria se isso não ocorresse.

Ao explicar os diversos significados possíveis de um texto, Empson não parece se importar que eles possam ser mutuamente incompatíveis nem tenta sintetizá-los num todo. Aliás, ele nega expressamente que essa seja a tarefa do poeta ou que tenha de ser a tarefa do crítico. A poesia de qualidade, ele acredita, sempre é escrita num contexto de discórdia. "A vida humana", ele observa, "está tão relacionada ao equilíbrio entre impulsos contraditórios [...] que nos acostumamos a pensar que as pessoas são sensatas se seguirem primeiro um e depois o outro desses dois caminhos" (STA, p.197). Numa nota a um de seus poemas, ele afirma que a vida consiste em nos preservarmos em meio a contradições que não podem ser resolvidas pela análise. Nas palavras de seu biógrafo, ele é um "especialista em conflito"[6] que se declara fascinado pela forma como, no final de *Henrique IV, parte 1*, de Shakespeare, Falstaff, Harry Percy e o príncipe Henrique, "numa sequência de transformações relâmpago, impõem à plateia de forma sucessiva suas visões de mundo mutuamente incompatíveis" (ibid., p.116). Analisando, no poema "The Windhover", de Gerard Manley Hopkins, a tensão entre o júbilo com a beleza física e o anseio pela renúncia espiritual, ele a considera um exemplo de ambiguidade na qual

> duas coisas consideradas incompatíveis, porém desejadas intensamente por dois sistemas de julgamento diferentes, são mencionadas

---
6 Haffenden, J. *William Empson*. V.1: Among the Mandarins. Oxford: Oxford University Press, 2005. p.215.

simultaneamente por meio de palavras que se aplicam a ambas; desse modo, os dois desejos recebem uma satisfação temporária e exaustiva, e os dois sistemas de julgamento são forçados a se enfrentar abertamente perante o leitor. (ibid., p.226)

A unidade pode ser inimiga da diversidade: Empson acredita que "a maneira como opostos podem ser enunciados de modo a satisfazer uma grande variedade de pessoas, para um grande número de graus de interpretação, é a coisa mais importante relacionada à comunicação artística" (ibid., p.221). Como o drama elizabetano tem de agradar tanto os cortesãos como os ocupantes dos lugares mais baratos do teatro, ele precisa acomodar pontos de vista e níveis de interpretação diferentes. O artifício da trama dupla, a que um capítulo de *Some Versions of Pastoral* se dedica, é uma forma de fazê-lo.

O que Empson acha mais impressionante na literatura do período elizabetano é que a natureza conflituosa das afinidades humanas era de certa forma evidente para ela, algo que ele acredita que não se aplica tanto à era pós-Restauração. Como acontece com Eliot e Leavis, embora de maneira menos doutrinária, existe uma sensação melancólica de que a história degringolou, deixando a condição mais estável que ocupava no passado. Na chamada Idade da Razão da Inglaterra do século XVIII, sentimentos desregrados que anteriormente poderiam ser incorporados em obras literárias são cada vez mais afastados delas, até que, na época dos livros que Lewis Carroll escreveu sobre Alice, a virtude, a inteligência e a sensibilidade natural, personificadas na própria Alice, são isoladas das forças caóticas que ela observa ao redor de si. Numa sociedade anárquica, só a criança – uma semi-intrusa – pode ser agora a portadora dos valores "normais".

Em *Some Versions of Pastoral*, Empson nota que a mente é complexa e mal conectada como uma plateia de teatro, de modo que é surpreendente, num caso como no outro, que alguma espécie de unidade possa ser produzida por uma peça. A boa literatura tem de funcionar de maneira adequada para os leitores que não partilham seu ponto de vista, e dois indivíduos podem ter experiências muito diferentes com a mesma obra de arte sem que nenhum deles esteja inequivocamente errado. Já vimos que Richards também defende a diversidade, mas, para ele, ela deve ser compatível com a ordem. Politicamente falando, é um argumento liberal convencional. Sua mente certinha se sente desconfortável com o que é inacabado e não resolvido, algo que não ocorre com a imaginação anárquica de Empson. Na verdade, a análise que este último faz dos diferentes tipos de ambiguidade em *Seven Types* traça o que ele chama de "etapas do avanço da desordem lógica" (STA, p.48). Não é que ele seja contra uma arte reconciliadora – ele considera a pastoral um bom exemplo disso –, mas ele insiste menos nisso que a maioria dos críticos à sua volta. O propósito de uma obra de arte não é tanto resolver antagonismos, mas sim implementar o processo da sua superação, além de permitir que o leitor participe dessa atividade. A certa altura, ele se refere ao poema como a expressão de um conflito não resolvido. Onde Empson realmente encontra algo em comum com Richards é na questão do valor da literatura, cuja análise ele considera fútil a menos que ela nos ajude a decidir quais atitudes e visões de mundo são preferíveis a outras. Ainda assim, na prática ele não está muito preocupado em classificar as obras literárias de acordo com uma escala de excelência. Isso se deve, em parte, ao seu impulso de ser inclusivo e generoso, sem ser nem um pouco avoado ou sentimental.

Enquanto filósofos de Cambridge como Bertrand Russell e o jovem Wittgenstein estavam em busca de um tipo de idioma puramente formal do qual a ambivalência foi expurgada, é por sua obra sobre a ambiguidade que Empson provavelmente é mais conhecido; e uma ambiguidade é, por definição, irresolvível, pelo menos se a tirarmos de contexto. Ele a define como "qualquer nuance verbal, por mais leve que seja, que abre espaço para reações diferentes ao mesmo fragmento da língua" (STA, p.1), o que indica que o problema se encontra nas mãos do leitor, não do escritor. Este último pode não considerar ambíguo o que ele escreveu, porém, no final, cabe ao leitor decidir, do mesmo modo que alguns leitores podem detectar uma ironia, enquanto outros não. Como Richards, Empson considera que o leitor desempenha um papel fundamental na constituição do poema. Os leitores vão inventar uma série de motivos pelos quais (por exemplo) elementos aparentemente desconectados na obra devem ficar juntos, mesmo que esse processo seja amplamente inconsciente. O sexto tipo de ambiguidade de Empson ocorre quando uma declaração na verdade não diz nada, sendo uma tautologia ou contradição, obrigando os leitores a apresentar suas próprias declarações, que estão sujeitas a serem incompatíveis entre si.

No entanto, a definição de ambiguidade de Empson talvez precise ser um pouco modificada. Podemos comparar ambiguidade com ambivalência, que também abre espaço para reações diferentes, mas que geralmente é composta de dois significados opostos porém definidos. Podemos nos sentir ambivalentes em relação ao automóvel, por exemplo, que se mostrou incrivelmente conveniente, mas que também interrompeu subitamente inúmeras vidas humanas. (Quando o primeiro acidente automobilístico fatal ocorreu na Grã-Bretanha, em 1896, o prefeito de Londres, chocado, comentou que esperava que aquilo nunca mais acontecesse.) Por outro lado, em *Dombey & Filho*, Dickens não tem certeza se as ferrovias recém-construídas são um "monstro negro" ou um triunfo da modernidade. É quando significados ou atitudes diferentes se misturam a tal ponto que não sabemos mais o que pensar, ou o que se pretende, que a ambivalência desliza para a ambiguidade, no sentido mais rico do termo; e, na opinião de Empson, isso está na origem da poesia. O que atrai a sua atenção é aquilo que um comentarista chama de "trama e urdidura dos significados misturados".[7]

Mesmo quando um poema se concentra em algo definido, ele apela implicitamente a um contexto mais amplo e mais impreciso da experiência humana, que é ainda mais intrusivo porque não pode ser

---

[7] Haffenden, *William Empson*, v.1, p.204.

nomeado. Toda língua nos fornece um conhecimento concreto rico e obscuro, que podemos sentir pairando em segundo plano independentemente do que esteja sendo expresso. Os poetas não precisam ter controle total da sua experiência para escrever de maneira eficaz: a quinta ambiguidade de Empson trata da "confusão afortunada" ou "desordem fecunda", quando os autores estão em vias de descobrir seu significado no ato de escrever, ou não o estão retendo todo na mente de uma vez, ou estão transitando de uma ideia para outra. A verdade é desleixada e, portanto, é inimiga das convenções rígidas ou das imagens de uma ordem ideal. Empson acredita que os artistas vivem na bagunça (ele certamente vivia, como já vimos), ao passo que a meta de Richards é uma vida de equilíbrio.

Empson partilha da opinião de Richards de que a metáfora é a condição normal da língua e concorda que as palavras ecoam contextos e usos passados. No entanto, enquanto o interesse de Richards pela língua é sobretudo filosófico, o objetivo de Empson é recolocar a história social no discurso, algo que ele faz de forma memorável em *The Structure of Complex Words*. Ele também endossa a ética benthamita de seu professor e defende que a maior variedade de satisfações é fundamental para a boa vida. Por buscar a autossatisfação, a moral benthamita tem sido acusada de egoísmo; contudo, Empson, elogiado pelos amigos e colegas como um homem extremamente desprovido de ego, procura transformar esse aparente defeito em vantagem. Ele acredita que os outros ficam satisfeitos quando alguém satisfaz a si mesmo, sobretudo porque, ao fazê-lo, a pessoa exterioriza inúmeros impulsos generosos, os quais Empson considera que os seres humanos têm em abundância. Ele alega que satisfazemos a um número maior de impulsos próprios se temos a tendência de satisfazer os dos outros. Para ele, o grande adversário da visão benthamita é o budismo – não porque este não acredite no valor, mas porque não acredita no indivíduo. Como Empson tinha uma profunda atração pelo budismo, esse pode ser um exemplo da manutenção de duas visões contraditórias em tensão criativa.

Empson defende que os artistas devem assumir claramente aquilo de que gostam e o que desejam, e é somente em virtude desse egocentrismo que eles podem ser úteis a seus semelhantes. Essa é uma forma de conciliar duas vertentes do temperamento de Empson: seu individualismo liberal, que às vezes atinge um anarquismo irresponsável, e a consciência social que o levou a se chamar de socialista. Essa consciência talvez se deva, em parte, a uma questão de *noblesse oblige*, a crença de que a posição social traz consigo responsabilidades. A combinação da autorrealização com uma preocupação com os outros também é uma maneira de evitar o que ele considera o culto mórbido do autossacrifício promovido pelo cristianismo, sem, contudo, cair no mero desprezo pelas outras pessoas.

Empson foi acusado algumas vezes de subestimar as questões da forma literária em sua busca por nuances de significado cada vez mais sutis. No entanto, isso é, na melhor das hipóteses, uma meia verdade. É verdade que ele tem pouco a dizer a respeito da estrutura geral de uma obra literária, em parte porque rejeita a convicção modernista de que tais estruturas podem estar presentes na mente como um todo. Descartando essa visão "espacial" do poema ou do romance, ele enxerga a obra, em vez disso, como um processo no tempo, mas geralmente não há espaço em seus textos para descrever essa sequência passo a passo. Sua exposição detalhada de *Rei Lear* em *Complex Words* e de *Paraíso perdido* em *Milton's God* são exceções memoráveis. Também é verdade que ele geralmente não se pronuncia a respeito do tom, exceto para ressaltar que encontrar o tom certo é mais importante para escrever crítica do que se pode imaginar. O ambiente, a textura e a atmosfera do texto são igualmente menosprezados. Apesar disso, ele realmente faz alguns comentários muito perspicazes a respeito do som, da gramática, da sintaxe, do ritmo, da rima, do andamento e de coisas afins. Ele se refere a "ambiguidades da gramática" e "sutilezas da pontuação" (STA, p.51) e, ao analisar o poema "On a Drop of Dew", de Andrew Marvell, escreve a respeito "da deliciosa fragilidade e prolongada hesitação sintática [do poema]" (ibid., p.80). O efeito da leitura de um soneto específico é "uma sensação generalizada de riqueza intelectual compactada, de um equilíbrio sofisticado de diversos sentimentos associados" (ibid., p.57). Ele afirma que um soneto de Shakespeare "brilha e dança com a segurança [do autor]" (ibid., p.138). Uma passagem em *Paraíso perdido* "tem o efeito gelatinoso precário do ectoplasma numa fotografia tirada com *flash*" (SVP, p.127). Essa não é a linguagem de um crítico que pretende simplesmente extrair o sentido do texto. O que ele tem a dizer em *Seven Types* a respeito da estrutura estrófica de *Faerie Queene*, de Edmund Spenser, é uma obra-prima da análise formal.

Ao contrário de Richards, Empson era um poeta extraordinariamente talentoso. Robert Lowell achava que nenhum elogio era grande demais para a sua poesia. Essa corrente de criatividade fantasiosa também circula sob essa linguagem crítica e às vezes irrompe para dentro dela. É por isso que ele pode dizer que o poema "The Sacrifice", de George Herbert, apresenta um "*páthos* monótono e meio ingênuo, de um rigor doutrinário e de uma grandiosidade pungente e franca" (STA, p.231), no qual os diversos adjetivos parecem estar em estado de tensão um com o outro, de modo que a expressão curiosa "grandiosidade franca" é quase um oximoro ou uma contradição em termos. Ele também escreve, num estilo semelhante ao de um poema anônimo, que "todo o encanto do poema é a sua simplicidade extravagante e irracional" (ibid., p.49). Ao analisar as palavras de Macbeth, "Se este assassinato / Puder se enredar em suas consequências, então / O sucesso sucederá a essa morte", ele não faz referência apenas aos sons de *s* sinistramente sibilantes, mas também, num momento extraordinário, a "*catch* [agarrar, pegar],* a palavrinha simples isolada no meio desses monstros [...] ela é um sinal da

---

* Texto original de *Macbeth* em que aparecem palavras com *s* sibilante e o termo *catch* mencionados por Empson: "*If th'assassination / Could trammel up the consequence, and catch / With his surcease, success*". (N. T.)

incapacidade humana de lidar com essas questões de governança, uma menina tentando agarrar a lua enquanto cavalga nuvens de chuva" (ibid., p.50). Ele quer dizer que a tentativa canhestra de Macbeth de assumir o poder real é tão inútil como a de uma menina (mas por que uma menina?) que tenta pegar a lua, e que os dois personagens estão à mercê de forças ("nuvens de chuva") que eles não conseguem controlar.

É um mistério de onde vem essa imagem bizarra. Ninguém, nem mesmo o próprio Empson, poderia imaginar que Shakespeare tivesse em mente uma ideia tão estranha. Na verdade, o comentário crítico amplia e enriquece a poesia, emprestando algumas de suas energias criativas e estabelecendo, desse modo, uma espécie de solidariedade com ela. Quando lhe perguntaram se suas leituras incrivelmente criativas das obras literárias exigiam muita "leitura cerrada", Empson replicou que, a menos que "leia com atenção", o crítico não terá nada a dizer. Ele supostamente queria dizer que, a menos que extraiamos o que nos parecem ser as implicações da obra, que não estão realmente expressas, só nos resta repetir a própria obra. O limite entre leitura cerrada e explicitação nem sempre é preciso. Geralmente não discutimos o significado das palavras concretas de um texto literário, mas a sua interpretação, e essa discussão não tem limites claros.

Tanto Richards como Empson são entusiastas da ciência; aliás, Empson a considera o mais belo feito criativo da era moderna. Apesar disso, a crítica deve ser uma questão social, não científica. Nesse aspecto, seu antigo professor é racionalista demais para ele; no entanto, na medida em que Richards propõe uma teoria emocional da poesia, ele não é racionalista o suficiente. Ambos são humanistas seculares, embora Empson fosse um ateu militante e Richards não. O Deus cristão, observa Empson com um prazer sinistro, é "a coisa mais perversa já inventada pelo coração sombrio do ser humano" (MG, p.251). Na verdade, ele passou grande parte dos últimos trinta anos de vida divulgando uma caricatura lúgubre dessa divindade, uma caricatura que nenhum teólogo de inteligência mediana teria dificuldade de destruir. Embora tivesse uma mente bem aberta, ele também era capaz de se estender sobre seus temas favoritos. Ambos achavam impossível haver uma verdade absoluta sobre uma obra literária. O julgamento final, observa Empson, é algo que deve ser adiado indefinidamente.

De forma geral, eles concordam que é necessário cultivar ficções para sustentar a existência humana. Já vimos isso no caso de Richards; já Empson considera que o verdadeiro problema da era moderna é "crenças verdadeiras poderem tornar impossível agir corretamente; não podermos pensar sem ficções verbais; elas não poderem ser consideradas crenças verdadeiras e, no entanto, deverem ser levadas a sério" (A, p.198). Uma vida humana próspera floresce, entre outras coisas, num fingimento cuidadosamente alimentado: "O sentimento de que a vida é essencialmente inadequada para o espírito humano", ele observa, "apesar de uma boa vida dever evitar dizê-lo, naturalmente se sente à vontade com a maioria das versões de pastoral" (SVP, p.95). Esse tom de lamento ou de desencanto irônico perpassa toda a sua obra. "É só parcialmente", ele escreve, "que qualquer aperfeiçoamento da sociedade poderia evitar o desperdício das potencialidades humanas; o desperdício mesmo numa vida feliz, e o isolamento, mesmo de uma vida cheia de relacionamentos íntimos, não podem deixar de ser sentidos profundamente e são a principal sensação da tragédia" (ibid., p.12). É um comentário extremamente desesperado para um rapaz de vinte e poucos anos.

Richards e Empson diferem nitidamente a respeito da relevância das biografias e das intenções do autor para a interpretação da sua obra. Empson passou a se interessar cada vez mais pela vida dos escritores à medida que a sua carreira avançava e publicou uma obra tardia intitulada *Using Biography*. Richards, como já vimos, desconfiava do recurso às experiências de vida do autor, sobretudo porque ele pode estar ligado à crítica psicanalítica, que ele condenava. A obra de Empson, como veremos, acolhe mais a psicanálise (há uma brilhante análise freudiana de *Alice no País das Maravilhas* em *Some Versions of Pastoral*), embora, por ser racionalista, ele também se sinta incomodado com algumas de suas conclusões mais sombrias. Pode-se dizer que Richards está interessado na psicologia acadêmica, ao passo que Empson, com sua extraordinária perspicácia a respeito das motivações e autoenganos do ser humano, participa do jogo como um amador inspirado.

Quanto à questão da importância das intenções do autor para determinar o significado de uma obra literária, Empson adota uma visão pautada ativamente no bom senso. Ele aceita que os autores podem ter intenções inconscientes e que podem pretender mais do que sabem e que os leitores podem descobrir legitimamente em sua obra significados que eles não tinham em mente; contudo, ele também insiste que há momentos em que precisamos respeitar o que o autor pretende dizer, ainda que a definição do que isso seja possa implicar certo grau de achismo de nossa parte. No entanto, também não se trata apenas de um tiro no escuro. A história, por exemplo, impõe limites à interpretação. Quando W. B. Yeats escreve, no poema "Lapis Lazuli", que aqueles que reconstroem civilizações em ruínas são *gays* [felizes], ele não pode ter querido dizer que eles são homossexuais. O contexto imediato também pode ser importante: quando W. H. Auden, em sua elegia a Yeats, pede ao Tempo que "o perdoe por escrever bem", pressupomos que ele quer dizer que o perdoe porque ele era um grande escritor, não que o perdoe por ser um grande escritor. Como Empson ressalta em *Argufying*, avaliamos as intenções dos outros o tempo todo sem fazermos uma reflexão complexa sobre o fato, da mesma forma que não é necessário conhecer a teoria da dinâmica para brincar de pega-pega.

Talvez o contraste mais evidente entre os dois críticos seja que Richards é um teórico completo, diferentemente de Empson. Este último adota uma postura pragmática despreocupada diante da teoria, acreditando que devemos aceitar todas as abordagens teóricas que venham a se mostrar produtivas, por mais conflitantes que esses métodos possam ser. Apesar disso, na maioria dos casos os críticos devem simplesmente seguir sua intuição. As teorias tendem a limitar nosso leque de interpretações. Quando T. S. Eliot observa que o único método crítico é ser muito inteligente, ele não poderia ter encontrado um exemplo melhor disso no companheiro de copo Bill Empson. Ao mesmo, tempo, o que poderíamos chamar de sensibilidade comum é, na visão de Empson, um elemento daquilo que foi outrora teoria consciente e que se tornou agora inconsciente e habitual. O que começou como um conceito terminou como um costume. Portanto, pelo menos a teoria tem essa importância. Também devemos ressaltar que *The Structure of Complex Words* é uma obra fundamental de teoria linguística. O preconceito de Empson contra a especulação teórica também nasce da faceta áspera e intolerante de fidalgo da sua personalidade. Ele descarta com desprezo a obra de um moderno filósofo francês que conhece como "Nerrida", um ato falho que poderia ter interessado a Freud. Mesmo assim, existe nele um tipo de sabedoria que falta a inúmeros teóricos da literatura, o qual de modo algum é tão evidente em seu mestre.

Vimos que Richards era um liberal de esquerda, enquanto Empson se situava solidamente na esquerda. Ele foi socialista a vida toda, tendo ressaltado, nos anos 1930, que teria gostado de escrever poesia como faziam o então marxista Auden e seus companheiros do Partido Comunista. Ao mesmo tempo, ele rejeitava a acusação de que a poesia que não era politicamente engajada era obrigatoriamente escapista. Ele pensava que o grupo de Auden tinha razão de exigir o socialismo e um Estado de bem-estar social e, nessa medida, era um aliado comunista. Ele também ficou do lado dos trabalhadores na greve geral de 1926, num momento em que inúmeros estudantes de Oxford atuaram como fura-greves, e mais tarde se solidarizaria com a Revolução Chinesa. Ele vivia em conflito com as ortodoxias e admirava quem era considerado traidor pelos colegas. Na verdade, ele era o típico rebelde excêntrico de classe alta que poderíamos imaginar trabalhando secretamente para os soviéticos se não fosse um crítico ferrenho do stalinismo.

Ele defende que a melhor literatura tende a apresentar uma linha dissidente. Em *Essays on Renaissance Literature*, ele escreve que seu tema principal é o modo como os indivíduos podem se tornar moralmente independentes da sociedade que os produziu. As obras de arte podem oferecer à população um pouco de sustento porque não obedecem aos códigos morais convencionais e assim, ao empurrar os homens e as mulheres para além de suas fronteiras tradicionais, lhes permitem ter uma visão mais crítica dessas crenças. É difícil imaginar que isso se aplique a Pope ou a Goethe. O objetivo principal da arte, Empson afirma, é permitir que encontremos códigos e costumes diferentes dos nossos. É um sentimento nobre, mas também uma frase padrão da sabedoria liberal. Será esse realmente o objetivo principal de *Emma*, de Austen, ou de *Fim de partida*, de Beckett? Alguém poderia se perguntar por que essa tarefa é atribuída à arte e não, digamos, à antropologia ou à literatura de viagem. Também esperamos que Empson, num momento do que poderia ser visto hoje como de sentimentalismo pós-colonial, não considere os costumes de outras culturas invariavelmente valiosos ou mais valiosos que os nossos.

Empson vê o Satã de Milton como uma espécie de rebelde aristocrata, um pouco como ele próprio. Também é provável que ele tenha enxergado no Deus de Milton um líder fascista ou stalinista, como fez F. R. Leavis. No que se refere aos regimes políticos repressivos, ele apoiou a tomada do poder na China, mas não nutriu nenhuma ilusão a respeito do governo brutal de Mao Tsé-tung. Nesse sentido, ele era mais pragmático que o inocente Richards. No final da vida, ele apoiou a Campanha pelo Desarmamento Nuclear e se opôs à guerra travada pelos Estados Unidos no Vietnã. No entanto, ele também era estranhamente tolerante com as opiniões de direita de inúmeros escritores modernistas, parecendo às vezes apoiar uma versão idealizada do sistema de classes britânico e ostentar uma versão moderada de nacionalismo. Ele escreve que a literatura pastoral pressupõe um relacionamento adequado e agradável entre ricos e pobres e observa que todo país que tem um sólido sistema de classes precisa de um tipo de arte que faça as classes se sentirem parte de uma unidade maior ou simplesmente se sentirem à vontade entre si. Trata-se, contudo, de uma unidade pela qual é preciso trabalhar, já que a pastoral expõe o confronto entre diferentes modalidades de sentimento, bem como o contraste entre seus temas simples e seus estilos complexos. Em *Some Versions of Pastoral*, publicado em 1935 no auge da crise política e econômica, Empson parece se distanciar daqueles que ele chama de "comunistas", embora ele mesmo nunca tenha sido um comunista de carteirinha. Como já vimos, ele também ressalta que qualquer progresso social tem uma capacidade limitada de evitar o desastre; portanto, mesmo a política mais radical jamais é suficiente para reparar inteiramente o sofrimento ou a maldade. Resenhando *Palavras-chave*, de Raymond Williams, nos anos 1970, ele se refere aos argumentos socialistas do livro como "propaganda". Porém, como não considera a propaganda intrinsicamente questionável, talvez não esteja usando o termo de forma pejorativa, do mesmo modo que a percepção dos limites da transformação política não diminui seu entusiasmo pelo progresso social.

Todavia, se Empson se considerava de extrema esquerda no fim da vida, é improvável que ele aceitasse o título de cavaleiro ou escrevesse uma mascarada* para a rainha, como fez quando ela visitou Sheffield. Ainda assim, ele é mais "moderno" que Richards e certamente muito mais moderno que Eliot, já que aceita com prazer o estilo de manchetes de jornais populares como "Desastre de plano de bomba de assassino italiano", que não somente lhe forneciam um alimento rico para satisfazer seu desejo de ambiguidade,** mas que

---

* Gênero teatral semidramático, em voga nas cortes europeias entre os séculos XVI e XVII, com temática mitológica ou alegórica e que incluía poesia, música, dança, desfile de trajes suntuosos e efeitos cenográficos. (N. T.)
** No original em inglês: *"Italian assassin bomb plot disaster"*. (N. T.)

também lhe pareciam um método de escrita eficaz. Ao contrário de Leavis, ele acredita que poderia ser benéfico (e não prejudicial) para a cultura se esses usos da linguagem se disseminassem. Quanto a ser uma pessoa atualizada, ele também era fã dos Beatles, embora mesclasse seu apetite pelo novo com o passatempo mais tradicional de jogar *shove ha'penny** em bares.

Por mais que fosse um rebelde teimoso, Empson jamais deixou de pertencer à aristocracia inglesa, justamente porque essa rebeldia está fortemente enraizada nela. Os aristocratas se comportam como se tivessem sua própria lei, o que às vezes torna difícil diferenciá-los dos anarquistas. Dizem que Empson se comportava assim no dia a dia. Espera-se certo individualismo errante daqueles que não têm de respeitar as convenções porque são eles que as criam. Empson dava grande importância à independência de espírito, o que o punha em conflito com as ortodoxias sociais vigentes, ao mesmo tempo que o tornava suspeito de lealdades "tribais", por exemplo ao comunismo. De acordo com a conhecida tradição das classes altas inglesas, ele era excêntrico, rebelde, sincero e às vezes rabugento, mas também exibia certo espírito de bonomia e afabilidade, a ironia e o bom-humor daqueles que desfrutam de uma autoridade natural.

Esse é um dos motivos pelos quais ele desconfiava da tragédia, apesar de vários comentaristas terem identificado uma propensão ao medo, à melancolia e à ansiedade em seus textos. O cavalheiro associa seriedade à linguagem enérgica e arrogante da classe média puritana e procura esvaziá-la sempre que possível. Ele também sente carinho pelo rebelde ou pelo oprimido, por ser também uma espécie de marginal, e isso, como veremos, é um dos temas de *Some Versions of Pastoral*. O latifundiário tem um respeito secreto pelo caçador ilegal, mas não pelo guarda florestal respeitável. Empson admirava

---

* Jogo de tabuleiro praticado sobretudo no Reino Unido no qual dois jogadores ou duas equipes competem entre si usando moedas ou discos num tabuleiro colocado em cima de uma bancada. (N. T.)

particularmente o romancista do século XVIII Henry Fielding, que era, de certo modo, seu *alter ego*: da classe alta, genial, irônico e com espírito generoso, mas um conhecedor perspicaz dos homens e das mulheres que não tinha ilusões sobre a natureza humana. *Using Biography* contém um belo ensaio sobre *Tom Jones*, de Fielding.

Grande parte da formação aristocrática de Empson está registrada em seu estilo de prosa, que é alegre, correto e às vezes irreverente. É o estilo jocoso e levemente farsesco do aristocrata genioso que despreza a altivez da burguesia. Ele também apresenta um veio da franqueza de Yorkshire, uma impaciência com alaridos e disparates. O cavalheiro pode dispensar a linguagem floreada porque sabe que ninguém vai confundi-lo com um encanador. Em *Argufying*, Empson ressalta que o poeta do século XVII John Wilmot, conde de Rochester, podia falar como um homem do povo porque era um lorde importante e favorito do rei. Apesar disso, sua própria prosa descontraída e perfeitamente compreensível está cheia de informações sutis que exigem muito do leitor. Como diz Michael Wood, "o efeito duplo de uma grande capacidade de reflexão e de declarações improvisadas é espetacular".[8] Ou, poderíamos dizer, a combinação de bom senso com uma enorme idiossincrasia. É difícil entender como uma forma de escrita pode ser ao mesmo tempo tão lúcida e tão complexa. Como a própria definição de pastoral de Empson, ela põe o complexo dentro do simples.

Ele também consegue ser engraçado de um jeito diferente dos outros críticos analisados neste livro. Ele escreve com uma desconfiança freudiana a respeito do primeiro verso de "Ode sobre a melancolia", de Keats – "Não, não, não vás ao Lete, nem o acônito..." –, que "alguém, ou uma força na mente do poeta, deve ter querido muito ir a Lete, se foram necessárias quatro negativas no primeiro verso para impedi-lo" (STA, p.205). (Nesse caso, Empson certamente tem em mente o conceito freudiano de negação, que significa que uma negação com uma ênfase exagerada indica uma afirmação inconsciente.)

---

8 Wood, M. *On Empson*. Princeton: Princeton University Press, 2017. p.94.

Em *Milton's God*, ele imagina um sádico que vive com medo do inferno sendo, em vez disso, acolhido no céu, já que os salvos, segundo uma tradição cristã, sentem um prazer perverso com as tormentas dos condenados. "Acomodado para segurar na mão do bom Deus por toda a eternidade", ele assiste "a velha mãe sendo feita em pedaços com uma satisfação tão grande como jamais teria imaginado" (MG, p.250). Como observa John Haffenden, Empson é "um grande animador".[9]

A melhor maneira de transmitir um pouco do sabor da crítica de Empson é simplesmente citá-lo. Podemos começar com esta célebre passagem de *Seven Types*, na qual ele analisa os quatro primeiros versos do Soneto 73, de Shakespeare:

> Em mim tu podes ver a quadra fria
> Em que as folhas, já poucas ou nenhumas,
> Pendem do ramo trêmulo onde havia
> Outrora ninhos e gorjeio e plumas.

Os ramos são como corais em ruínas, afirma Empson,

> porque os corais dos mosteiros em ruínas são lugares para cantar, porque eles exigem que sentemos em fila, porque são feitos de madeira, são esculpidos em formato de nós e coisas do gênero, porque antigamente eles eram rodeados por um abrigo cristalizado a partir da imagem de uma floresta e colorido com vitrais e pinturas semelhantes a flores e folhas, porque agora eles foram abandonados por tudo exceto as paredes cinzas coloridas como os céus do inverno, porque o encanto frio e narcisístico sugerido pelos meninos do coro combina bem com o que Shakespeare sente que deve ser o objetivo dos Sonetos, e por diversos motivos sociológicos e históricos (a destruição dos mosteiros pelos protestantes; o medo do puritanismo) cujas proporções seriam difíceis de determinar;

---

9 Haffenden, *William Empson*, v.1, p.4.

e todos esses motivos, e muitos outros que relacionam a comparação ao seu lugar no soneto, precisam se fundir para trazer beleza ao verso, e existe uma espécie de ambiguidade em não saber qual deles ter em mente mais claramente. (STA, p.2-3)

Ninguém jamais tinha lido poesia de maneira tão atenta, e certamente ninguém da aristocracia agrária. O próprio Empson afirmou que tinha herdado a técnica do poeta Robert Graves; no entanto, uma das obras de Graves que o influenciaram nesse aspecto foi escrita em coautoria com a companheira dele, Laura Riding, de modo que um dos criadores da leitura cerrada, um método que às vezes tem sido considerado "masculino" em razão da sua abordagem clínica e rigorosamente analítica, foi na verdade uma mulher.

Existe certo exibicionismo universitário precoce na passagem citada, exibicionismo que está presente em todo o livro. Empson sente um prazer secreto em deixar o leitor incomodado, como quando, numa obra posterior (*Argufying*), interpreta o último verso de *Ode ao vento oeste*, de Shelley – "Com o retorno do inverno, não poderia a primavera logo sucedê-lo?" –, da seguinte forma: "Embora os Bourbons tenham reconquistado seus tronos, o que é ruim, a exasperação resultante trará a revolução mundial o quanto antes, o que é bom" (A, p.323). Posteriormente, ele teve de cortar de *Seven Types* o que lhe pareceu uma grande quantidade de gracejos entediantes, e, em certo sentido, o brilho indiferente da sua leitura virtuosa do soneto de Shakespeare é, ele próprio, uma brincadeira às custas do leitor, empilhando um significado sobre outro (alguns deles descaradamente fantasiosos) e antevendo alegremente a reação incrédula do leitor ("é claro que Shakespeare não pode ter pensado isso tudo!"). O título do livro também é uma espécie de brincadeira: como sete é tradicionalmente um número mágico, dos sete anões aos sete sacramentos, ele parece ter um significado impressionante, mas a divisão dos tipos de ambiguidade em sete categorias feita por Empson é, na verdade, bastante arbitrária.

A mistura casual de uma oração depois da outra no comentário sobre Shakespeare não é apenas um exemplo clássico do brilhantismo empsoniano, mas – já que ela compõe uma única sentença – sugere que o autor, extasiado com a própria fecundidade criativa porém tentando não trair os fatos, poderia continuar indefinidamente. Existe algo de inexorável no modo como a passagem se recusar a tomar fôlego. Também existe uma desproporção cômica ou irônica entre esse único verso de poesia e o excesso de informações críticas que ele suscita. O crítico corre o risco de "se afogar em sua própria incontinência", nas palavras de John Haffenden (ibid., p.4). É como se o comentário, em vez de se submeter à obra que analisa, esteja tentando ultrapassá-la com sua própria acrobacia criativa bem no momento em que parece ser implacavelmente fiel às palavras escritas no papel. Se ele homenageia a obra, ele também arrisca ofuscá-la. No entanto, quanto mais significados o comentário extrai do verso, como um mágico que faz aparecer pombas do nada, mais ele sugere o quão miraculosamente condensado ele deve ser e, portanto, mais elogios lhe faz. Quando chegamos ao fim da passagem, espera-se que compreendamos que esse espetáculo pirotécnico não é feito simplesmente para que o crítico se divirta com sua própria exuberância; trata-se de uma tentativa de compreender por que a imagem é de uma beleza tão estontante. No fundo, o intelecto está a serviço das emoções; entretanto, ao mesmo tempo, a beleza é tratada como algo que pode ser analisado e discutido, não como um mistério que escorre pela rede da linguagem.

Seven Types também contém uma análise de alguns versos de *A terra devastada*, de T. S. Eliot, do trecho que se inicia com "Sua cadeira, como um trono luzidio...". Parte do comentário de Empson sobre a passagem diz o seguinte:

> *Estojos, joias, brilho* ou *luz* podem ser *derramados*, e a *profusão*, enriquecendo seu significado moderno com sua derivação, é partilhada entre eles com um requinte deslumbrado; de modo que, enquanto algumas *joias* estão derramando *luz* de dentro dos seus *estojos*, outras estão

derramadas ao redor, como acontece com seus *estojos*, sobre o toucador. De todo modo, quando se refere a *brilho*, *derramado* pode ser tanto um verbo principal como um particípio. Existe um momento mais trivial do mesmo tipo no verso seguinte, no qual *vidro* pode significar somente uma garrafa de vidro ou pode estar associado a *marfim* ("frascos de vidro"); e *tampado(s)* pode se referir apenas a *vidro*, ou a *frascos e vidros*, ou a *frascos de vidro e de marfim*; até que *à espreita*, que por um momento é considerado da mesma forma gramatical, o atrai na direção de *perfumes*. É por causa desse ofuscamento da gramática pelo requinte que o termo científico *sintético* consegue se destacar de maneira tão marcante como uma luz forte dramática e lírica. (STA, p.77-8)

Ele prossegue nessa linha por um tempo, numa demonstração magistral de como se pode extrair um conjunto rico de ambiguidades unicamente da gramática e da sintaxe. No entanto, é típico da abordagem de Empson o fato de ele não dizer quase nada a respeito da atmosfera do texto – do sentido de um exotismo meloso, que também é encontrado na linguagem requintada de *Antônio e Cleópatra*, de Shakespeare. (A passagem de Eliot é um pastiche de algumas falas da peça.) A linguagem obtém em parte seu efeito ao opor um sentimento de esplendor a um cheiro inquietante de decadência. Embora ela consiga criar um efeito de genuína beleza, ela também insinua que essa beleza é um pouco artificial e claustrofóbica. Como a senhorita Havisham em *Grandes esperanças*, de Dickens, essa mulher parece não ter posto o nariz para fora de casa há várias décadas e (assim parece) poderia se desintegrar se o fizesse, embora seja verdade que está soprando uma brisa por sua janela. Também se poderia esperar um comentário sobre o fato de que os versos constituem uma única sentença, com suas diversas orações separadas por vírgulas, pontos e vírgulas e um travessão, e que isso cria uma sensação de sobrecarga sensorial, à medida que um efeito exuberante é empilhado generosamente sobre outro, sem nos dar tempo de fazer uma pausa e digeri--los. A palavra "sintético" sugere uma opinião negativa a respeito de todos esses artifícios extravagantes, e talvez sobre a mulher mimada no centro deles. Como a passagem ocorre num trecho de *A terra devastada* que desmerece as mulheres em geral, seu aparente deleite com a riqueza que ela retrata tem um tom irônico.

Na verdade, de vez em quando Empson faz comentários a respeito da atmosfera e da textura emocional, mas na maior parte do tempo essas questões são postas de lado por sua ênfase no significado. Outro exemplo do seu faro para diferentes nuances de sentido são suas observações a respeito da frase enigmática de John Donne, "De pranto a mim não mates", em seu poema "A Valediction, of weeping", que Empson pensa que pode significar

> não me faça chorar até morrer; não me mate com a visão das suas lágrimas; não chore por mim como por um homem já morto quando na verdade estou em seus braços; e, com um tipo diferente de sentimento, não exerça seu poder sobre o mar para fazê-lo me afogar com compassiva magia... (STA, p.144)

Voltando-se para o poema "The Sacrifice", de George Herbert, ele cita o seguinte verso, no qual o orador é Cristo:

> Ó vós que passais, olhai e vede;
> O homem roubou o fruto, mas eu devo subir na árvore,
> A árvore da vida, para todos, mas não para mim.
> Haverá sofrimento igual ao meu?

A leitura extraordinária que Empson faz dessa estrofe diz o seguinte:

> [Cristo] sobe na árvore para restituir o que foi roubado, como se ele estivesse devolvendo a maçã; todavia, a frase em si implica, na verdade, que ele está realizando o roubo, que, até o momento, em relação ao imaculado ele é Prometeu e o criminoso. Ou ele roubou em nome

do homem (era ele que parecia ser pecador e foi pego na árvore) ou ele está subindo na árvore, como João no pé de feijão, e levando sua gente com ele de volta ao Céu. A frase tem uma estranha modéstia que nos faz enxergá-lo como filho da casa; é possível que Herbert esteja recorrendo à tradição medieval de que a Cruz foi feita com a madeira das árvores proibidas. Jesus parece uma criança nessa metáfora, porque ele é o Filho de Deus, porque ele pode apanhar maçãs sem realmente roubar (embora haja dúvidas quanto a isso), por causa das associações concretas e domésticas de tal necessidade e porque ele é evidentemente menor que o Homem ou, em todo caso, que Eva, que podia colher o fruto sem subir [...] por outro lado, o filho roubar do pomar do pai é um sinal de incesto; na pessoa do Cristo, o ato supremo do pecado está ligado ao ato supremo da virtude. (STA, p.232)

"Devo subir na árvore" significa "Devo ascender à cruz"; contudo, como a cruz está associada tradicionalmente à árvore do Jardim do Éden da qual Eva colhe o fruto fatídico, a redenção ocorre no mesmo lugar da Queda. Num *tour de force* criativo, Empson vê a ascensão de Cristo à cruz como sendo, ao mesmo tempo, sua subida na árvore do Éden para substituir a maçã que condenou a raça humana, revertendo, assim, a Queda; e isso é acompanhado de seu ato redentor no Calvário. Apesar disso, ele parece imitar a ação de Eva por meio da sua ligação íntima com maçãs letais e árvores amaldiçoadas e, portanto, ele próprio é um ladrão ou marginal. Isso é conveniente, já que o Cristo crucificado é de fato uma espécie de criminoso – tanto porque ele foi declarado culpado de um crime pelas autoridades (embora não se saiba ao certo qual crime) como porque, de acordo com São Paulo, ele "foi feito pecado" na Cruz para se tornar representante da pecaminosidade humana e, assim, redimi-la por meio da sua ressurreição. Portanto, Cristo é redentor e réprobo ao mesmo tempo, um pouco como Prometeu, que roubou o fogo para o bem da humanidade e ainda por cima é incestuoso. Ele é uma criança porque é inocente, mas é também um malandrinho travesso que ataca o patrimônio alheio.

Empson finaliza seus comentários com uma enxurrada de paradoxos:

> [Cristo] é bode expiatório e herói trágico; amado porque odiado; odiado porque divino; libertador da tortura porque torturado; torturando seus torturadores porque todo-misericordioso; fonte de toda força para os homens porque, ao acolhê-los, exagera a fraqueza deles; e, porque excluído, criador da possibilidade de sociedade. (STA, p.233)

Isso, que é algo muito mais teologicamente perspicaz que a imagem de Deus como Stálin, resume perfeitamente a essência do livro seguinte de Empson, *Some Versions of Pastoral*, o qual, apesar de todas as diferenças em relação a *Seven Types*, apresenta uma continuação latente dele. A citação também indica o espírito cristão do livro da pastoral, por mais que seu autor não tivesse gostado de ouvir isso.

Some Versions começa com outra das sacadas geniais de Empson, dessa vez inspirada num verso da "Elegia escrita num cemitério de uma igreja rural", de Thomas Gray:

> Quantas gemas da mais pura luz serena
> As cavernas escuras e insondáveis do oceano contêm;
> Quantas flores nascem para corar despercebidas
> E desperdiçar sua doçura no ar do deserto.

Gray tem em mente homens e mulheres talentosos que, em razão de sua condição social humilde, nunca terão a oportunidade de se sobressair aos olhos do mundo. O que isso significa, observa Empson,

> é que no século XVIII a Inglaterra não tinha um sistema de bolsas nem uma *carrière ouverte aux talents*.* Embora isso seja apresentado como algo patético, o leitor é posto num estado de espírito em que não se tentaria

---

* Em francês no original: "carreira aberta aos talentos". (N. T.)

alterar essa situação [...]. Ao comparar a organização social com a natureza, ele a faz parecer inevitável, o que ela não era, e lhe atribui uma dignidade que era imerecida. Além do mais, uma gema não se importa de ficar numa caverna, e uma flor prefere não ser colhida; sentimos que o homem é como a flor, tão efêmero, natural e valioso como ela, e isso nos induz a sentir que é melhor que ele não tenha oportunidades. A insinuação sexual de *corar* introduz a ideia cristã de que a virgindade é intrinsicamente boa e, portanto, que toda renúncia é boa; isso pode nos induzir a sentir que o homem pobre é feliz porque a sociedade o mantém distante do Mundo. O tom melancólico afirma que o poeta compreende as ponderações avessas à aristocracia, embora se posicione contra elas; o truísmo das reflexões no cemitério da igreja, a universalidade e a impessoalidade que elas dão ao estilo exigem, como se fosse por comparação, que aceitemos as injustiças sociais como aceitamos a inevitabilidade da morte. (SVP, p.11-2)

Temos aqui uma ou duas manobras questionáveis: a ideia de que o cristianismo considera a virgindade um valor em si mesma é discutível; e, se uma gema não se importa de permanecer numa caverna porque não tem consciência do fato, é difícil perceber por que uma flor igualmente insensível opor-se-ia a ser colhida. Mesmo assim, Empson demonstra de forma magnífica como o tom e o sentimento do poema são sutilmente prejudicados por essas imagens – como um lamento por causa da condição dos pobres é qualificado pela insinuação de que nada pode ser feito com relação a isso. É como se o poeta se identificasse com a situação dos pobres mas, ao mesmo tempo, no próprio ato de tentar engrandecê-la, usasse tropos que insinuam que ela é inevitável.

Para Empson, alguns relacionamentos ambíguos como esse estão no cerne da literatura pastoral, em seu próprio uso idiossincrático do termo. A pastoral nos apresenta aristocratas e camponeses, cortesãos e camponeses; e os aristocratas devem reconhecer que são diferentes das pessoas comuns, ao mesmo tempo que têm consciência da humanidade que eles têm em comum. Empson afirma que às vezes é bom ficar o mais distante possível do seu grupo. Essa é a sua *persona* não conformista falando, desdenhosa das convenções e do consenso típico de manada. Como o rosto de Buda, o ideal é ser ao mesmo tempo cego e onividente – cego aos preconceitos tribais mas, consequentemente, capaz de expandir e enriquecer o eu numa abertura à realidade dos outros. "Algumas pessoas são mais delicadas e complexas que outras", ele escreve, e "se essas pessoas conseguirem evitar que essa diferenciação cause dano, isso é uma coisa boa, embora uma coisa pequena em comparação com a nossa humanidade comum" (SVP, p.23). A última frase evoca o Empson mais sociável e socializante; trata-se, portanto, de reafirmar a diferença e a independência individual e, ao mesmo tempo, continuar valorizando o que temos em comum. A pastoral tem a ver, entre outras coisas, com esse equilíbrio, que encontraremos, numa forma diferente, na obra de F. R. Leavis. O fidalgo não apenas se vê refletido no caipira, mas também pode aprender com ele, num espírito de humildade. Empson o imagina pensando:

> Agora abandono meus sentimentos específicos porque estou tentando descobrir outros melhores; portanto, devo manter o equilíbrio por um momento imaginando os sentimentos da pessoa simples. Ela pode estar em melhor condição que eu em razão da sorte, do vigor ou da graça divina [...]. Preciso imaginar sua forma de sentir porque a coisa refinada tem de ser julgada pela coisa fundamental, porque a força tem de ser aprendida na fraqueza e a sociabilidade no isolamento, porque as boas maneiras são aprendidas na vida simples. (SVP, p.22-3).

Empson aprendeu com o budismo o valor de uma relação orgânica com a natureza, uma afinidade com o mundo que prefigura o pensamento ecológico atual; ele pensava que essa era a única filosofia admissível, uma filosofia profundamente em conflito com o que ele considerava como o abominável culto cristão do sacrifício da natureza – ou de diversos de seus elementos – para um Deus vingativo. Neste último caso, o Um (Cristo) é sacrificado pela Multidão, é morto em seu nome, enquanto na pastoral o Um contém a Multidão, um pouco como o artista onividente o faz. O bode expiatório, que é sacrificado no lugar de toda a população, reúne assim o Um e a Multidão e, como Cristo, é nobre e humilde, ímpar e representativo, vítima e redentor, herói e servo. Empson também aprendeu com o budismo uma forma de equilibrar as exigências da liberdade individual com a responsabilidade social. Buda é autossuficiente e, no entanto, é cheio de compaixão pelo universo. A diferença individual e a humanidade comum, que no processo da vida são motivo de constantes acordos, concessões e contradições, são reconciliadas nessa visão utópica.

A pastoral é, entre outras coisas, o alerta de Empson a si mesmo a respeito dos perigos de ser inteligente demais. O bom senso arguto do camponês tem de manter o intelectual especulativo sob controle. Desse modo, o sistema de classes é simultaneamente contestado e defendido: os aristocratas consideram os camponeses como seus iguais ou superiores a eles, mas não podem fingir que eles próprios são simples caipiras, o que seria equivalente à má-fé dos autores de classe média que escrevem a respeito do proletariado enquanto imaginam que fazem parte dele. Na época em que o livro apareceu, havia um monte de tipos como esse em circulação. Num capítulo enigmático sobre o assunto, Empson considera que a literatura proletária eficaz é uma versão da pastoral, ignorando o fato de que esse tipo de obra geralmente se dedica a destruir justamente o sistema de classes do qual a pastoral depende.

Portanto, a pastoral é irônica: os ricos são mais ricos que os pobres, mas também são mais pobres. Os dois grupos sociais entram em conflito, porém, mesmo assim, se estabelece uma equivalência entre eles, um pouco como a ambiguidade inclui uma convergência de significados conflitantes. É difícil não enxergar isso tudo como uma alegoria do relacionamento entre o artístico (ou crítico) e o público em geral, semelhante à interpretação de Stefan Collini das palavras-chave analisadas na pesquisa seguinte de Empson, *The Structure of Complex Words*, de que todas se relacionam de uma forma não declarada com o próprio processo crítico dele.[10] Empson defende que o artista nunca está em harmonia com nenhum público – certamente uma generalização temerária, que se aplica mais à Europa moderna que a algumas culturas pré-modernas. O mesmo acontece com os críticos, cuja inteligência especializada (sobretudo se ela for tão ágil como a de Empson) os afasta da maioria da população. No entanto, o paradoxo da arte literária é que ela lida, de maneira complexa e por vezes extremamente técnica, com sentimentos e situações que são compartilhados, na maioria das vezes, por toda a humanidade. Ela é, por assim dizer, simultaneamente amadora e profissional, complexa e simples, elevada e mundana. O crítico norte-americano R. P. Blackmur a descreve como "o discurso formal do amador".[11] O próprio Empson era um crítico literário acadêmico e profissional, embora não se dedicasse a um campo específico à maneira dos especialistas, perambulando como um amador erudito por toda a literatura inglesa. Ao contrário da neurocirurgia, a crítica literária é algo que todos podem experimentar. Qualquer um é capaz de dizer se gostou de um livro ou não ou de fazer alguns comentários meio inteligentes sobre o enredo, os personagens e assim por diante. É claro que Empson é muito mais genial que isso, mas é o tipo de genialidade a que julgamos poder aspirar, a perspicácia de alguém mais versado que nós mesmos na nossa sabedoria comum. Ele tem um tipo de bom senso simples que chega às raias da genialidade.

Portanto, o escritor ou crítico é aristocrata e camponês num único corpo – ambos complexos e simples, isolados apesar de solidários com os outros. Embora necessitemos de instrumentos sutis e delicados para investigar obras que dizem respeito à nossa condição

---

10 Ver Thaventhiran, H.; Collini, S. (Orgs.). Introduction. In: Empson, W. *The Structure of Complex Words*. Oxford: Oxford University Press, 2020.
11 Apud Wood, *On Empson*, p.145.

comum, o problema é que esses mesmos instrumentos correm o risco de nos afastar dessa condição. É nesse sentido que a pastoral é uma modalidade irônica. No ambiente político dos anos 1930, as relações tensas entre a *intelligentsia* e as massas eram um problema espinhoso na esquerda; e embora Empson não invoque explicitamente esse contexto, pode-se senti-lo pairando ao fundo. Para as classes altas, ir à escola com as classes baixas é parte daquilo que ele entende que a pastoral faz quando "põe o complexo dentro do simples" (SVP, p.25). Existe uma coexistência na forma do elevado e do mundano, um pouco como existe na encarnação, em que Deus se torna um judeu sem lar num canto obscuro do Império Romano. Pôr o complexo dentro do simples também significa que, nessa corrente de arte literária, os chamados caipiras são levados a falar a linguagem formal e elaborada da corte, o que chega a ser quase divertido. Isso tem o efeito de aproximar as duas posições, reforçando, assim, o sistema de classes, ao mesmo tempo que a sabedoria simples das classes baixas pode agir como uma crítica da formação sofisticada das classes altas. Podemos dizer que as duas classes convergem na forma verbal, mas se opõem no conteúdo moral.

No entanto, embora esse ideal de harmonia possa ser previsível num homem que foi criado numa grande propriedade rural e que era ele próprio artista, crítico e cavalheiro numa só pessoa, a pastoral e o próprio Empson têm outra faceta mais subversiva. Por um lado, se os caipiras são iguais àqueles que os dominam em termos do requinte do discurso, o sistema de classes será nivelado e também fortalecido. Se o complexo pode ser posto dentro do simples, então o simples não pode ser tão simples como parece. Ao mesmo tempo, as classes baixas são superiores às altas porque conservam uma franqueza, uma dignidade e uma simplicidade capazes de mostrar que seus governantes são artificiais e hipócritas. Cabe assinalar que o próprio Empson foi educado para respeitar o trabalho manual na zona rural. O princípio da pastoral, ele escreve, é que podemos dizer tudo a respeito das pessoas complexas por meio de um estudo aprofundado das pessoas simples. Nessa medida, ela é um método igualitário e também hierárquico.

O artista, o crítico, a criança, o aristocrata e o intelectual são todos marginais, de diferentes maneiras. O aristocrata pode estar no topo da sociedade, mas esse pode ser um lugar solitário. O louco, o palhaço, o rebelde e o bode expiatório também são marginais e também são, pelo menos no sentido empsoniano do termo, personagens da pastoral. Nesse sentido, o inferior reflete o superior, e o superior descobre uma paródia de si mesmo no inferior. O mesmo acontece nos enredos duplos de algumas peças elizabetanas, às quais Empson dedica um capítulo do seu livro. O palhaço, ele observa, "tem a argúcia do inconsciente; ele pode falar a verdade porque não tem nada a perder" (SVP, p.18). Sua própria obra foi descrita como "farsesca" por alguns colegas detratores. O louco, que enxerga tudo porque espreita às margens da sociedade como um espectador satírico, tem mais juízo que seus superiores sociais e uma compreensão mais sólida das verdades fundamentais. O fato de ele saber que é louco, ao contrário das pessoas aparentemente sensatas que não têm consciência da própria loucura, lhe confere uma espécie de sabedoria. Da mesma forma, o rebelde tem uma compreensão mais plena da lei e da autoridade do que aqueles que fazem justiça formalmente.

Como as crianças ainda têm de ser iniciadas nas convenções sociais, elas estão menos preparadas para valorizá-las. Na zona rural, elas podem muito bem considerá-las sem sentido e cômicas, como Alice faz no País das Maravilhas, e, portanto, podem agir como críticas da ortodoxia social. Alice, observa Empson no capítulo sobre ela em seu livro, é "a mente livre e independente" (ibid., p.210), uma racionalista pragmática como ele próprio e, portanto, semelhante ao crítico literário ideal. No entanto, a ironia é que os indivíduos independentes dependem essencialmente do sistema social do qual se apartam e podem achar que essa é uma forma de má-fé. Se tudo é basicamente uma coisa só, então sua autonomia é uma ilusão; no entanto, a independência ainda pode permitir que eles compreendam a arbitrariedade básica das convenções sociais, como acaba fazendo com Alice. Portanto, existe algo a ser dito em defesa das pessoas do contra, por mais moralmente comprometidas que elas sejam. De todo modo, a própria noção de indivíduo é um exemplo de ambiguidade, já que só nos tornamos indivíduos ao depender de uma forma de vida social. Originalmente, a palavra queria dizer "inseparável".

Parte do que a mente livre identifica é a falibilidade da condição humana, e este também é um sentimento "pastoral". Ao se basear na humanidade comum, o aristocrata pode dialogar com uma sabedoria mundana que é tolerante com a fraqueza humana e tem uma compaixão universal. É uma maneira generosa e afável de ver as coisas que sabe quando não deve exigir demais dos outros. Devemos respeitar os admiráveis valores elevados da verdade, da bondade e da honra, mas não devemos usar esses ideais para atemorizar os outros de modo que os deixe dolorosamente conscientes da própria fragilidade. É precisamente nesse sentido que o estilo de prosa descontraído e ameno de Empson é uma versão da pastoral. É o estilo de um humanista – mas num sentido irônico, não triunfalista, do termo, ou seja, aquele que acolhe a humanidade com uma consciência sarcástica dos seus defeitos. Existe uma "monotonia" na pastoral, no sentido de desconfiança das pretensões ambiciosas. Empson encontra essa característica no comentário ingênuo do erudito do século XVIII Richard Bentley sobre *Paraíso perdido*; no senso comum brusco e bem inglês de Alice em suas relações com os moradores excêntricos do País das Maravilhas; e na visão lúcida e desiludida que o submundo da *Ópera do mendigo* tem da sociedade refinada. Quanto mais alto aspirares, mais longe terás de cair: essa é parte da advertência do orador do Soneto 94 de Shakespeare ao jovem cortesão a quem ele se dirige. Aqueles que, como o jovem, são mais desapegados do desejo sensual comum têm uma probabilidade maior de fracassar quando confrontados com ele, e é por isso que os lírios que apodrecem cheiram muito pior que as ervas daninhas. O mesmo poderia ser dito a respeito de Ângelo, em *Medida por medida*, de Shakespeare.

Existe um subtexto aritmético na obra desse ex-matemático. Já vimos que o conceito de pastoral está ligado, no pensamento de Empson, à ideia do Um e da Multidão, extraída em grande parte do pensamento oriental. A ambiguidade pode transformar uma multiplicidade de significados num único termo, e o mesmo acontece, como veremos posteriormente, àquilo que Empson chama de "palavras complexas". A pastoral organiza vozes dissonantes e maneiras opostas de sentir, mas o faz dentro de uma visão abrangente. O Milton de *Milton's God* é um único autor dividido em dois por suas simpatias religiosas e humanistas conflitantes. O Buda é um, porém, no que Empson considera a sua "irônica magnanimidade", ele apresenta ao mundo uma multiplicidade de faces. Tanto o rei como o louco são indivíduos, mas também são representativos de algo além de si mesmos – o rei, o herói ou o aristocrata porque encarna em sua pessoa o conjunto da ordem social, o louco porque tipifica nossas fraquezas comuns. Ambos contêm multidões, e existe uma cumplicidade conveniente e secreta entre eles, a qual também está presente no fato de que qualquer um que queira ser rei deve estar fora de si, como as peças históricas de Shakespeare podem comprovar. Também existe uma ligação entre esses personagens e o artista, o crítico ou o rebelde político, que também é um marginal, mas que, justamente por esse motivo, consegue enxergar mais longe que muitos privilegiados. Desse modo, o Adão e a Eva de *Paraíso perdido* são tipos pastorais por sua relação harmoniosa com a natureza, mas Satanás, por ser um crítico da Criação, é uma figura pastoral num sentido diferente.

Outro desses personagens é o bode expiatório, que, a exemplo de Cristo, é um indivíduo, mas carrega nos ombros inocentes os pecados de toda a humanidade. Consequentemente, ele é aliado do bandido ou criminoso, mais um marginal que consegue enxergar através dos elaborados fingimentos da vida social. Cristo, o Um, desce para partilhar do destino da Multidão, o que é um exemplo da coisa complexa, espiritualmente falando, fixando residência com a coisa simples. Ele é o servo isolado apascentando seu rebanho numeroso, mas ele mesmo também é retratado como um cordeiro. O elevado tem de se rebaixar ao nível do inferior não apenas para redimi-lo, mas para se tornar parte dele e aprender pacientemente com ele. Apesar da aversão quase doentia que Empson sente do Deus judaico-cristão, que ele compara, em *Milton's God*, a um comandante de Belsen,* a visão pastoral é a mais cristã possível, pois acredita que a força está enraizada na fraqueza e que o objeto sublime (a salvação) deve ser julgado pelo objeto banal (dar um copo d'água a alguém). É nesse anticlímax que o Evangelho cristão se concentra.

Os desejos mais refinados, Empson observa com espírito freudiano e pastoral, são inerentes aos mais simples e seriam falsos se não o fossem. Como diz F. R. Leavis com seu linguajar característico, "[deve-se] manter a cultura humana, mesmo em suas formas mais refinadas, devidamente ciente de que ela resulta da cultura do solo e depende dela.[12] Contudo, se levarmos o argumento longe demais, acabamos numa redução freudiana vulgar de todos os valores aos instintos básicos, um argumento que o racionalista Empson vê com grande desconfiança. Isso explica por que ele considera Jonathan Swift "blasfematório": por reduzir brutalmente o espiritual ao físico. Considerar que os desejos mais nobres são inerentes aos mais simples não é reformular toda motivação generosa como se ela fosse um desejo grosseiro. Apesar dessas ressalvas, talvez o aspecto mais fundamental da arte literária na visão de Empson seja a sua consciência dos limites da condição humana – da perda, do descarte, da fragilidade e do fracasso. Nesse sentido, seu humanismo sofre um desvio trágico.

Aquilo que Empson mais detesta no cristianismo é a ideia de sacrifício. Num texto sobre teologia extremamente grosseiro, ele afirma que Deus mata seu próprio filho em um ato que lhe dá uma

---

* Campo de prisioneiros e de concentração nazista (1940-1945), também conhecido como Bergen-Belsen, situado no atual estado alemão da Baixa Saxônia. (N. T.)
12 Leavis, F. R. *Revaluation*: Tradition and Development in English Poetry. Londres: Chatto & Windus, 1936. p.80.

satisfação macabra.[13] Deve-se distinguir essa barbárie da solidariedade não sacrificatória com o próximo que a pastoral comporta. O altruísmo deve ser elogiado, o autossacrifício não. Isso ignora que aqueles que se dedicam altruisticamente à causa dos "servos" – os obscuros e invisíveis deste mundo – muito provavelmente acabam como vítimas sacrificatórias da situação política. Aliás, isso faz parte da mensagem principal da fé cristã. O próprio Empson prefere os heróis trágicos que dão a vida pelo próximo àqueles (Hamlet, Macbeth, Otelo, Coriolano) cuja estatura heroica os isola da humanidade em geral. É bom manter certa distância – de que outra forma se pode ser um crítico? –, mas não a ponto de ficar fechado em si mesmo de maneira estéril.

Some Versions traz uma análise do polêmico Soneto 94 de Shakespeare, no qual o narrador apela a um amigo narcisista para que ele persevere em sua desagradável posição egocêntrica, nem que seja por não existir outra forma de evitar sucumbir a uma tentação fatal. Ironicamente, o narrador tenta tornar seu apelo mais convincente comparando o distanciamento "artificial" que o amigo tem da natureza à inocência de uma flor, que, da mesma forma, vive apenas para si mesma. A separação do ser humano da natureza é naturalizada, um pouco como acontece no poema "The Garden", de Andrew Marvell, ao qual Empson dedica um belíssimo capítulo. Existe um relacionamento irônico entre a consciência e o mundo, já que a mente faz e não faz parte de seu entorno material; contudo, essa tensão pode ser acomodada dentro do espírito generoso da pastoral. É uma modalidade poética que conhece um momento de separação potencialmente trágico entre a mente e o mundo, o refinado e o simples, a autorreflexão e a espontaneidade; no entanto, ela incorpora essa percepção a uma visão mais rica e mais complexa que reconhece que

---

13 O que eu espero é que se possa encontrar um relato de sacrifício menos grosseiro em Eagleton, T. *Radical Sacrifice*. New Haven e Londres: Yale University Press, 2018.

o intelectual tem de ir à escola com as massas, que não pode haver o sofisticado sem o simples e que a mente é um afloramento da natureza, não simplesmente algo diferente dela.

Para alguns críticos, *Some Versions* registra o declínio da forma pastoral, alegando que isso explica um pouco a estranha variedade de tópicos.[14] Nos séculos XVI e XVII, com seus sistemas de classe inflexíveis, a pastoral certamente podia se basear num abismo permanente entre camponeses e aristocratas. Contudo, na Inglaterra pós-Restauração, o artifício da forma, em que os caipiras falam como os aristocratas, se torna mais evidente, de modo que a pastoral começa a se transformar em simulacro de pastoral. Para Empson, *A ópera do mendigo*, de John Gay, é um ótimo exemplo dessa mudança, já que os grupos criminosos continuam se espelhando na aristocracia moralmente desonesta, mas de forma astuta e consciente. A pastoral perdeu a inocência e com *Alice no País das Maravilhas* consegue recuperar essa naturalidade apenas no universo infantil. Nesse sentido, a história da pastoral está ligada à evolução da sociedade de classes inglesa.

Empson foi alvo da acusação de que a sua abordagem da poesia em *Seven Types* era a-histórica; e embora *Some Versions* também não seja realmente uma investigação histórica, ela certamente é mais social e política que a obra anterior. Em geral, durante toda a sua carreira, Empson passa da análise poética minuciosa a uma abordagem mais historicamente sensível e socialmente receptiva. Ambiguidades que em *Seven Types* eram sobretudo formais se transformam, no livro posterior, na afirmação (por exemplo) de que os pobres são ao mesmo tempo mais ricos e mais pobres que os ricos. Contudo, é em *The Structure of Complex Words*, uma obra que ele mesmo descreve – com razão – como "maravilhosa" e "magnífica", que o linguístico e o histórico finalmente convergem, a tal ponto que Empson pode ser

---

14 Ver, por exemplo, Collini, S. *The Nostalgic Imagination*. Oxford: Oxford University Press, 2019. p.111-3.

classificado não somente como um crítico literário, mas como um linguista histórico. No caso da ambiguidade, os diferentes significados se chocam a ponto de se tornarem indefiníveis; todavia, Empson está preocupado com a interação entre significados diferentes, mas precisos, dentro de uma única palavra. Isso significa enxergar determinadas palavras-chave como entroncamentos ou grupos de sentido, ou, se preferirmos, como textos em miniatura. E, uma vez que esses termos mudam com o passar do tempo, registrando alterações nas posturas sociais e morais, podemos dizer que essa forma de investigação é histórica. As palavras, para usar o termo de C. S. Lewis, têm "biografias". Stefan Collini ressalta que, enquanto para Epson uma ambiguidade é um artifício inventado por um escritor específico, a estrutura de uma palavra complexa é um fato da língua, parte da moeda verbal estabelecida.[15]

Empson descreve essas palavras como "doutrinas compactadas", já que elas podem ser descompactadas em inúmeras alegações ou afirmações, nem todas compatíveis entre si. Desse modo, o assaltante Macheath, de *A ópera do mendigo*, usa a palavra "honesto" num estilo sincero e vulgar, que implica certo desprezo arrogante pelas convenções sociais, enquanto para o comerciante Peachum, da mesma peça, o termo tem uma sonoridade mais respeitável. É como se o signo se tornasse um lugar de conflito social. Esse tipo de palavra é um minissistema que contém o que Empson chama de "equações" entre seus diversos sentidos. Pode haver uma equação entre dois significados do mesmo termo; uma equação entre uma palavra e uma de suas implicações; uma equação entre o sentido de uma palavra e o sentimento que ela evoca; ou uma equação entre um suposto significado principal (isto é, o sentido primário de um termo) e um significado essencial, ou seja, aquele que é exigido por um contexto específico. Também é possível reunir dois termos sob o título de um terceiro, de modo que, por exemplo, "senso" para Wordsworth pode

---
15 Ver Thaventhiran e Collini, "Introduction".

significar tanto sensação como imaginação. Isso indica determinada relação entre os dois na realidade e, consequentemente, constitui uma afirmação ou "doutrina". Finalmente, existem identidades, como "Deus é amor", "A lei do mais forte" ou "Tempo é dinheiro", que podem ser importantes fontes de ilusão e que andam próximas daquilo que é habitualmente definido como ideologia. Apesar dessas especulações, boa parte do livro é composta de crítica literária, não de teoria linguística, já que Empson ilustra suas palavras complexas em um conjunto de capítulos coruscantes sobre "O bobo em *Lear*", "O cão de *Timão*", "A sinceridade em *Otelo*", "Sentido em *Medida por medida*" e assim por diante. Eles estão entre os trabalhos de análise literária mais magistrais que ele produziu.

Como a maioria das palavras-chave que Empson tem mente – arco, cão, bobo, rebelde, perspicácia, senso, honesto – também contém um ar ríspido, pragmático e "pé no chão", esse é mais um exemplo da inserção do complexo no simples e, portanto, uma expansão da ideia de pastoral. Empson observa que existe "uma suavidade ou plenitude na coisa simples" (SCW, p.170), uma infinidade de insinuações percebidas que podem ser explicitadas de forma relativamente sistemática. Daí a palavra "estrutura": não estamos falando apenas de uma dispersão aleatória de associações, mas da lógica interna cambiante de determinados termos, que, por sua vez, está enraizada na lógica de uma forma específica de vida social. Elas são palavras "complexas" porque concretizam uma sabedoria social coletiva. Vale a pena observar que *Complex Words* apareceu apenas dois anos antes de *Investigações filosóficas*, de Wittgenstein, obra que adota uma postura muito semelhante diante da língua.

O simples e o complexo estão relacionados no sentido de que chamar um homem de cão é atribuir a ele uma sinceridade fundamental, que pode então se tornar a base material sobre a qual uma versão mais refinada de ser humano pode ser elaborada. Aliás, somente sobre uma fundação tão modesta é possível realizar algo de valor, o que é mais um dos atos de conivência involuntária de

Empson com o cristianismo. A própria vida é uma espécie de enredo duplo, já que só podemos nos tornar seres humanos aceitáveis porque somos animais mortais e vulneráveis. Como escreve Christopher Norris a propósito das palavras complexas de Empson, elas têm "um traço realista de ceticismo saudável [...] que permite que seus usuários desenvolvam uma confiança na natureza humana a partir de um conhecimento compartilhado de suas necessidades e fraquezas correspondentes".[16] É uma forma materialista de ética, contrária à visão idealizada da humanidade, que só pode acabar numa amarga desilusão. Ela pertence à consciência irônica das próprias limitações, bem como à indulgência mútua e à percepção tolerante da fraqueza humana, as quais formarão a sensibilidade pastoral.

O oposto dessa visão irônica é o absolutismo ideológico (embora o assunto permaneça praticamente implícito na obra de Empson), que, tanto na forma do fascismo como do stalinismo, ocupou um lugar de destaque no período em que ele criou suas duas primeiras obras importantes. Quando *Complex Words* foi publicado, em 1951, o fascismo tinha acabado de ser derrotado, e o mundo estava se enredando cada vez mais na Guerra Fria. Nesse sentido, todos esses ensaios têm um subtexto político. Já vimos que a aceitação de significados diferentes típica da ambiguidade está em contradição com o estreito determinismo de sentido encontrado nos regimes fascistas, com seus significantes rígidos de *Führer*, Estado e pátria-mãe e a censura do discurso subversivo. Ela também vai de encontro à moda filosófica em vigor na época, que, de Frege e Bertrand Russell ao jovem Wittgenstein e A. J. Ayer, estava em busca de uma linguagem que fosse totalmente racional e transparente, purificada de todo tipo de opacidade e imprecisão. O que conteve essa aberração foi a crítica literária, que passou do gelo puro da filosofia linguística para o terreno áspero do dia a dia.

---

16 Norris, C. *William Empson and the Philosophy of Literary Criticism*. Londres: Bloomsbury, 2013. p.86.

Vimos que a pastoral pode agir como uma forma de crítica social, já que os valores dos aristocratas são testados à luz da sabedoria dos camponeses. As posturas políticas das palavras complexas são bastante parecidas, já que muitas delas pertencem a uma linguagem coloquial contrária à moral oficial. Elas representam o idioma do que se poderia chamar de contra-esfera pública, recorrendo a um repositório de hábitos mentais basicamente inconscientes que têm sua origem naquilo que as pessoas realmente pensam, sentem e fazem, não naquilo que elas devem pensar, sentir e fazer. Assistimos aqui ao nascimento de uma atmosfera secular e racionalista em conflito cada vez maior com a ortodoxia religiosa. Na verdade, na opinião de Empson, essa ortodoxia é o exemplo paradigmático de ideologia. Quando ele se refere, em *Milton's God*, às "convicções fatais que muitas vezes conquistam nossa mente" (MG, p.169), é nisso que ele está pensando. No entanto, *Paraíso perdido* representa uma luta contra a ideologia, não uma rendição covarde a ela, o que explica em parte o fato de Empson considerar a obra tão magnífica. "A origem da força [de Milton]", ele escreve, "é que ele conseguiu transmitir e aceitar uma concepção absolutamente horrível de Deus e, ainda assim, manter vivo, de alguma forma, por baixo dela, toda a diversidade e generosidade, o acolhimento a todos os nobres prazeres que tinham predominado na história europeia na época imediatamente anterior à sua" (ibid., p.276-7). Ele considera a obra magnífica e abominável ao mesmo tempo, atraente devido à sua incoerência moral, não apesar dela. O texto resiste vigorosamente a seu próprio posicionamento oficial.

Essa é uma posição surpreendentemente original para se adotar em meio às batalhas em torno de Milton que têm sido travadas desde que Eliot virou para baixo seu polegar imperial, a qual veremos ressurgir na crítica de F. R. Leavis. Empson lamenta as crenças formais de Milton, mas considera sua arte cheia de beleza poética. Numa frase esplendidamente imparcial, ele a descreve como um "universo de isolamento cruel e hipnótico, soberbo e extravagante" (ibid., p.126). Sendo um racionalista exemplar, ele também admira o modo vigorosamente questionador com o qual o poeta tenta dar um sentido suportável ao indefensável. Os impulsos decentes de Milton ("decente" é um termo tipicamente empsoniano) se recusam a ser totalmente sufocados pelo dogma teológico.

Mesmo assim, a oposição entre ideologia e humanidade em *Paraíso perdido* é certamente simplista demais. Os liberais estão habituados a considerar que os sistemas de ideias são obstáculos ao livre curso da mente e restrições à nossa humanidade espontânea. No entanto, o próprio liberalismo, tal como pode ser encontrado na obra de John Locke ou John Stuart Mill e também em suas formas mais banais, é um tipo de sistema que privilegia determinados significados e valores em detrimento de outros, excluindo toda uma série de comportamentos (escravidão, socialismo, autoritarismo, censura e assim por diante) enquanto consagra outros. Se o liberalismo é um conjunto de crenças razoavelmente coerentes mas também desempenha um papel fundamental na promoção da liberdade humana, então sistema e liberdade não podem estar sempre em conflito. Existem teorias emancipatórias como o feminismo que se dedicam à análise sistemática do patriarcado para se libertar dele. Como regicida e republicano radical, John Milton pôs algumas de suas doutrinas teológicas a serviço de uma política revolucionária. Aqueles que consideram as opiniões dos outros como ideológicas e as suas simplesmente humanas, pragmáticas ou sensatas podem estar sob o controle de uma ideologia que existe há tanto tempo que se tornou quase invisível. E o objetivo de toda ideologia que pretende sobreviver é se tornar invisível.

Vimos que Eliot sofreu com a linguagem de *Paraíso perdido* e veremos logo mais que o mesmo aconteceu com F. R. Leavis. Se Empson não tinha esse tipo de queixa, isso se deve em parte ao fato de tanto Eliot como Leavis terem uma concepção normativa da língua inglesa, o que não acontecia com Empson. Ao contrário deles, este último não acreditava que existe um uso específico do inglês que é de alguma forma um pouco mais nativo, autêntico e fiel ao espírito da língua que outros. Ele também não estava muito seduzido pelo conceito de tradição literária, uma preocupação que, para Eliot e Leavis, estava intimamente ligada à visão normativa. Para eles, a tradição era composta pelos autores que usam a língua "autenticamente": Donne em vez de Milton, Marvell em vez de Dryden, Keats em vez de Shelley, Hopkins em vez de Tennyson. Empson tem o mérito de haver rejeitado esse preconceito, como o fez I. A. Richards – não somente em razão de suas falhas intrínsecas, mas também porque uma versão radical dele geraria algumas consequências funestas na Europa de meados do século XX. Para o filósofo Martin Heidegger, a língua alemã era o verdadeiro lar do Ser, o lugar do Espírito do Povo. É claro que existe uma enorme diferença entre esse dogma nazista e a preferência de Leavis pelo tipo de poesia palpável e terrestre que, quando lida em voz alta, lembra um pouco a mastigação de uma maçã. Contudo, ambos são modalidades de chauvinismo espiritual, mesmo que Heidegger estivesse pensando no Terceiro Reich e Leavis na Inglaterra das danças folclóricas. Empson foi considerado o principal crítico literário inglês do século XX.[17] Contudo, ele também deve ser admirado por seu hábito racionalista liberal de esvaziar e desmistificar bobagens extraordinárias; e numa era política sombria em que a retórica exagerada podia ferir e matar, essa tarefa era mais urgente que de costume.

---

17 A observação foi feita por Frank Kermode na sobrecapa de *Using Biography*, de Empson (Londres: Chatto & Windus, 1984).

4
F. R. Leavis

William Empson detestava F. R. Leavis, um sentimento que não era raro no mundo literário da época. Eliot sentia praticamente o mesmo. Leavis alimentava uma antipatia semelhante por Empson. "Se você quiser estudar a personalidade de Empson, procure Iago", dizem que ele teria comentado.[1] Em vários aspectos, Empson e Leavis eram figuras opostas: enquanto o primeiro era cosmopolita, não moralista, de classe alta, divertido, com interesses literários ecléticos e um estilo de vida boêmio, o segundo era provinciano, austero, moralista, praticamente sem senso de humor (pelo menos no papel), extremamente sério, de classe média baixa, rigorosamente seleto em suas afinidades literárias e com um modo de vida tradicional. Era um exemplo clássico do *cavalier* contra o cabeça redonda.*

---

[1] Apud MacKillop, I. *F. R. Leavis*: A Life in Criticism. Londres: Penguin, 1997. p.207.

* Os cabeças redondas eram a oposição parlamentar a Carlos I (que governou de 1625 a 1649) na Inglaterra. Eles enfrentaram, juntamente com seus partidários, os *cavaliers* durante a Guerra Civil Inglesa. Seu nome decorre do fato de se recusarem a usar perucas como os *cavaliers*. Os cabeças redondas eram, em sua maioria, puritanos burgueses e camponeses revoltados com os abusos do rei. Eram liderados por Oliver Cromwell. (N. T.)

Também havia diferenças mais arraigadas. Se Empson era um racionalista, Leavis estava sintonizado com uma profundida na humanidade a que ele chamava de religiosa, embora não fosse, de modo algum, um crente ortodoxo.

Já vimos que Empson era um não conformista inveterado, e o mesmo pode ser dito de Leavis. Na verdade, ele foi, sem dúvida, o crítico inglês mais polêmico do século XX, venerado por um grupo fiel de seguidores e vilipendiado por boa parte dos colegas acadêmicos. Contudo, apesar do jeito inconformista, Empson se inseriu facilmente no *establishment* literário metropolitano, enquanto Leavis se recusou obstinadamente a fazê-lo. Empson era mais excêntrico que subversivo e não atacou o cânone literário nem o *establishment* social e cultural nos moldes de Leavis. Em parte por opção e em parte em razão do rancor que ele provocava, Leavis era um tipo de marginal diferente de Empson. Ele foi vítima de preconceito e discriminação, bem como objeto de ódio e zombaria, de uma forma que não ocorreu de modo algum com seu colega crítico. Os dois ocuparam posições marginais dentro da academia durante alguns anos: Empson, como vimos, ensinou no sudeste asiático, distante do círculo charmoso de Oxford, Cambridge e Londres, enquanto Leavis passou grande parte do início da carreira como professor autônomo temporário em Cambridge, sem nenhum cargo oficial. Ele só conseguiu um cargo universitário em tempo integral aos 50 anos de idade, foi eleito tardiamente membro de uma faculdade e só foi indicado para o cargo de professor associado da Faculdade de Inglês três anos antes de se aposentar. Posteriormente, ele se tornou professor visitante na Universidade de York; todavia, era o reconhecimento de Cambridge que ele buscava, sem, porém, jamais ter deixado de criticar muitas coisas que ela representava.

Embora afirmasse que todo trabalho intelectual sério ocorria às margens do mundo acadêmico, Leavis não estava de modo algum inteiramente satisfeito por ter sido relegado àquela zona fronteiriça. Sua companheira e colaboradora mais próxima, Queenie Dorothy

F. R. Leavis

Leavis, jamais obteve qualquer posição acadêmica oficial: não foi aceita como membro de uma faculdade e, posteriormente, lhe foi recusado o cargo de professora associada numa universidade. Contudo, nenhum dos Leavis se beneficiou muito do hábito de denunciar conspirações imaginárias contra eles (também havia algumas verdadeiras) nem dos ataques injuriosos contra os colegas. Era um exemplo clássico do que se poderia chamar de complexo de Rousseau: o paranoico que, por acaso, é realmente perseguido. (Rousseau agravava seus problemas sendo um hipocondríaco que estava sempre doente.) Ao contrário de Leavis, Empson passou seus últimos anos ocupando uma cátedra de professor e era respeitado por todo o mundo literário, ao passo que Leavis continuou sendo execrado e admirado ao mesmo tempo. Em termos de reconhecimento público formal, seria difícil imaginar Sir Frank Raymond Leavis, embora ele tenha aceitado, de maneira um pouco surpreendente, a condecoração da Ordem dos Companheiros de Honra, a mais elevada homenagem pública britânica, pouco antes de morrer.

Leavis nasceu em Cambridge em 1895, filho de um vendedor de instrumentos musicais cujos ancestrais eram artesãos rurais. Tirando um período como enfermeiro numa unidade de socorro *quaker* durante a Primeira Guerra Mundial, ele morou em Cambridge a vida toda, primeiro como aluno de uma escola fundamental, depois como estudante de História e de Inglês na universidade e finalmente como professor de Inglês na mesma instituição. Ele sempre falou com sotaque de Cambridge, mas um sotaque típico da cidade, não da universidade. Ao contrário de Richards e Empson, despreocupados e aventureiros, não aconteceu muita coisa em sua vida. Ele não foi atacado por bandoleiros chineses nem se sentiu eroticamente atraído por motoristas de táxi japoneses. Contudo, ele realmente transformou Cambridge no centro de uma campanha cuja influência espalhar-se-ia por todo o mundo e que transformou a natureza dos estudos de inglês.

Se T. S. Eliot já tinha redesenhado o mapa literário, Leavis ampliou ainda mais esse projeto. Ele estava constantemente mapeando, conectando, comparando, contrastando, traçando linhas de continuidade, inquirindo em que isso se relaciona com aquilo – uma atividade que ele denominou "localização". Na verdade, ele promoveu de tal maneira o projeto de Eliot que sobraram poucas reputações respeitáveis intactas. Os únicos grandes romancistas ingleses de verdade são Jane Austen, George Eliot, Henry James, Joseph Conrad e D. H. Lawrence, dois dos quais não eram nem um pouco ingleses. Dickens é inicialmente desprezado e depois exaltado. O período medieval é quase inteiramente ignorado, embora Leavis registrasse sua preferência por Chaucer em vez de Dante, em parte, talvez, para humilhar Eliot e em parte como um golpe patriótico na Europa continental. Edmund Spenser é definitivamente destronado; portanto, a literatura inglesa começa de fato com Shakespeare. Leavis partilhava a alta estima de Eliot pelos poetas metafísicos e pelos dramaturgos elizabetanos e jacobinos; ele também atacou Milton com muito mais violência que seu comedido colega. (A propósito, existe uma ironia nessa investida, já que tanto Milton como Leavis eram intelectuais públicos militantes, patriotas, de mentalidade puritana e dissidentes.)

Dryden e a Restauração não produzem muita coisa de valor, embora John Bunyan seja um autor digno de admiração. Enquanto Eliot era na maioria das vezes indiferente ao século XVIII, Leavis elogiava Pope e (de forma mais equivocada) Swift, bem como Samuel Johnson e uma série de escritores menos importantes da época. Como veremos posteriormente, ele tinha motivos para admirar a chamada Era Augusta, ao contrário de Eliot. Como este último, ele mapeou o que é, na maioria das vezes, uma história da degradação da sensibilidade do século XVII ao presente; entretanto, trata-se de uma decadência menos drástica que a de Eliot, já que este praticamente ignorava os românticos, que eram incompatíveis com seu temperamento clássico e ofereciam poucos recursos para sua prática poética. Ele também parecia pouco inspirado pelo romance do século XIX. Leavis, por sua vez, encontrou muito mérito em ambos. Quando a poesia mergulha na melancolia e no sentimentalismo no século XIX, uma das mais belas criações literárias europeias, o romance realista, passa ao primeiro plano. É a indiferença evidente de Eliot por esse gênero que aprofunda seu pessimismo literário. Na verdade, embora Leavis seja geralmente acusado de ter interesses excessivamente limitados, em certo sentido Eliot era ainda mais seletivo, pelo menos no que diz respeito à literatura do país que ele adotou.

Se Eliot dava pouca atenção aos românticos, Leavis fazia uma diferenciação rigorosa entre eles. Wordsworth, Coleridge e Keats na maioria das vezes estão dentro, enquanto Byron e Shelley estão indiscutivelmente fora. Dali em diante, realmente não é possível encontrar nenhum poeta extraordinário nos resíduos estéreis da poesia vitoriana até chegarmos a Gerard Manley Hopkins, um nome que dificilmente seria evocado no ambiente literário da época. Isso também vale para T. S. Eliot, de cuja poesia inicial Leavis foi um dos primeiros defensores. Ele também foi um defensor precoce de W. B. Yeats. *Hugh Selwyn Mauberley*, de Ezra Pound, uma obra pouco conhecida à época, é aclamada, mas seus *Cantos* são fulminados. *Ulysses*, de James Joyce, também recebe um tratamento ríspido. Virginia Woolf e seus companheiros de Bloomsbury são desprezados como uma tribo de estetas afetados e parasitas sociais, enquanto W. H. Auden e seus parceiros são denunciados por seu esquerdismo chique. O melhor romancista e crítico literário da era moderna é, sem dúvida, D. H. Lawrence. Existe uma sólida tradição poética que vem de Shakespeare, de Ben Jonson, dos poetas metafísicos e dos dramaturgos jacobinos até Pope, Wordsworth, Keats, Hopkins e Eliot, assim como um legado estéril que passa de Spenser e Milton a Shelley, Tennyson e Swinburne.

É interessante observar os paralelos e as diferenças entre Leavis e Eliot. O primeiro toma emprestado do segundo as doutrinas da impessoalidade e da dissociação da sensibilidade, bem como a ideia de tradição – embora a sua tradição seja menos uma entidade quase mística que a de Eliot, e ele dê mais importância ao autor isolado.

Ambos consideravam que a tradição era impregnada de valor, uma seleção de ancestrais moldada pelas necessidades e tendências do presente, não um registro neutro de autores do passado. Os dois críticos consideravam que o conjunto da literatura inglesa formava uma unidade orgânica e estavam atentamente sintonizados com o seu contexto social e histórico. Eles compartilhavam a crença de que os escritores precisavam estar plenamente conscientes de seu próprio tempo, inventando técnicas que fossem adequadas às maneiras de sentir e às formas de experiência contemporâneas. É isso que Leavis acredita que Eliot alcançou em seus primeiros poemas.

Eliot não era um acadêmico, e Leavis, embora fosse membro da tribo, considerava que o especialista em literatura era inimigo do crítico literário. Para ele, os hábitos intelectuais gerados pela pesquisa acadêmica são incompatíveis com a mente criativa e sutilmente perspicaz. Os dois pensadores eram pessimistas culturais que testemunharam a Queda de uma ordem social que admiravam e que deu lugar a uma era moderna corrompida, embora situassem suas civilizações ideais em séculos diferentes. Ambos estavam preocupados com a linguagem e a sensibilidade, apesar de Leavis colocar mais peso que Eliot no papel dos valores morais na arte literária. Embora tenha extraído muitas de suas ideias críticas deste último, grande parte de sua visão ética foi moldada por D. H. Lawrence. Como vimos, ele era mais aberto que Eliot ao romantismo e ao romance realista, enquanto Eliot era mais receptivo que Leavis ao período medieval, à experiência modernista e à literatura da Europa continental. Os dois críticos consideravam a linguagem poética como uma questão sensorial e quase fisiológica que resiste à abstração racionalista. Nenhum dos dois se encantava com as teorias gerais. Contudo, Leavis era um humanista liberal, ao passo que Eliot não era nem liberal nem humanista. Se o conservador Eliot estava preocupado com a ordem social, o liberal Leavis era apaixonado pela realização pessoal. Eliot acreditava em Deus, ao passo que Leavis punha sua fé numa versão secularizada da Divindade conhecida como Vida.

F. R. Leavis

Com que critérios Leavis emite suas opiniões extraordinariamente confiantes? A resposta se encontra parcialmente na sua visão peculiar da língua inglesa. Ele acreditava que ela era uma forma linguística na qual o concreto, o tangível e o sensorialmente particularizado são relativamente naturais e que é avessa ao abstrato, ao genérico ou ao teórico. No seu auge, ou seja, em sua forma mais poética, o inglês não somente indica coisas, mas também as encarna ou "interpreta". Ele apresenta aquilo a que se refere e cria o que transmite, de modo que não há separação entre as palavras e a experiência que elas registram. Como observa Leavis, referindo-se a alguns versos de John Donne, eles parecem fazer o que dizem. É o que o primeiro chama de modalidade de escrita "exploratório-criativa", ao contrário da que parece simplesmente refletir aquilo de que trata. Mude as palavras e você mudará o significado ou a experiência, o que não acontece com "Favor usar as saídas ao fundo". Poderíamos refazer o aviso e escrever "Por favor, queira fazer uso das saídas ao fundo" sem que o sentido fosse prejudicado. Poesia é o que não pode ser parafraseado. Consequentemente, Leavis discorda de Empson, que não vê nada de indecoroso em explicitar o significado de um poema. Leavis também é responsável por aquilo que Ogden e Richards chamam de "magia das palavras", ou seja, a crença na fusão da palavra com o objeto.

Um exemplo convincente disso surge na análise que Leavis faz de "Ao outono", de Keats, na qual o poeta escreve a respeito da figura alegórica do outono:

> E várias vezes como um colhedor manténs
> Firme tua cabeça pródiga ao atravessares o riacho

Ao saltar de um verso para o outro, afirma Leavis, somos levados a representar o movimento oscilante do próprio colhedor. Um exemplo menos convincente extraído da mesma passagem é seu comentário a respeito do trecho "Arqueias com maçãs os ramos musgosos":

a ação das consonantes compactadas em *"moss'd cottage trees"* [os ramos musgosos] é bastante clara: ali estão as árvores, com tronco e galhos retorcidos e sólidos, seus emaranhados frondosos fartamente carregados. Penso que não é extravagante julgar que (sendo o sentido o que é) a pronúncia de *"cottage trees"* também sugere a mordida crocante e o suco a escorrer quando os dentes trincam a maçã madura. (CP, p.16)[2]

Dá vontade de responder que, se isso não é extravagante, ser abduzido por um extraterrestre também não o é. Um pouco mais sugestiva é a sua visão de um verso do poema "The Vanity of Human Wishes", de Samuel Johnson – "Por isso os confiantes romanos abalaram o mundo" –, sobre o qual ele observa: "Esse 'confiantes' transforma o clichê ambíguo 'abalaram o mundo' no pulsar do tropel das legiões que se sentiu" (R, p.118).

O que Leavis faz é selecionar um tipo específico de inglês – picante, vigoroso, telúrico, musculoso e correto – e descobrir nele a

---

[2] As obras de Leavis citadas neste capítulo, juntamente com as abreviaturas utilizadas depois das citações para se referir a elas, são as seguintes: *New Bearings in English Poetry* (Londres: Chatto & Windus, 1932, republicado Londres: Chatto & Windus, 1961), NB; *For Continuity* (Cambridge: Minority Press, 1933), FC; *Revaluation: Tradition and Development in English Poetry* (Londres: Chatto & Windus, 1936, republicado Londres: Chatto & Windus, 1969), R; *Education and the University* (Londres: Chatto & Windus, 1943), EU; *The Great Tradition* (Londres: Chatto & Windus, 1948, republicado Harmondsworth: Penguin, 1962), GT; (Org.), *Mill on Bentham and Coleridge* (Londres: Chatto & Windus, 1950, republicado Cambridge: Cambridge University Press, 1980), MBC; *The Common Pursuit* (Londres: Chatto & Windus, 1952, republicado Londres: Faber & Faber, 2008), CP; *D. H. Lawrence: Novelist* (Londres: Chatto & Windus, 1955, republicado Harmondsworth: Penguin, 1978), DHL; *"Anna Karenina" and Other Essays* (Londres: Chatto & Windus, 1967), AK; com Q. D. Leavis, *Lectures in America* (Londres: Chatto & Windus, 1969, republicado em *Nor Shall My Sword*), LA; com Q. D. Leavis, *Dickens the Novelist* (Londres: Chatto & Windus, 1970), DN; *Nor Shall My Sword* (Londres: Chatto & Windus, 1972), NSS; *The Living Principle* (Londres: Chatto & Windus, 1975), LP; *Two Cultures? The Significance of C. P. Snow* (Cambridge: Cambridge University Press, 2013), TC.

própria essência da língua, de modo que aqueles que escrevem nessa linha são elogiados e muitos daqueles que não o fazem são lançados nas trevas profundas. Para ele, poesia é o que São João chama, num contexto mais elevado, de "o Verbo que se fez carne". Em outras palavras, sua concepção da linguagem é normativa, não simplesmente descritiva. Existe todo um conjunto de juízos de valor incorporados nela desde o início. O que poderíamos chamar de especificidade sensorial passou de fato a ser valorizado na poesia; porém, como vimos no caso de Eliot, isso ocorre mais no período romântico e pós-romântico do que na época da "Elegy", de Gray, e exigir isso da poesia ou da linguagem como um todo é certamente um absurdo. Para Samuel Johnson, o particular era relativamente insignificante e o geral, extremamente interessante.

A obra de Thomas Wyatt, John Clare, Arthur Hugh Clough ou Christina Rossetti não é especialmente picante ou vigorosa, mas também não pretende sê-lo. Enquanto Keats emprega adjetivos rebuscados como "vicejantes (*cool-rooted*)", John Clare provavelmente escreveria apenas "vermelhas". Hopkins deixa sua exuberância verbal correr solta, enquanto Yeats é despojado, com um vocabulário limitado composto basicamente de palavras não sensoriais como "pão", "louco", "pedra", "ave", "frio" e assim por diante. Isso não o transforma num poeta menor. Na verdade, boa parte da cultura inglesa é avessa ao abstrato e ao teórico, como sua tradição filosófica empirista sugeriria, mas isso nem sempre é uma virtude. Para o crítico do século XIX William Hazlitt, isso significa chafurdar como um porco no cocho dos sentidos, incapaz de ser digno de ter uma ideia. Mesmo assim, existe realmente um legado fundamental de poesia claramente sensorial em inglês, da qual Leavis é um excelente analista.

Segundo ele, existem outras línguas que simplesmente indicam objetos e experiências em vez de "interpretá-los". Suspeitamos que ele tem em mente sobretudo o francês, uma língua infeliz que é incapaz de realizar o que propõe. O romance francês de Balzac a Proust é totalmente descartado. Em outras palavras, está em ação aqui certo chauvinismo linguístico, uma das diferentes maneiras pelas quais Leavis se revela um inglês nacionalista. O fato é que aquilo que ele chama de uso "exploratório-criativo" da língua se aplica, em certa medida, à linguagem em geral, se com isso queremos dizer que as palavras desempenham um papel crucial na constituição de uma experiência ou estado de espírito, em vez de simplesmente reproduzi-lo. Isso se aplica tanto a "Ser ou não ser, eis a questão", em que a linguagem é delicadamente discreta, como a "É, mas viver no suor azedo de lençóis ensebados" ["*Nay, but to live in the rank sweat of an enseamed bed*"], onde os monossílabos cortantes e os *s* sibilantes transmitem uma sensação de raiva e de nojo, e o efeito geral é intensificado pelas vogais muito próximas e densamente texturizadas. É verdade que esse tipo de linguagem parece nos fazer sentir o que ela transmite, algo que "Quando nós três nos encontraremos de novo?" ou "Tente dormir um pouco" não faz. No entanto, descrever esse efeito em termos miméticos, como se as palavras de certa forma "encarnassem" ou "representassem" uma situação, é um equívoco. O que realmente acontece é que a materialidade da própria linguagem – o esforço indispensável para pronunciar um verso tão cheio e congestionado, o trabalho que isso exige dos lábios, da língua e do órgão fonador – nos lembra a materialidade que ela descreve. É uma questão de analogia, não de interpretação.

Portanto, a linguagem poética não deve ser meramente indicativa, como um conjunto de instruções para consertar uma máquina de lavar. (Contudo, é um sinal de flexibilidade mental que Leavis considere o poema de Johnson "The Vanity of Human Wishes" como uma obra importante, embora na sua opinião Johnson não tenha noção do uso exploratório-criativo das palavras e, consequentemente, o estilo da composição seja declaratório, reflexivo e expositivo.) A arte literária mais eficaz tem de ser concreta, não nebulosa; bem elaborada, não vagamente sugerida; poética, não extravagante. A linguagem como gesto e representação é o que conquista a aprovação desse crítico. Ele faz menção ao "corpo e à ação" das palavras, observando, a respeito de Gerard Manley Hopkins, que "suas palavras e frases são ações, além de sons, ideias e imagens, e devem [...] ser lidas com o corpo, além do olhar" (NB, p.172). Uma exploração semelhante do "corpo inteiro" da linguagem pode ser encontrada em T. S. Eliot. Na verdade, essa visão da poesia é influenciada profundamente pela própria crítica de Eliot. É a falta de corpo ou de "músculo cerebral" a responsável pela suposta anemia espiritual e intelectual de grande parte da poesia vitoriana. No entanto, se insistimos demais nesse argumento, corremos o risco de trair a causa em favor dos esteticistas, dos formalistas e dos simbolistas, concentrando-nos nas próprias palavras, e não naquilo que elas procuram registrar. É isso que Leavis considera tão deplorável em Milton, cuja linguagem, ao atrair a atenção para si mesma de maneira tão ostensiva, se interpõe entre o leitor e o significado ou a experiência. Tennyson e Swinburne também são criticados por se deleitarem com a musicalidade das palavras como um fim em si mesmo, o que a veia puritana de Leavis (da qual ele tinha certo orgulho) considera desagradavelmente autoindulgente.

Por conseguinte, a palavra não pode ser transparente – um mero veículo ou suporte do significado –, mas também não pode ser autônoma e egocêntrica, desligada da experiência da vida real. Às vezes Leavis prefere a primeira em vez da segunda, como quando escreve sobre o tipo de poesia que tem tanta vida e tanto corpo "que nem parece que estamos lendo arranjos de palavras" (LP, p.108). Como um cortesão experiente, a linguagem parece atingir o auge quando anula a si mesma. Na mesma linha, ele observa, sobre uma passagem de *Comus*, de Milton, que as palavras parecem se afastar da nossa atenção e que ficamos "imediatamente conscientes de uma teia de sentimentos e percepções" (R, p.49). No entanto, na maioria das vezes, Milton tem um sentimento *pelas* palavras, em vez de sentir *por meio* delas, como no estilo supostamente rebuscado e pedante de *Paraíso perdido*. O que há de errado com o poema é o fato de que aquilo que Leavis chama sugestivamente de "cadências acentuadas" e "desníveis e curvas" do seu linguajar deixa de expressar a experiência, atuando, ao contrário, de forma mecânica, como se estivesse no automático. É como se as palavras se movessem em um nível e o significado em outro. A linguagem foi separada de sua fonte viva na voz falada. Embora se perceba o que isso significa, parece estranho censurar um poeta por ter carinho pela linguagem.

Isso não acontece com Alexander Pope, acima de cujos versos "podemos imaginar uma curva tensa, flexível e complexa, representando a modulação, a ênfase e a mudança de tom e de ritmo da voz que lê; as curvas variam de um verso para o outro, e os versos se lançam sutilmente uns contra os outros" (R, p.31). É uma análise excepcional. Milton, por outro lado, abriu mão da língua inglesa – ou seja, da versão parcial que Leavis tem dela. Com os gestos pomposos, as batidas previsíveis e o ritual monótono da sua poesia, ele se mostra insensível à "natureza intrínseca" do inglês, manuseando-o de fora em vez de compreendê-lo como expressão da experiência vivida. Leavis até compara seu jeito supostamente mecânico com as palavras ao assentamento de tijolos.

Como então se esquivar de uma linguagem que meramente indica ou remete para o mundo e ao mesmo tempo se manter afastado de uma que se separou dele? A resposta está no tipo de poesia em que todo o conjunto da linguagem transmite todo o conjunto da experiência. É isso que Leavis quer dizer quando fala que um poema ou romance está plenamente *realizado*. As palavras devem ser sutis, sensoriais, vigorosas e densamente texturizadas – mas essas características decorrem da experiência ou da situação à qual elas dão voz, não simplesmente da sua própria essência. Parece haver duas visões de linguagem poética aqui, que não são fáceis de conciliar entre si. Por um lado, essa linguagem é basicamente expressiva, o que significa que ela tem de se manter próxima da experiência e atuar como um instrumento fiel dela; por outro lado, a linguagem poética é exploratório-criativa, o que significa que as palavras realmente constituem a experiência. "A experiência mais vívida, emocionante e sensorial de um ser humano", Leavis escreve, "está fatalmente ligada à língua que ele realmente fala" (NB, p.82). Não é como se Shakespeare, ao escrever *Rei Lear*, tivesse uma ideia que pode ser descrita como "de que modo vossos flancos mirrados e as cabeças desprotegidas, / vossos trapos ricos em furos e janelas / hão de o corpo vos proteger numa estação como esta?", a qual ele então passou a pôr em palavras. Na verdade, a ideia se forma no processo de formulação. O uso evocativo das palavras, escreve Leavis, permite aos poetas se tornarem mais conscientes de seus próprios sentimentos, de modo que a linguagem tem uma relação ativa com aquilo que os poetas sentem e querem dizer, em vez de agir como um suporte passivo disso.

A poesia, Leavis argumenta, atinge o ápice quando está enraizada na experiência real, porém nem sempre fica claro quão literalmente isso deve ser levado em conta. Até onde se sabe, embora Shakespeare jamais tivesse enfiado a espada num pedante chato à espreita atrás da cortina, a morte de Polônio em *Hamlet* acontece de forma bem realista. Leavis, porém, parece argumentar a favor de uma relação mais íntima entre o autor e a obra, uma ênfase biográfica rejeitada de imediato por Richards e ignorada na maioria dos casos por Eliot. Ele considera que a suposta antipatia de Swift pela humanidade resulta do "bloqueio e da perversão" de seus "canais vitais" (CP, p.86) e relaciona um desgosto similar com a vida em "Quatro quartetos", de Eliot, a um estado interno alterado do autor. Ele também se refere a escritores como Bunyan, Johnson e Lawrence como pessoas que gostaríamos de conhecer. Todavia, isso sugere uma ligação simplista demais entre vida e arte. Em primeiro lugar, nada garante que seria agradável conhecer Lawrence, uma pessoa temperamental, sem senso de humor e extremamente crítica, mesmo se o considerássemos o maior escritor desde Virgílio. (Leavis censura vários colegas críticos por desconsiderarem a perspicácia e o humor de Lawrence, mas isso acontece porque seria preciso um microscópio particularmente poderoso para enxergá-los.) No que diz respeito à relação entre arte e vida, não ficaríamos necessariamente desconcertados em descobrir que Dante era um assassino em série ou que Wordsworth nunca pôs os olhos numa montanha, e isso não faria a menor diferença para a leitura da obra deles.

A exemplo de Eliot, Leavis atribui uma grande importância à ideia de impessoalidade. Na verdade, ele considera que *A terra devastada* revela muito pouco dela – que "a Terra Devastada simbólica se destaca demais como a Terra Devastada de Thomas Stearns Eliot" (LA, p.41). A experiência pessoal do escritor deve se transformar numa obra que não é apenas um elemento de autoexpressão. A obra de arte é um fato social, não um fragmento autobiográfico. No entanto, Leavis também argumenta que a teoria da impessoalidade de Eliot exige um distanciamento grande demais entre a obra e seu criador, deixando pouco espaço para o artista individual. Lawrence, que ele considerava um crítico até melhor que Eliot, não enxergava essa lacuna entre o indivíduo que sente e o autor que cria. O conservador Eliot praticamente ignorava o homem ou a mulher que produz o texto, enquanto Leavis, que tinha uma visão liberal do indivíduo, ficava desconfortável com essa indiferença. (Ele realmente votava no Partido Liberal, além de apoiar o partido de outras maneiras.) Tanto Eliot como Richards fogem de um século XIX que deu uma ênfase exagerada à poesia como expressão subjetiva. Porém, enquanto Richards procurava diminuir o papel do autor individual se voltando para o materialismo científico, Eliot foi na direção oposta – do idealismo de F. H. Bradley, para quem o ego é uma espécie de ficção. O conceito de tradição de Eliot é mais uma manobra contra o subjetivismo, já que os autores individuais são reduzidos a pouco mais que transmissores de um legado muito mais valioso que eles. No fundo, Leavis resolve o problema de como preservar a impessoalidade e ao mesmo tempo valorizar a subjetividade recorrendo à obra de D. H. Lawrence, para quem o ego tipicamente individual tem suas origens numa profundeza que é tão impessoal como o próprio cosmo.[3] Exprimimos aquilo que não somos. No centro do ego se encontra aquilo que, incompreensivelmente, é diferente dele. O que está mais próximo de nós também é o que é mais estranho.

A versão ideal do inglês segundo Leavis encontra um exemplo supremo em Shakespeare, cujo uso exploratório-criativo da língua é incomparável. Ela também pode ser encontrada no "anglicismo arraigado e audacioso" e na solidez autóctone de Ben Jonson (R, p.17), bem como na "ousadia vigorosa e vibrante" da poesia de John Donne (ibid., p.12). É com Donne, Leavis afirma, que a linguagem de Shakespeare penetra pela primeira vez na poesia não dramática da Inglaterra. Contudo, quando a chamada dissociação da sensibilidade se instala, suas avaliações críticas ficam mais lúgubres. Wordsworth é admirado pela impessoalidade e pela sensibilidade lúcida, natural e "normal"; entretanto, a maioria dos seus sonetos é descartada como um lamentável blá-blá-blá, enquanto a ode "Intimations of Immortality" é acusada de ostentar uma imponência vazia. É difícil objetar a qualquer uma das críticas. A própria essência do estilo de Byron "é uma afronta insolente ao pudor e ao decoro" (ibid., p.149), uma frase em que se pode ouvir a voz do filho da respeitável classe dos lojistas. O altamente conceituado Shelley revela uma compreensão frágil do real, uma ausência de inteligência crítica e uma incapacidade de ver as coisas pelo que elas são. Cheia de hipocrisia poética e banalidades sentimentais, sua poesia é denunciada num gesto incrivelmente iconoclasta como "repetitiva, inconsistente, monotonamente narcisista e muitas vezes emocionalmente vulgar, e, portanto, num prazo não muito longo, entediante" (CP, p.221). Em vez de ser inerente a situações concretas, a emoção vem de fora e é inserida. Leavis

---

3 Para um excelente balanço desse e de outros temas teóricos na obra de Leavis, ver Cullen, B. The impersonal objective. In: MacKillop, I.; Storer, R. (Orgs.). F. R. *Leavis*: Essays and Documents. Londres: Continuum, 2005.

observa que o material pode ser arrebatador para quem tem 15 anos de idade, mas para mentes mais maduras ele é ilegível.

Tennyson "não oferece, como de costume, nenhuma vida local muito interessante digna de avaliação" (R, p.5), embora Christina Rossetti tenha "um estilo todo seu e uma singularidade tênue e limitada, mas muito marcante" (ibid., p.6) e Emily Brontë seja bastante elogiada. O mesmo não pode ser dito de Dante Gabriel Rossetti, com sua "evocação descaradamente vulgar de um platonismo romântico e falso" (CP, p.47). A impessoalidade da obra de Walter Savage Landor "é a do estilo rígido de um terno que para de pé vazio – impessoal porque não tem nada dentro" (ibid., p.285). O poema *Modern Love*, de George Meredith, considerado por muitos críticos da época como uma obra de destaque da poesia vitoriana, é "um produto espalhafatoso da exploração esperta e incomum, porém vulgar, de emoções baratas" (NB, p.59). O melhor poeta vitoriano é Gerard Manley Hopkins, cuja linguagem performática, precisão sensorial, musculatura e ritmo vibrante do discurso devolvem à linguagem um pouco da riqueza da qual ela foi despojada. Sua obra revela uma unidade entre forma e conteúdo (outra ideia que Leavis herda de Eliot), de modo que "o triunfo técnico é um triunfo do espírito" (ibid., p.182). Por outro lado, só é possível afirmar que alguns poemas de Thomas Hardy alcançam uma verdadeira grandeza, tendo em vista que seu autor escreve "com uma desídia composta do literário, do coloquial, do descaradamente prosaico, do convencionalmente poético, do pedante e do caipira" (ibid., p.59). É um jeito habitual de esnobar o homem que Henry James tratou de forma condescendente ao chamá--lo de "o bom menino Thomas Hardy" e do qual veremos Raymond Williams discordar.

Quanto ao movimento georgiano, "é justo que ele seja considerado um 'movimento', já que não pode ser considerado mais que isso" (ibid., p.62). Rupert Brooke foi vítima de um surto prolongado de adolescência, embora, com o olhar atento para a qualidade que lhe era peculiar, Leavis destaque o pouco conhecido Edward Thomas, tendo grande respeito por sua originalidade, sutileza técnica e sensibilidade nitidamente moderna. Ele também elogia o igualmente obscuro poeta da guerra Isaac Rosenberg, cuja habilidade técnica ele situa num patamar ainda mais alto que a de Thomas e a quem considera superior a Wilfred Owen. "A canção de amor de J. Alfred Prufrock", de Eliot, representa uma ruptura definitiva com o esteticismo e o sentimentalismo do século XIX, inaugurando uma forma de consciência profundamente moderna. Ela representa uma mudança radical ou um ponto de inflexão decisivo na história da sensibilidade. O poema explicita as maneiras de sentir de alguém cheio de vida para a sua idade – o que, na visão de Leavis, é sempre um sinal de valor –, e é impossível dissociar sua técnica de sua experiência. Por outro lado, os *Cantos*, de Pound, são vazios e intimidantes – uma intimidação que convive naturalmente com o fascismo e o antissemitismo do autor. Yeats, que evolui aos poucos, revela um jeito de escrever agradavelmente "despojado, rigoroso e vigoroso e com um tom sarcástico" (ibid., p.42), mas W. H. Auden é rebaixado por ser cerebral, imaturo e deselegante. Ele também se tornou cidadão norte-americano, apesar de ser "da classe alta inglesa e ter frequentado internato particular e Oxford" (AK, p.151), juntando, portanto, quatro pecados mortais em um. O fato de ele ter sido marxista na juventude tampouco o favorece.

A forma típica da avaliação crítica, Leavis afirma, é "Isto é assim, não é?", que, num tribunal de justiça, seria considerada a pergunta fundamental. Não é nem o ceticismo vazio de "Isto é assim?" nem o dogmatismo de "Isto é assim". Ela pede a concordância, a discordância ou a ressalva dos outros, naquilo que Leavis considera o processo intrinsicamente colaborativo da abordagem crítica. Uma avaliação literária pertence a quem a faz, ou não é nada; no entanto, ela nunca pertence simplesmente a quem a faz, do mesmo modo que uma língua não é propriedade privada de ninguém. A língua é na verdade "o resultado ou a precipitação da vida humana imemorial" (LP, p.44), como o é para o Eliot por quem Leavis é tão profundamente influenciado. "Uma língua *é* uma vida" (AK, p.183), ele insiste. Como a língua, uma obra literária é a realização de um processo cooperativo, não apenas o produto de um indivíduo. Ela só existe na confluência de ideias numa página impressa. Não é possível apontar para um poema; pelo contrário, ele existe num espaço virtual ou intersubjetivo, quando as marcas pretas na página são recriadas por uma comunidade de leitores.

A literatura, para Leavis, é cognitiva, o que, como vimos, não acontece com Richards e só acontece com Eliot de forma ambígua. As obras literárias nos geram conhecimento social e pessoal, em vez de simplesmente nos afetarem visceralmente ou restabelecerem o equilíbrio dos nossos impulsos. Na verdade, comparada com a história social apresentada pelos principais romancistas, a obra do historiador profissional lhe parece vazia e pouco esclarecedora. Contudo, estamos falando de uma forma única de conhecimento social, que não tem a ver com estatísticas ou tendências mensuráveis. Pelo contrário, a obra literária habita o que Leavis chama de "terceiro plano", situado em algum lugar entre o rigorosamente objetivo e o caprichosamente subjetivo. É onde acontecem todas as ações humanas mais importantes, e um termo alternativo para ele seria "cultura", no sentido amplo da palavra. Uma obra de arte literária não é um fenômeno objetivo como um ovo cozido ou um telefone celular, mas também não é algo puramente subjetivo. Ela não pode ser levada ao laboratório e dissecada, mas também não existe simplesmente na mente do leitor individual. Uma avaliação crítica pode ser tão equivocada como um erro de cálculo aritmético, mas não é equivocada do mesmo modo. Descrever o tom de um poema como melancólico não é apenas uma questão de sentimento subjetivo; de fato, só captamos o conceito de melancolia porque compartilhamos uma língua e um modo de vida. Mesmo assim, a avaliação não pode ser cientificamente demonstrada. Outros podem discordar, o que não acontece em relação à composição química da água. Quando se trata de literatura, o lugar da verdade e do significado é o diálogo infindável conhecido como crítica. Um significado, Leavis observa, é onde as mentes podem se encontrar – embora ele poderia ter acrescentado que é também onde elas podem se chocar.

"O objetivo do crítico", Leavis afirma, "é, primeiro, compreender da maneira mais sensível e completa possível tudo aquilo que pede a sua atenção; e uma certa valoração está implícita nessa compreensão" (CP, p.213). O crítico deve tomar posse da obra em sua plenitude concreta, "sentindo-se dentro dela", em vez de distribuir generalidades constrangedoras. Portanto, é preciso diferenciar a crítica da teoria e da filosofia:

> Pode haver uma função importante para um cérebro que, em sua preocupação sensata com o concreto, sua percepção das dificuldades e sua receptividade sensível às realidades, é indiferente ao rigor ou à abrangência teórica e não se importa de ser acusado de incapacidade pelo pensamento intolerante. (EU, p.143)

A crítica de Matthew Arnold, por exemplo, uma figura que Leavis superestima demais, revela "a flexibilidade, a sensibilidade, a constante delicadeza do toque, a inteligência que tem uma harmonia indissolúvel com um senso de valor atento e refinado [...]" (MBC, p.38). Houve alguns tipos literários que revelam "uma incapacidade de pensar com rigor", embora poucos deles racionalizem essa deficiência integrando-a à sua abordagem crítica. Se a filosofia depende do pensamento preciso, a crítica depende da sensibilidade precisa, porém uma sensibilidade influenciada por um tipo de inteligência especial e extremamente disciplinada. George Eliot, numa bela frase, "transforma análise em criação" (GT, p.61). Poderíamos observar que a desconfiança que Leavis tem da teoria é também, em certa medida, uma ansiedade com relação às ideias. Ele tem muito pouco a dizer, por exemplo, a respeito do conteúdo intelectual da ficção de George Eliot ou da visão de mundo de Joseph Conrad. Suas leituras se apegam demais ao que está escrito para se preocupar com isso.

Até agora, o leitor deve ter deduzido pelo menos duas coisas. Primeiro, que Leavis era um crítico extremamente polêmico. Certa vez, ele criticou um perfil que fizeram dele por retratá-lo de forma favorável demais. É um estilo que não o torna benquisto junto às pessoas decentes, para quem toda polêmica é inconveniente. Segundo, deve ficar claro que ele usava uma linguagem crítica peculiar que basicamente tinha sido criada por ele. Uma lista de seus termos favoritos inclui palavras como maduro, criativo, concreto, vital, excelente, sério, inteligente, certo, sutil, delicado, complexo, robusto, intenso, sensível, realizado, equilibrado, refinado, civilizado, controlado, organizado, orgânico, completo, preciso, responsável e disciplinado. Na verdade, às vezes suas frases parecem ser formadas por um remanejamento ritual dessas palavras-chave, como quando ele escreve a respeito de "Ode a um rouxinol", de Keats, dizendo que

> a intensa concretude local é a manifestação local de uma firmeza abrangente da compreensão do todo. O que o detalhe expõe não é simplesmente uma intensidade extraordinária da execução, mas também um acerto e uma delicadeza extraordinários do toque, uma firmeza do toque que é fruto de uma excelente organização. (R, p.245)

O linguajar só podia ser de Leavis ou de um parodista excepcionalmente sutil.

Contudo, essa lista de termos omite o que talvez seja o principal conceito leavista: "Vida". Leavis acreditava que, mais do que qualquer outra coisa, a grande literatura permite que nos sintamos mais intensamente vivos e mais sumamente realizados em nossa capacidade criativa. Poderíamos retrucar que, se nos sentimos mais vivos do que nunca só quando lemos *Middlemarch* ou *O arco-íris*, devemos estar num péssimo estado. Não há dúvida de que a literatura é importante, mas não é *tão* importante assim. Contudo, na maior parte do tempo, Leavis endossa essa avaliação: grandes obras literárias não são apenas exemplos de bem viver, mas expressam o que a vida cotidiana tem de mais enriquecedor e como podemos alcançá-lo. É nesse sentido que elas são "morais".

No entanto, como podemos determinar o que "contribui e o que não contribui com a vida"? Como a palavra "humano", "vida" oscila entre o sentido descritivo e o normativo. Ela pode significar como realmente vivemos ou como deveríamos viver. Na acepção puramente descritiva, o termo inclui violência, ganância, usurpação, tortura e coisas do gênero, e supomos que Leavis não esteja particularmente interessado em ver as obras literárias promovê-las. Ele emprega a palavra no sentido normativo, para indicar as manifestações da vida que devemos apreciar; todavia, ele não nos apresenta um modo de diferenciar entre elas e, digamos, o genocídio. Talvez seja a vida *criativa* que faça a diferença, mas, a seu modo sinistro, o genocídio é criativo. Ela implica ser inventivo e engenhoso, além de produzir uma situação que não existia antes. A palavra "inventivo" não é sempre positiva, independentemente do que a grande maioria dos tipos literários pareça pensar. Isso também se aplica ao conceito de empatia. Os sádicos precisam de uma boa dose dela.

Quando lhe pedem que explicite o que ele entende por vida em termos mais conceituais, Leavis recusa o convite. O motivo é que definir a vida seria acabar com ela, o que se mostraria autodestrutivo. Para Leavis, como para Nietzsche, a vida é inimiga da definição. Parece, portanto, que retornamos à intuição. Talvez simplesmente sintamos na pele o que contribui e o que não contribui com a vida. Contudo, o intuicionismo é uma forma de dogmatismo. Quanto a isso não há discussão. Ou você sente ou não sente. Pode ser que alguém sinta que todos os armênios nascem com o desejo de viver às custas do Estado e ponto-final. Além disso, esse intuicionismo só funciona de verdade dentro de uma confraria de pessoas que pensam igual, do tipo que (como veremos posteriormente) Leavis reuniu ao seu redor. Não precisamos discutir a respeito do que significa viver bem (a questão moral tradicional) se partilhamos praticamente a mesma situação e, portanto, estamos predispostos, antes de mais nada, a concordar. É verdade que a intuição desempenha um papel no pensamento abstrato, como quando os filósofos consideram que uma afirmação é contraintuitiva. Isso quer dizer simplesmente que seria precipitado se basear só nela. Ao mesmo tempo, podemos argumentar que, embora Leavis não *declare* o que ele entende por vida, ele nos *mostra*, e essa demonstração é o aspecto principal da sua crítica. Muitos dos seus textos sobre obras literárias conseguem habilmente atrair nossa atenção para detalhes oportunos, extremos impetuosos, ironias estimulantes, descrições vívidas e assim por diante. Seus princípios se concretizam em sua prática.

Entretanto, será que isso quer dizer que toda literatura autêntica tem de ser panglossiana? Tudo que vale a pena ler de *Beowulf* a Saul Bellow pode ser convocado para uma campanha em prol da saúde espiritual? Há momentos em que Leavis parece achar que sim. É certamente um argumento defendido por seu autor mais venerado, D. H. Lawrence, para quem a vida inevitavelmente acaba triunfando. Se alguém se mostra incapaz de transmiti-la, ela simplesmente o deixa de lado e procura sua encarnação em outro lugar – por exemplo, numa cobra ou num crocodilo, que, aos olhos de Lawrence, pode ser tão valioso como um ser humano. Para ele, o humano não tem nenhuma prioridade intrínseca sobre outras formas de vida animal. Ademais, a insistência de Lawrence de que as forças insondáveis da vida sempre prevalecerão não é apenas uma forma de determinismo espiritual, mas cheira a um triunfalismo crasso. Para ele, os homens e as mulheres não passam de instrumentos da vida, com pouca capacidade de agir por si sós. Espontaneidade, de fato, significa passividade. Não existe tragédia verdadeira em sua ficção, pois admitir o colapso e o fracasso do ser humano seria, segundo suas próprias palavras, "sacanear a vida".

Por sua vez, Leavis admite a realidade da tragédia, e não se poderia dizer de modo algum que todas as obras literárias que ele valoriza – entre elas *A pequena Dorrit*, *Coração das trevas*, *Nostromo* e *A terra devastada* – são notoriamente edificantes. É pelo sentimento de solidariedade diante das péssimas condições retratadas por elas, pelo alcance criativo e pela integridade verbal que podemos dizer que elas se preocupam com a vida. Nesse caso, "vida" tem a ver mais com tratamento que com conteúdo. Mesmo assim, imaginamos que Leavis hesitaria em admitir que pode haver um artista literário realmente importante (penso em Samuel Beckett) cuja visão da humanidade seja implacavelmente negativa. É verdade que ele classificou Jonathan Swift, compatriota de Beckett, como um grande escritor, apesar de sua suposta aversão pela humanidade; no entanto, é difícil compreender o porquê dessa classificação, já que ele também o considerava cruel, extremamente egoísta e nem de longe tão inteligente como William Blake. A alta qualidade que ele atribui a "Quatro quartetos", de Eliot, é fortemente nuançada por aquilo que ele considerava, com razão, sua antipatia pela vida cotidiana.

Leavis às vezes é descrito como um moralista, na tradição fecunda do pensamento moral inglês que vai de John Bunyan a George Orwell, embora seja preciso definir o que isso significa. Não significa que a literatura deve nos ensinar determinados valores morais, e sim que ela *é* uma forma de moralidade, aliás, a forma mais engenhosa que existe. Ao longo do século XIX ocorre um afastamento gradual da ideia kantiana de moralidade como dever e obrigação, passando-se a um sentido mais generoso e amplo do termo. No momento em que chegamos a Matthew Arnold, George Eliot e Henry James, a "moral" se refere às qualidades e aos valores evidentes no comportamento humano. Sua preocupação é a trama fechada das vidas humanas; como a literatura, e provavelmente o romance realista em particular, também está interessada nisso, o literário e o moral se tornam praticamente sinônimos. O termo "moral" começou a perder seu sentido didático, juntamente com sua sugestão de regras, códigos e proibições, tornando-se, em vez disso, o modo como se avalia a experiência vivida. Numa época em que as ortodoxias morais tradicionais estavam perdendo o controle dos homens e das mulheres, o romance se tornou a versão secular das Escrituras. Com a morte de Deus, a crítica literária ganhou um novo sopro de vida. O romance nos ensina a viver, não apresentando uma lista de regras, mas dramatizando as condições humanas. Ao nos dar acesso à vida interior dos indivíduos, ele permite, ao mesmo tempo, que os enxerguemos em seu contexto social, os situemos numa história específica e nos pronunciemos a respeito do seu comportamento, que leva em conta essas condições. Em razão da complexidade desses elementos, além do hábito do romance realista de demonstrar compaixão criativa, ele tende a estar atento às dificuldades dos juízos morais e, consequentemente, à necessidade de equilíbrio, nuance e um senso de tolerância. Ele é, em outras palavras, uma forma liberal, mesmo que isso de modo algum seja verdade para todos os seus praticantes.

Na análise que faz do romance inglês em *The Great Tradition*, Leavis o considera uma das forças morais mais criativas da civilização inglesa. Sua seleção de apenas cinco romancistas como incontestavelmente importantes provocou muita zombaria e indignação; todavia, ele não afirma que esses são os únicos autores cuja leitura vale a pena, além de elogiar, *en passant*, vários outros escritores. Ainda assim, a estreiteza e o rigor excessivo dos quais ele é frequentemente acusado são uma característica visível da obra. Walter Scott é relegado a uma vexatória nota de rodapé, Dickens é descartado como um mero animador de auditório, o desajeitado Thomas Hardy não está à altura, James Joyce carece de qualquer experiência de vida autêntica, e não existe nenhuma ficção inglesa realmente notável antes de Jane Austen. A exceção é John Bunyan, que "tem um valor incomparável para a consciência anglófona" (GT, p.11), mas também é relegado a uma nota de rodapé. As irmãs Brontë são tratadas numa nota anexada ao texto principal. Trollope, Gaskell, Thackeray, Meredith e Virginia Woolf são rapidamente dispensados. *Clarissa*, de Samuel Richardson, é "realmente impressionante", porém, por ser a mais longa obra de ficção em inglês, exige uma quantidade proibitiva de tempo para ser lida. Além disso, "quanto mais [Richardson] tenta lidar com damas e cavalheiros, mais insuportavelmente vulgar ele é" (ibid., p.13). O engraçadíssimo e protomodernista *Tristram Shandy*, de Laurence Sterne, um dos mais belos antirromances da literatura, não é apenas irresponsável por sua "leviandade", mas decididamente indecente.

Por outro lado, Leavis certamente tem razão ao dizer que Austen, Eliot, James e Lawrence sobrepujam os Trollopes, Gaskells e Thackerays, embora superestime Conrad e tenha a costumeira opinião inflada a respeito da novela de segunda *Coração das trevas*. De maneira geral, ele tem um excelente faro para a qualidade, apesar de, em *New Bearings in English Poetry*, se derramar em elogios por um poeta obscuro e ex-aluno seu chamado Ronald Bottrall, de quem poucas pessoas à época tinham ouvido falar e de quem ninguém ouviu falar desde então. Esse tipo de discriminação rigorosa não está muito em voga na cultura pós-moderna, que tem pouca predileção por "hierarquias". A verdade, certamente, é que, embora possamos ficar obcecados com classificações e ordens de precedência, o ato de discriminar é uma característica normal da vida diária em sociedade, e é difícil entender por que a literatura deveria ser excluída dele. Aqueles intelectuais que o repudiam num surto de populismo é que realmente estão fora de sintonia com a prática corrente. Por que devemos nos pronunciar sobre bandas de rock e times de futebol mas não sobre poesia ou música de câmara?

Leavis certamente se dedica demais às tabelas de classificação, mas sua vontade de avaliar deve ser considerada no contexto do ambiente literário que ele critica, que às vezes parecia acreditar que fazer juízos de valor não só era algo prepotente como deselegante. Numa epígrafe a *The Common Pursuit*, Leavis cita uma passagem de *Goodbye to All That*, de Robert Graves, na qual o autor, quando era estudante de Inglês em Oxford, é censurado por uma banca de acadêmicos por ter a audácia de preferir alguns autores a outros. Um cavalheiro não aceitaria material inferior no cânone literário, do mesmo modo que não o aceitaria em sua adega. Numa curiosa ironia histórica, essa hostilidade antiquada a distinções claras foi retomada pelo pós-modernismo, que se notabilizou por denunciar como "elitista" o ato de preferir uma coisa a outra. No entanto, não é elitista classificar a obra de Quentin Tarantino acima de *Mary Poppins*. Será que também é inaceitável valorizar mais o antirracismo que o racismo ou alimentar os famintos em vez de deixá-los morrer de fome? E defender a opinião de que os juízos de valor são elitistas não exclui injustamente aqueles que acreditam no contrário? Talvez o comentário mais perspicaz a respeito de avaliações literárias tenha sido feito pelo crítico de Cambridge Graham Hough, que foi aprisionado pelos japoneses durante a Segunda Guerra Mundial e que posteriormente observou que, quando nos encontramos num campo de prisioneiros com desinteria e uma coletânea poética de Yeats, descobrimos quais são os grandes poemas.

Veremos posteriormente que a preocupação de Leavis com a qualidade estava relacionada à função social fundamental que ele atribuía ao estudo de Inglês. Enquanto isso, mencionemos o que ele considerava mais valioso na ficção que analisou. Todos os cinco romancistas que ele escolhe supostamente "se destacam pela capacidade fundamental de experimentar, uma espécie de abertura reverente diante da vida, e uma acentuada intensidade moral" (GT, p.17). Se isso se aplica a Conrad, que tem um veio quase niilista herdado de Schopenhauer e Nietzsche, ou se esses termos lawrencianos são realmente adequados a Jane Austen é uma questão que certamente vale a pena suscitar, um pouco como "abertura reverente" parece mais típico de George Eliot que de Jane Austen. Leavis afirma que Eliot trouxe para o romance, da sua formação evangélica, uma postura profundamente respeitosa diante da vida. Seus padrões morais são puritanos e, a exemplo dos padrões do próprio Leavis, têm origem numa respeitável educação pequeno-burguesa. Ele omite que essa intelectual emancipada vivia numa relação não marital com sua namorada. Também pode ser um pouco cansativo conciliar esses valores puritanos com uma abertura reverente à vida, por mais imprecisa que seja a definição desse conceito.

Existe uma animosidade de classe presente aqui. Quando Leavis evoca a "autenticidade, a castidade, a diligência e o autocontrole admiráveis" de George Eliot, bem como "sua desaprovação da vida desregrada, da irresponsabilidade, da falsidade e do comodismo" (GT, p.23n), ele está citando as palavras do lorde David Cecil, aristocrata e docente de literatura de Oxford que lembrava muito mais um *cavalier* que um cabeça redonda. (A propósito, como Cecil aparentemente não admite que o mundo está quase transbordando de gente que detesta a autenticidade e canta louvores à mentira, a força de seu argumento é um pouco atenuada.) Ao considerar, corretamente, as palavras de Cecil como a condescendência do aristocrata para com o pequeno-burguês, Leavis insiste que esses valores estão entre aqueles que ele tanto preza e que "o refinamento, o esteticismo ou a sofisticação que sente uma superioridade divertida em relação a eles leva, a meu ver, à banalidade e ao tédio, e que da banalidade brota o mal" (ibid.). Por sua profundidade e importância moral, o grande romance inglês é, entre outras coisas, uma crítica da frivolidade da classe alta, dos estetas de Bloomsbury, dos parasitas sociais, dos críticos amadores refinados e do academicismo de Oxford. Jane Austen com certeza teria ficado surpresa ao ouvir isso. No entanto, a própria Austen satiriza a aristocracia, e os instintos de classe de Leavis, nesse caso, certamente são confiáveis.

Como Richards antes dele e Raymond Williams depois dele, Leavis desconfia do termo "estético", que ele entende como sendo a atenção à forma artística às custas do conteúdo moral. Isso significa equiparar a estética ao formalismo ou ao esteticismo, um pouco como alguns críticos, de maneira equivocada, só enxergam no tema questões de beleza e valor e a experiência única que a arte supostamente proporciona. Leavis afirma que não é possível fazer essa distinção no caso da ficção inglesa séria. O interesse de Jane Austen pela "composição", os princípios por meio dos quais ela organizava seu material, é inseparável de seus valores morais. "Existe algum grande romancista", Leavis pergunta, "cuja preocupação com a 'forma' não tenha a ver com a concretização profunda de sua responsabilidade em relação a um forte interesse, ou complexo de interesses, humano(s)?" (ibid., p.40). A perfeição formal de um livro como *Emma* tem de ser vista em termos das preocupações morais de Austen e de seu envolvimento com a "vida". Por sua vez, as produções de Henry James mais próximas do final da carreira, com seu estilo intrincado, seu excesso de rodeios e suas descrições minuciosas, não são guiadas o suficiente por um sentimento de valor moral. Como disse outro crítico, James entregou menos do que era capaz. Leavis afirma que ele era um autor que "não tinha vivido o bastante" (ibid., p.181), embora se possa acrescentar que ele produziu algumas obras literárias magníficas por causa dessa mesma incapacidade. *Os embaixadores* é descartado como uma obra composta por floreios frágeis, enquanto *As asas da pomba* é espalhafatosamente confusa e insuportavelmente sentimental. Em ambos os casos, a forma ofusca o conteúdo.

Leavis afirma que essa história de "valores literários" não existe. O mérito de uma obra literária depende da sua sensibilidade aos valores implícitos na vida cotidiana e da profundidade e complexidade com que ela os examina. No entanto, ele também exigia que as obras literárias fossem bem "organizadas", o que parece uma espécie de valor literário. *Nostromo*, de Conrad, "forma um padrão rico e sutil, porém extremamente organizado" (ibid., p.211), embora Leavis seja perspicaz o suficiente para perceber que existe um vazio em seu núcleo. Os melhores romances de James "têm a vida abundante e vigorosa dos organismos bem alimentados" (ibid., p.179), o que os faz parecer mais com animais de criação que com obras de ficção. Todos os aspectos de uma obra têm de contribuir para o significado do todo; não há lugar para relaxamento nem redundância. *Ulysses*, de Joyce, é criticado por sua natureza inorgânica, por não ter nenhum princípio organizador central. (Na verdade, seu próprio título anuncia um princípio organizador.)

A exigência de as obras de arte serem firmemente unificadas é no mínimo tão antiga quanto Aristóteles, mas vinha sendo contestada na própria época de Leavis pelo modernismo, que não via nenhum motivo para que uma obra não fosse fragmentada, dissonante ou internamente conflitante. Embora raramente empregue a palavra "modernismo", Leavis não é totalmente insensível a esses projetos: daí sua admiração por *A terra devastada* e por um grande número de textos experimentais. Alguns dos romances de Lawrence, principalmente *O arco-íris* e *Mulheres apaixonadas*, são, na sua opinião, mais ousadamente inovadores na forma que qualquer outra obra da época. Ainda assim, de um modo geral, ele continua firmemente apegado à poética realista. A vida real e a experiência vivida são a raiz principal da ficção séria, e o excesso de experiências formais põe em risco o contato com esse fundamento. O perigo é exemplificado sobretudo por Gustave Flaubert, em cuja obra encontramos uma preocupação estéril com a técnica associada a uma aversão pela vida. James Joyce está rumando diretamente para o mesmo impasse. O formalismo é uma armadilha específica dos estrangeiros.

Às vezes, Leavis define o romance como um "poema dramático", ou seja, tudo menos um romance. Com isso, ele quer dizer que devemos romper com a análise antiquada de personagens e enredo para avaliar a obra como um padrão organizado de temas e imagens. O romance é basicamente uma obra de linguagem, não do personagem, da psicologia e da situação. (A propósito, William Empson não concordava com essa opinião, defendendo que a análise de personagens, por mais que estivesse fora de moda à época, continuava relevante.) No entanto, ao analisar obras de ficção, Leavis recorre com frequência à conversa tradicional sobre personagem, circunstância, trama e narrativa, desconsiderando a criatividade do texto e tratando-o, pelo contrário, como uma parte da vida real. Também é verdade que, embora esteja tão comprometido com a chamada leitura cerrada como Richards e Empson, ele frequentemente cita longos trechos – que às vezes chegam a ocupar uma página inteira – de obras literárias sem as submeter a um exame verbal minucioso.

O romance, portanto, é o grande Livro da Vida. Em *The Great Tradition*, só uma das obras de Charles Dickens atende a esse critério: o esquemático e grotescamente caricatural *Tempos difíceis*. Isso se deve em parte ao fato de ele ser curto o suficiente para constituir uma unidade orgânica, ao contrário da "abrangência imprecisa" das outras obras do autor, e em parte ao fato de ele ser o único romance de Dickens que é explicitamente *sobre* a "vida", no sentido de contrastar a doutrina mecanicista do utilitarismo com a vitalidade espontânea de um circo. Leavis menciona "a riqueza de vida impressionante e irresistível que caracteriza todas as partes do livro" (ibid., p.257) e descobre em uma das artistas do circo, Sissy Jupe, o protótipo da heroína lawrenciana, representando "a vida que é vivida livre e generosamente no mais profundo das forças instintivas e emocionais" (ibid., p.254). Não fica claro como os palhaços e os trapezistas transformarão o capitalismo industrial desalmado que constitui o contexto social do livro. Eles podem oferecer uma alternativa anarquista a ele, mas essa é outra história. Na figura de Gradgrind, o utilitarismo é reduzido a um frio calculismo, ignorando o fato de que ele foi responsável por inúmeras reformas progressistas na sociedade vitoriana. Leavis está atento a alguns erros do romance – a caricatura brutal do movimento sindical, por exemplo, que era uma força social mais benéfica na Grã-Bretanha vitoriana que os domadores de leão. Ele também constata o pieguismo com que o livro trata Stephen Blackpool, seu confuso e subserviente herói operário. No entanto, esses defeitos acabam sendo deixados de lado. Somos informados de que, "com a exceção de Shakespeare, certamente não existe ninguém que domine a língua inglesa com a fluência e a intensidade [de Dickens]" (ibid., p.272). Sendo assim, é estranho que apenas um de seus romances possa ser resgatado da lata de lixo da história da literatura.

Apesar disso, esse constrangimento específico seria sanado posteriormente. Tratado com condescendência em *The Great Tradition* como, no máximo, um grande animador, Dickens seria reabilitado posteriormente em *Dickens the Novelist*, uma extensa análise em coautoria com Queenie Leavis. Descobrimos, então, que ele "foi um dos escritores mais criativos" (DN, p.ix) e que rejeitá-lo como um animador seria totalmente equivocado. Incrivelmente, no entanto, não há nenhum reconhecimento de que foi exatamente isso que Leavis fez vinte anos antes. A linha do partido mudou, mas, para manter a aparência de autoridade infalível, a *volte-face* tem de ser discretamente suprimida. Como observou um funcionário do Vaticano a respeito da possível revogação da proibição dos anticoncepcionais pela Igreja Católica, isso significaria apenas que a Igreja tinha passado de um estado de certeza para outro estado de certeza.

Se Leavis se converteu à paixão por Dickens, no caso de Lawrence não foi necessária uma epifania semelhante à do caminho de Damasco. É verdade que um antigo panfleto dele sobre o escritor contém algumas ressalvas: ele acha *O arco-íris* monótono e considera que a acusação de Eliot de que seu autor era espiritualmente doente não deixava de ter algum fundamento. Leavis também rasga elogios a *O amante de lady Chatterley*, um romance que ele viria a considerar medíocre, com razão (embora tenha defendido sua publicação no tribunal). Contudo, na época de *D. H. Lawrence: Novelist*, 25 anos depois, mal se pode identificar um pingo de crítica ao "nosso último grande escritor" (DHL, p.9) ("último" não significa apenas "mais recente", mas que – tendo a civilização moderna falido do jeito que faliu – é improvável que encontremos outro da sua estatura). Substantivos como "grandeza", "genialidade" e "transcendência" se sucedem de roldão. É curioso ler essa prosa laudatória hoje, tendo em vista que, desde então, a história tornou Lawrence difícil de ler para um grande número de estudantes. Tudo que alguns deles sabem a seu respeito, além, talvez, dos rumores do julgamento de *Lady Chatterley*, é que ele era racista, sexista, elitista, misógino, homofóbico e antissemita adepto das "hierarquias de sangue", o que hoje em dia não é o maior dos incentivos para retirá-lo da estante da biblioteca. Quase nenhum desses pontos de vista horrorosos pode ser extraído da narrativa totalmente asséptica de Leavis – nem tanto porque ele os omite, mas sim porque ele quase não parece ter consciência deles. É uma visão profundamente parcial do seu tema.

Também é profundamente parcial o preconceito de que Lawrence nada mais é que um exemplo monstruoso de incorreção política. Não resta dúvida de que ele tinha inúmeras opiniões ofensivas, mas ele também foi, de maneira irregular e esporádica, um artista extremamente talentoso que produziu algumas das obras-primas da ficção inglesa moderna. Seria conveniente se a arte politicamente abominável sempre fosse um material de baixa qualidade artística, mas as coisas não são tão simples assim. Além disso, mesmo em termos políticos, Lawrence tem muito a oferecer. Ele pode ter sido sexista e homofóbico, porém, por ser filho de minerador, ele também era um crítico feroz do capitalismo industrial. É um sistema que envolve o que ele chamou de "pressão cruel de toda a energia humana para que se entre em competição pela mera aquisição".[4] A propriedade, ele observa, é uma doença do espírito. Não somos donos nem de nós mesmos. Como Lawrence observa a respeito de Tom Brangwen em *O arco-íris*, "ele sabia que não pertencia a si mesmo". Somos administradores de nossos eus, não seus proprietários. Também nos confrontamos uns aos outros irredutivelmente como "outros", e procurar definir a essência do outro é um crime capital.

Para Lawrence, o controle que a humanidade exerce sobre a natureza é uma consequência catastrófica do humanismo moderno. Uma vontade autoritária desconectou a espécie humana de seu envolvimento sensorial com o mundo das criaturas. Lawrence também tinha como objetivo restaurar o fluxo e refluxo da vida criativa e espontânea entre os homens e as mulheres, um fluxo amortecido e prejudicado por uma moral puritana e uma sociedade mecanicista; o romance é seu principal veículo para tal. Se *O amante de lady Chatterley* é um espetáculo audacioso, não é por falar de pênis e vaginas. Ele

---

4 Apud Williams, R. *Culture and Society, 1780-1950*. Londres: Vintage Classics, 2017. p.265.

é corajoso porque, apesar de tudo – exílio, fúria, isolamento e semi-desespero –, Lawrence se recusa, por fim, a negar o que considera a criatividade inesgotável do espírito humano. Ele não pode ser reduzido à misoginia e ao antissemitismo, como veremos quando chegar o momento de analisar os comentários de Raymond Williams sobre sua obra.

Leavis se refere às vezes à obra de Lawrence como "religiosa", o que não quer dizer que ele é um crente ortodoxo, mas que a sensação de pertencer a uma profundidade criativa que vai além de si mesmo é típica da experiência religiosa. Lawrence não dá a esse abismo insondável o nome de Deus, mas o que ele chama de vida criativo--espontânea é certamente uma versão do conceito cristão de graça. Ele é, em outras palavras, um genuíno escritor metafísico, como o é Joseph Conrad, porém de uma maneira radicalmente diferente; e isso assinala um aspecto muito curioso da chamada grande tradição do romance inglês. Os autores que ela engloba podem conviver bem em termos de qualidade literária (embora até mesmo isso seja discutível), mas é um pouco incompatível colocar Conrad e Lawrence ao lado de Jane Austen e Henry James. Os dois primeiros abordam as questões mais fundamentais acerca do lugar da humanidade no cosmos. Eles exemplificam o tipo de indagação que Leavis faz várias vezes em sua obra, como a pergunta "Por quê? Afinal, qual é o nosso parâmetro de vida?". Por sua vez, Austen, Eliot e James estão menos preocupados com o cosmos que com a civilização. Eles são mestres dos costumes e da moral, não da Alteridade e da transcendência.

Esse contraste corresponde a duas facetas opostas do próprio Leavis. Por um lado, ele é um paladino da sociabilidade, do "bem viver", dos relacionamentos civilizados e do refinamento moral. Henry James "cria uma sensibilidade civilizada ideal; uma humanidade capaz de se comunicar nos mais belos tons de inflexão e de envolvimento; uma nuance pode envolver todo o complexo de uma economia moral" (GT, p.26). Ao escrever a respeito da novela

Madame de Mauves, de James, Leavis entendeu que o autor procurava uma civilização "na qual os costumes correspondentes à arte madura do relacionamento social são o indicador de um refinamento moral do melhor da raça norte-americana e de uma seriedade que exigirá a maturidade da cultura humanista" (ibid., p.160). Por outro lado, um dos compatriotas de James, F. Scott Fitzgerald, carece até de "um senso de decoro elementar que pensávamos que tornaria possível o relacionamento civilizado".[5] O fato de Fitzgerald ser alcoólatra talvez não seja irrelevante para essa avaliação irritada. Obviamente, os costumes e o relacionamento social não são questões superficiais; pelo contrário, eles alcançam as fontes mais profundas da cultura e da moral. Ben Jonson, por exemplo, alia seu anglicismo arraigado e atrevido a um refinamento civilizado. Se o poeta do século XVII Andrew Marvell representa para Leavis o auge da civilização inglesa, é porque ele é ao mesmo tempo cortês e profundo.

No início do século XVIII, a chamada boa forma ainda era moralmente significativa. Ela fazia parte de uma esfera pública do senso comum, do discernimento e do discurso cordial e não especializado. As virtudes "augustas", Leavis escreve numa frase elegantemente perspicaz, incluem "uma dicção e um tom naturalmente corretos, um rigor e equilíbrio de movimentos e gestos, uma elegante consistência argumentativa e até mesmo o decoro" (R, p.148). O poeta do século XVII Thomas Carew revela uma "sofisticada galhardia" que não tem nada de "libertino ou vulgar – nada da *Wild Gallant*;* sua serenidade cortês não tem nada da insolência da Restauração" (ibid., p.16). Para Leavis, houve uma mudança de sensibilidade, que passou do clima dissoluto da Restauração no final do século XVII para a seriedade moral bem-comportada da época de Addison e Pope. Para este último, a palavra "ordem" não é um termo vazio, mas "um

---

5 Apud MacKillop, *F. R. Leavis*. p.169.

* Comédia teatral do período da Restauração escrita por John Dryden e que estreou em 1663. (N. T.)

conceito precioso concretizado de maneira criativa" (ibid., p.92). A poesia de Pope é "ao mesmo tempo delicada e intensa" (ibid., p.71), aliando elegância e profundidade espiritual. Longe de ser uma conversa de salão superficial, a polidez está a serviço da cultura e da civilização. Alguém poderia acrescentar que, independentemente da avaliação positiva que ele faz da cortesia, o próprio estilo de prosa de Leavis dificilmente é um modelo disso. Um dos críticos identifica em sua maneira de escrever laivos de probidade puritana e uma aversão a se exibir, além de suavidade.[6] Ele sacrifica a boa forma e a genialidade em nome da verdade nua e crua.

Quando está num estado de espírito cívico, Leavis se dispõe a rejeitar a existência de qualquer diferença fundamental entre o indivíduo e a sociedade – uma oposição que ele considera, com ressalvas, uma ilusão especificamente romântica. Ele chega até a afirmar que a literatura séria tende inevitavelmente ao sociológico, mesmo que ela nos proporcione um tipo de conhecimento social único. A verdade fundamental do romance, ele defende, é a natureza social do indivíduo, o que, para um liberal, é um ponto de vista um pouco surpreendente. No entanto, existe uma ênfase social evidente em toda a obra de Leavis. Não se pode ter uma dramaturgia pujante, ele insiste, sem um teatro público, o qual, por sua vez, é inviável sem uma verdadeira comunidade. O sucesso de Shakespeare seria incompreensível fora do contexto social que moldou sua forma de expressão, enquanto a obra de John Bunyan resulta do sucesso colaborativo conhecido como língua inglesa. Ao mesmo tempo, Leavis está ciente do perigo de socializar tanto a arte como o indivíduo fora da existência, insistindo, ao contrário, que a sociedade só existe na essência das vidas individuais. "Sem o indivíduo distinto", ele adverte, "[...] não existe arte importante" (AK, p.179). É como se o liberal dentro dele estivesse em guerra com o comunitário. No entanto, os dois pontos de vista podem ser compatibilizados: Samuel Johnson é um "gênio da

---

6 Ver Bell, M. *F. R. Leavis*. Londres: Routledge, 1988. p.72.

individualidade sólida e atrevida" (CP, p.104), embora também valorize a civilidade, a sociabilidade e as convenções sociais. Ele enxerga a sociedade como uma empresa em atividade, de uma forma que significa que ele não precisa ter consciência dela.

Portanto, o interesse de Leavis pelo início do século XVIII brotou em parte da sua convicção de que uma literatura florescente exige uma esfera pública vibrante. É esse espaço de avaliações criteriosas e debates civilizados, estimulados por um estado de espírito racional livre e altruísta, que ele esperava reconstruir em sua própria época. Se Eliot foi muito menos fascinado por esse período histórico, isso ocorreu basicamente porque ele estava em busca de um passado que pudesse ser proveitoso para sua própria arte literária, ou seja, uma era de conflitos e divisões, não de refinamento e consolidação. No entanto, existe uma linha tênue entre o respeito profundo pelas convenções sociais e o respeito superficial por elas. "A civilização otimista, centrada e confiante que nos é apresentada em *The Tatler** e *The Spectator* é impressionante", Leavis escreve, "mas não é preciso fazer uma análise profunda para extrair dessas páginas insossas a fragilidade de uma cultura que faz do Cavalheiro, enquanto Cavalheiro, seu critério" (CP, p.103-4). Precisamos defender a civilidade contra os bárbaros e os individualistas românticos, mas como fazê-lo sem trair o movimento e se render ao que Leavis chama sarcasticamente de "cultura de coquetel" de Bloomsbury? É um meio para o qual até Eliot, para desgosto de Leavis, tinha estendido a mão, trocando experiências de vanguarda por conversas fiadas sofisticadas. Ele chega até a reclamar do fato de o grupo de Bloomsbury chamar Eliot de Tom (todo mundo o chamava de Tom), ao mesmo tempo que é difícil imaginar Virginia Woolf chamando Leavis de "Frank" ou mesmo

---

* Revista literária britânica fundada por Richard Steele em 1709 e que durou dois anos. Ela representou uma nova abordagem jornalística, publicando ensaios refinados sobre hábitos contemporâneos. Richard Steele e Joseph Addison encerraram a revista e retomaram o projeto com outra publicação similar, *The Spectator*. (N. T.)

permitindo que ele ultrapassasse a soleira da porta de sua casa. O Eliot do final da carreira, cuja antipatia por Lawrence Leavis considera ofensiva, se vendeu a uma confraria que, para Leavis, é o oposto de uma elite. Esta representa a consciência mais sensível e inovadora de uma época, cultivando valores sem os quais a civilização desaparecerá e protegendo-os dos banqueiros e políticos filistinos; já a confraria é uma cambada presunçosa de parasitas sociais cuja função principal é saborear sua própria superioridade.

A ideia de civilidade apresenta outros problemas. Leavis era um dissidente que preferia, na maioria das vezes, se diferenciar da sociedade, pelo menos em sua forma atual, em vez de se adaptar a ela. Se ele conseguiu apoiar um ideal social, isso ocorre a despeito da ordem social a que ele pertencia. A palavra que ele usa para se referir a si mesmo e a seus seguidores é "marginais". A "mistura engenhosa de animosidade com urbanidade" de Pope (R, p.93), outra visão crítica habilidosa, sugere que é possível ser dissidente e sofisticado ao mesmo tempo, mas o próprio Leavis pende a balança muito nitidamente para o primeiro. Diziam que pessoalmente ele era a gentileza encarnada, mas também que cultivava uma espécie de boemia. E. M. Forster, como Leavis um liberal dedicado ao livre exercício da inteligência crítica, é um romancista das relações pessoais civilizadas que, no entanto, se sentia profundamente insatisfeito com a civilização; todavia, Leavis, depois de entoar loas a Forster num ensaio mais antigo, se voltou veementemente contra ele, como fez com tantos autores e colegas. (Entre eles o amável e humilde Richards, que, ao deixar um bilhete para Leavis parabenizando-o por ter se tornado um membro da Ordem dos Companheiros de Honra, recebeu de volta como resposta uma única frase: "Repudiamos com desprezo qualquer aproximação da sua parte".) No final das contas, a civilidade de Forster não basta, embora o bilhete para Richards sugira que Leavis poderia ter tirado um pouco mais de proveito dela do que o fez.

Henry James, um autor que era um hóspede quase permanente da classe alta inglesa, pode ter sido o epítome do traquejo social, mas, na verdade, ele às vezes parece estar ridiculamente atrapalhado; entretanto, também confessou numa carta íntima que "só acredito na virtude absolutamente independente, individual e solitária, e na prática tranquilamente antissocial (ou, em caso de necessidade, com um pouco de birra e mau humor) dela". Leavis pega essa frase emprestada para uma das epígrafes de *The Common Pursuit*, junto com um comentário a respeito do romancista norueguês Knut Hamsun: "A Associação Norueguesa de Escritores lhe deu uma taça comemorativa, mas ele pediu que raspassem a inscrição e a deu a outra pessoa".

Isso – excetuando a Ordem dos Companheiros de Honra – tem o toque autêntico de Leavis. Nenhum intelectual público poderia ter sido menos suscetível às lisonjas do *establishment* cultural. Outro problema da civilidade é que ela não é profunda o suficiente. James pode estar na primeira fila dos escritores, mas lhe falta a profundidade espiritual que encontramos em Lawrence. Leavis era um secularista que, como muitos ateus, ainda ansiava pela transcendência. Como Eliot, ele rejeitava a crença melancólica de Richards de que a literatura poderia assumir o lugar da religião; contudo, para ele, a obra de Lawrence – aliás, a literatura em geral – cumpria justamente essa função. Ela é um refúgio dos valores fundamentais num mundo sem Deus.

De 1932 a 1953, Leavis foi editor-chefe da *Scrutiny*, uma revista de crítica sediada em Cambridge que teve um impacto mundial e transformou a imagem dos estudos literários. Não houve nenhum projeto na Grã-Bretanha comparável a esse na era moderna, nem nos estudos ingleses nem em qualquer outra área das humanidades. Dedicado inteiramente à avaliação rigorosa, seu próprio nome é levemente intimidante. Ele deriva de uma palavra latina que significa tratamento de detritos, e identificar o ouro literário no meio das impurezas foi justamente a tarefa que Leavis e seus colegas procuraram cumprir. Foi basicamente por meio da *Scrutiny* que Leavis se tornou uma influência tão grande em todo o mundo, e isso numa época em que ele reclamava por ter pouco ou nenhum reconhecimento público. (Ele queria dizer, com um provincianismo típico, que Cambridge não o havia indicado para uma cátedra.) Ao contrário das outras figuras examinadas até aqui neste livro, o que ele tinha, de fato, era uma *escola* – um grupo considerável de discípulos internacionais cujo papel era evangelizar seus colegas e alunos divulgando a palavra de Leavis.

Scrutiny, em suma, não era simplesmente uma revista, era uma cruzada militante. Ela obteve algumas conquistas marcantes no campo do ensino secundário e superior, e um grande número de estudantes (incluindo eu) absorveram seus valores sem perceber por meio de algum professor de Inglês leavista infiltrado e quinta-colunista. Por volta do final dos anos 1940, havia leavistas em todos os níveis do sistema nacional de educação, das cátedras professorais às escolas secundárias, da educação de adultos às faculdades de Pedagogia. *Culture and Environment*, de Leavis e Denys Thompson, foi utilizado em cursos de educação de adultos, e havia um jornal leavista dirigido por professores de Inglês. As ideias heréticas dos anos 1930 tornar-se-iam a ortodoxia literária da década seguinte. Por volta do final da Segunda Guerra Mundial, as ideias da *Scrutiny* tinham se tornado hegemônicas no ensino de literatura inglesa.

Como os *scrutineers* tinham constituído uma espécie de comunidade e adotaram uma postura aguerrida em relação à civilização moderna como um todo, eles conseguiam reunir em sua própria pessoa as virtudes gêmeas do diálogo civilizado e da rebeldia cultural. Parte vanguarda, parte elite, seu objetivo era criar "um público inteligente, educado, moralmente responsável e politicamente esclarecido".[7] Era uma proposta nada modesta. Depois da Lei da Educação de 1944, que permitiu a alunos de origem menos abastada o acesso ao ensino superior, um novo estrato, composto de intelectuais oriundos

---

7 As palavras são do colaborador de Leavis Denys Thompson, apud Mulhern, F. *The Moment of "Scrutiny"*. Londres: New Left Books, 1979. p.128.

das classes proletária e média – muitos, como o próprio Leavis, de origem provinciana –, considerou instintivamente atraente a rejeição intransigente da Boa Forma, do Bom Gosto e das Cartas Educadas por parte da *Scrutiny*. Para eles, era evidente o quão profundamente esses valores estavam interligados com os privilégios sociais, de modo que, numa mudança decisiva de sensibilidade, o poder foi arrancado dos estetas, dos diletantes e dos eruditos arrogantes. Em alguns círculos conservadores, a *Scrutiny* foi acusada de ser tacanha, sectária, pedante e de apresentar um fanatismo quase religioso, bem como de ter o hábito de agredir verbalmente seus oponentes; contudo, o próprio Leavis se tornou um dos críticos mais comentados no mundo anglófono, e seu diagnóstico sombrio da cultura contemporânea era amplamente endossado.

Uma das mais aguerridas combatentes de classe da revista era Queenie Leavis, a respeito de quem seu marido certa vez observou que tinha energia suficiente para despedaçar a Europa. Ela era uma marginal em Cambridge no que se refere a gênero, classe e etnia – uma mulher numa universidade em que ainda era raro haver mulheres, cujo pai era um merceeiro de classe média baixa do norte de Londres e que fora criada dentro do judaísmo ortodoxo. Ela foi rejeitada pela família por se casar com um gentio, sofrendo, assim, outra forma de exclusão. Quando Leavis perdeu o cargo de professor universitário, foi Queenie que passou a sustentar a casa. De sua posição na periferia do mundo acadêmico, ela podia enxergar mais claramente que a maioria dos membros da academia o quão intimamente seus padrões literários estavam ligados a seus pressupostos sociais. Nas palavras dela:

> Uma vida dedicada às humanidades não significa seguir uma vocação, mas assumir a atividade lucrativa mais distinta, uma atividade que atribua uma casta elevada a seus membros; a avaliação literária deve obedecer às mesmas leis que as outras manifestações da superioridade

social. A disciplina das Letras é vista meramente como as normas do clube acadêmico do Inglês.[8]

Numa crítica implacável a *Três guinéus*, de Virginia Woolf, é menos o feminismo radical de Woolf que atrai sua atenção do que o fato de ela fazer parte de uma elite cultural endinheirada. Alguns comentários atuais a respeito de Woolf revelam o ponto cego oposto. Q. D. Leavis estava menos apaixonada por Woolf que pelo pai dela, o escritor vitoriano Leslie Stephen, a quem ela felicita por ser um intelectual público em vez de um acadêmico. Ela também ressalta que a resistência à poesia inicial de T. S. Eliot veio do mesmo bairro daqueles que se opuseram à greve geral de 1926. A propósito, é interessante observar que ela não gostava de Lawrence, o que seria o equivalente à esposa do arcebispo de Canterbury se declarar uma ateia militante.

Que diagnóstico *Scrutiny* fazia da civilização moderna? Numa série de obras produzidas por Leavis desde o início da carreira até seus últimos anos de vida, propõe-se uma visão coerente da civilização moderna e da sua pré-história.[9] Em *For Continuity*, ele lamenta que

> o modo de vida tradicional foi destruído pela máquina, cada vez mais a vida humana se afasta dos ritmos naturais, as culturas se misturaram e as formas se dissolveram no caos, de modo que, por toda parte, a literatura séria do Ocidente revela uma sensação de consciência paralisante, de falta de orientação, de ímpeto e de axiomas dinâmicos. (FC, p.139).

---

8 Apud Mulhern, p.24-5.
9 As obras em questão incluem *Mass Civilisation and Minority Culture* (Cambridge: Minority Press, 1940); com Denys Thompson, *Culture and Environment* (Londres: Chatto & Windus, 1933); *For Continuity* (1933); *Education and the University* (1943); e *English Literature in Our Time and the University* (Londres: Chatto & Windus, 1969). Outra obra fundamental nessa área é *Fiction and the Reading Public*, de Q. D. Leavis (Londres: Chatto & Windus, 1932).

Resumindo, não estávamos em nossa melhor forma. Em *Mass Civilisation and Minority Culture*, somos curiosamente informados que o automóvel, símbolo da segunda revolução industrial, desestruturou a família e destruiu as tradições sociais. Um pouco menos estranhamente, aprendemos que a sociedade foi dominada pela produção em massa, pelo trabalho mecanizado e pela padronização dos indivíduos, como também pelas mercadorias e por um empobrecimento emocional generalizado. O cinema representa uma poderosa ameaça à cultura operária tradicional. Operários e operárias, Leavis lamenta, agora carregam rádios transistores e empesteiam o ar com o cheiro de peixe com batata frita. Os critérios foram subvertidos, a autoridade se evaporou, a tradição está em ruínas, a língua está em perigo por causa da publicidade e da imprensa popular, e a continuidade em relação à cultura do passado foi rompida de maneira desastrosa. Os guardiões dos valores da civilização agora estão isolados dos poderes que governam o mundo – poderes que não representam mais uma cultura intelectual, mas que, em vez disso, são exercidos por uma classe média filistina. Como acontece com o modernismo artístico, a *Scrutiny* é, na maioria das vezes, a resposta de um setor deserdado da *intelligentsia* à sociedade de massa, sociedade essa que ameaça enfraquecer sua própria autoridade.

Portanto, a civilização moderna é mecanizada, atomizada, sem raízes, materialista e utilitarista. Posteriormente, Leavis registrará a essência dessa condição calamitosa no adjetivo composto "tecnológico-benthamita". Jeremy Bentham, criador do utilitarismo e fonte de discernimento moral tanto para Richards como para Empson, é agora acusado de vilão. Leavis parece ignorar que Bentham, como já vimos, era em muitos aspectos um pensador progressista: escrevendo no final do século XVIII, ele se opôs à criminalização da homossexualidade, o que provavelmente é mais do que o próprio Leavis fez. Nesse caso, a palavra "benthamita" é simplesmente um atalho para nomear uma civilização dedicada mais aos meios materiais que aos fins espirituais. Ainda assim, Leavis tem razão quando reconhece que o benthamismo "deu a aprovação ao egoísmo conformista e à estupidez confortável das classes ricas na grande era de progresso" (MBC, p.34). Ele também registra que esse movimento é responsável pela Lei dos Pobres vitoriana.

Para Leavis, um dos principais expoentes contemporâneos dessa doutrina foi C. P. Snow, um cientista fútil e arrogante de Cambridge que se considerava uma espécie de sábio e que era o epítome de uma figura do *establishment*. Snow tinha deplorado, numa conferência pública, o que ele considerava uma lacuna incapacitante entre as culturas literária e científica, cuja união estava personificada em ninguém menos que ele próprio; Leavis apresentou uma réplica ao seu argumento numa conferência pública que se tornou célebre, intitulada "Two Cultures? The Significance of C. P. Snow". Trata-se de uma apresentação impressionante e extremamente divertida, na qual a grosseria de Leavis chega às raias da difamação descarada. O pedido dos editores do texto para baixar o tom foi veementemente recusado.

Leavis observa que Snow adota, em sua conferência, "um tom a respeito do qual se pode dizer que, embora só um gênio pudesse justificá-lo, não se acreditaria facilmente que um gênio adotá-lo-ia" (TC, p.53). Na verdade, Snow não apenas não é um gênio, mas "é intelectualmente tão medíocre quanto se pode ser" (ibid., p.54). Contudo, ele é um portento, no sentido de que, apesar de ser uma pessoa irrelevante, se tornou um sábio e um mentor de um público vasto e iludido. Sua suposta compreensão da era moderna é caracterizada pela "cegueira, pela inconsciência e pelo automatismo. Ele não sabe o que pensa e não sabe que não sabe" (ibid., p.55). É um elogio chamar sua argumentação de processo de pensamento. Sua conferência "demonstra uma absoluta falta de mérito intelectual e uma constrangedora vulgaridade de estilo" (ibid., p.56). Como romancista, "ele não existe, nem começa a existir. Não se pode dizer que ele saiba o que é um romance [...]. Estou tentando lembrar onde eu ouvi (será que sonhei?) que [seus romances] são escritos para ele por um cérebro eletrônico chamado Charlie, no qual as instruções são inseridas sob a forma de títulos de capítulo" (ibid., p.57). Snow não tem a mínima ideia do que é a literatura criativa nem por que ela é importante.

Uma das objeções que Leavis faz a Snow é que ele rotula qualquer um que contesta a conversa sobre produtividade, critérios práticos e progresso tecnológico como luddista, ou seja, alguém nostálgico da sociedade pré-industrial; e, na opinião de Snow, entre os luditas se destacam intelectuais literários como o próprio Leavis. Um dos colegas de Snow, o historiador J. H. Plumb, reclamava que a antipatia ao progresso material permeava a crítica literária como um caruncho. Leavis se esforça em ressaltar que ele mesmo não tem esse preconceito e não deseja voltar ao passado – embora entregue a seus críticos muita munição ao perguntar retoricamente

> Será que um membro comum de uma sociedade moderna é mais plenamente humano ou mais cheio de vida que um boxímane, um camponês indiano ou um membro de um dos povos primitivos que sobrevivem a duras penas, com sua arte maravilhosa e seus conhecimentos fundamentais? (ibid., p.72)

Pode ser que alguns camponeses indianos sejam menos cheios de vida que os ocidentais, no sentido de não disporem de alimento suficiente, embora Leavis passe por cima do fato. De todo modo, quase todo pensador que recorre a um passado idealizado acrescenta ritualmente que é impossível voltar a ele.

Contudo, o argumento de Leavis é que a felicidade que Snow vislumbra "não pode ser considerada, por uma mente plenamente humana, uma questão de beatitude afortunada" (ibid., p.72). Seu adversário não consegue perceber que junto com "a energia, a tecnologia triunfante, a produtividade e o padrão de vida elevado" (ibid.) dos tempos modernos vem um vazio moral e um empobrecimento espiritual. Como consequência dessa desconstrução de um personagem consagrado nos grêmios de Londres, Leavis foi vilipendiado pelo *establishment*, enquanto Snow reclamou que a publicidade incômoda lhe custara um Prêmio Nobel. A ideia de que esse romancista tristemente medíocre algum dia tivesse sido considerado para um Prêmio Nobel é de um ridículo atroz. Alguns dos apoiadores de Snow insistiram para que ele processasse Leavis, mas ele preferiu assumir um ar de inocência ofendida enquanto se desdobrava nos bastidores para humilhá-lo.

Leavis tinha razão em repreender Snow por confiar cegamente no progresso material e pelo jeito descontraído com que tratava os valores espirituais. Contudo, não há dúvida de que ele estava equivocado ao defender que a ciência é unicamente um meio para um fim. Isso pode se aplicar muito bem à tecnologia, mas vastas áreas da ciência não são mais um meio para um fim que *Os irmãos Karamázov*. O estudo do mundo material pode ser um projeto realizado como um fim em si mesmo, e, portanto, tem mais em comum com as humanidades do que Leavis gosta de admitir. É difícil perceber como o estudo dos moluscos ou dos buracos negros vai beneficiar as pessoas idosas. Além disso, a beleza arrebatadora que os astrofísicos descobrem em inúmeros elementos do universo é uma questão estética ligada intimamente à busca da verdade, um pouco como, para Leavis, a simetria formal de um romance de Jane Austen tem uma relação interna com a sua visão moral. Leavis tira o chapéu para a ciência e a tecnologia, porém, num estilo tipicamente humanista, é reticente e mal informado a respeito de ambas. Certa vez, zombou que um colega num respirador estava "sendo mantido vivo pela ciência". Com Richards, a ciência era parte da solução; agora ela tinha se tornado parte do problema. Podemos reagir à futilidade das *belles-lettres* sendo cientificamente intransigentes como Richards, misturando bom senso e virtuosismo analítico como Empson ou, como Leavis, indo além do objetivismo científico e do subjetivismo literário, na direção de algumas verdades morais permanentes. Para Leavis, Richards tinha escolhido o lado errado da disputa entre a ciência e as humanidades, e sua antiga amizade com ele, como *enfants terribles* contemporâneos na Faculdade de Inglês de Cambridge, chegou ao fim.

Do ponto de vista da *Scrutiny*, a situação nem sempre fora tão ruim como era agora. Segundo a revista, no início do século XVII havia uma cultura "vigorosa" predominantemente rural na qual a relação entre a humanidade e seu entorno parecia adequada e natural. Não havia um fosso intransponível entre a "alta" cultura e a cultura popular. Um poeta como Robert Herrick podia ser erudito e, ao mesmo tempo, estar em contato com a cultura do povo. Os elizabetanos e os jacobinos tinham uma cultura unificada que era partilhada por todas as classes sociais, embora no final do século XVII esse modo de vida comum tenha se tornado rigidamente estratificado. A ordem social rural foi ainda mais abalada pelo crescimento do urbanismo e da industrialização durante a passagem do campo para a fábrica. A monotonia do trabalho industrial reduziu a cultura a uma mera distração ou entretenimento. Na era moderna, os ritmos da terra foram substituídos pela superficialidade do jazz. As relações naturais entre a humanidade e o mundo foram rompidas, provavelmente de forma irreparável. Por volta de meados do século XIX, só restavam alguns resquícios dessa forma de vida milenar. O espírito da língua inglesa se formou enquanto a Inglaterra ainda era predominantemente rural, caracterizada por uma linguagem popular cheia de vida. Essa língua resistente e musculosa foi transmitida como uma herança preciosa para Shakespeare, Jonson e Bunyan, enquanto a comunidade próspera e homogênea que a produziu foi desaparecendo gradualmente. Depois, a chamada sociedade orgânica migrou para a própria língua inglesa, ou pelo menos para as suas formas de uso que Leavis mais admira.

No início do século XVIII, com o crescimento do neoclassicismo e do mundo refinado dos clubes e cafés, a alta cultura foi separada da cultura do povo, que, consequentemente, entrou num longo período de decadência. Contudo, um público leitor homogêneo sobreviveu durante algum tempo. Havia um público minoritário instruído para a literatura, que era alimentado sobretudo pelos grandes periódicos londrinos, dos oitocentistas *Tatler* e *The Spectator* a publicações vitorianas como *The Westminster Review*. Em outras palavras, Leavis alia sua afeição pelo rural com o respeito pelo civilizado. Contudo, no início do século XIX, a literatura popular passou a ser cada vez mais invadida pelo sentimentalismo e pelo sensacionalismo, enquanto o final do século assistiu ao surgimento da publicação em massa e do jornalismo massificado, baixando ainda mais o nível. Queenie Leavis declarou que isso tudo tinha de ser enfrentado por "uma minoria armada e consciente",[10] embora ninguém imaginasse que ela pensava em distribuir metralhadoras.

Thomas Hardy foi talvez o último autor capaz de aliar o sério e o popular. Antes dele, Charles Dickens tinha feito isso com verve e elegância incomparáveis. Na verdade, dizem que na época de Dickens a língua ainda era uma arte popular enraizada numa cultura viva; nesse caso, é difícil entender como a sociedade orgânica poderia ter desaparecido dois séculos antes. Leavis alega que a cultura refinada foi separada da cultura do povo no fim do século XVII; no entanto, ele gostava particularmente de uma obra de George Sturt, *The Wheelwright's Shop*, que parece defender que ao menos alguns aspectos da sociedade orgânica estavam em plena forma no final do século XIX. Para Richard Hoggart, autor do incomparável *The Uses of Literacy*, essa comunidade teria sobrevivido sob a forma da solidariedade operária até o final da Segunda Guerra Mundial. Portanto, existem inúmeras visões conflitantes sobre o momento em que se caiu em desgraça.

Mesmo que uma ordem rural ideal tenha desaparecido em algum momento do século XVII, seu fim não levou ao desaparecimento total do artista ou do intelectual. O que tomou seu lugar foi uma esfera pública de cartas educadas e relacionamentos civilizados até meados do século XIX. Os tipos literários podem ter constituído uma minoria, mas eles ainda conseguiam operar dada a existência de um público leitor receptivo. Entretanto, na época de *Scrutiny*, nem isso ainda ocorria. O grande público tinha sido sequestrado pelas mídias

---

10 Q. D. Leavis, *Fiction and the Reading*, p.270.

e pelo mercado editorial de massa, enquanto a *intelligentsia* literária tinha se rendido, em sua maioria, às instituições culturais (a BBC, o Conselho Britânico, as chamadas escolas particulares, jornais e periódicos "de qualidade", salões literários metropolitanos, a Real Sociedade de Literatura, confrarias arrogantes como Bloomsbury), pelas quais a *Scrutiny* só sentia desprezo. A certa altura, Leavis também acrescenta, por via das dúvidas, "os publicitários, os relações-públicas, os diretores das editoras [de Oxford e de Cambridge], os chefes de departamento universitários, gente que convivia com ministros do Gabinete e reformadores da educação" (LA, p.25). Espremida entre as massas e os mandarins, a revista se viu diante do clássico dilema da classe média baixa, que despreza o populacho que está abaixo mas desdenha da elite social que está acima. Os leavistas não gostavam nem das massas nem da classe alta.

A sociedade orgânica naturalmente é um mito. "Em todos os momentos da sua história", escreve o filósofo Jean-Luc Nancy, "o Ocidente se entregou à nostalgia de uma comunidade mais arcaica que desapareceu, passando a deplorar a perda da familiaridade, da fraternidade e da convivialidade".[11] No século I a.C., Ovídio já lamentava o fim da Idade de Ouro em *Metamorfoses*, embora, como acontece com Ovídio, é difícil saber se ele estava falando sério. Uma das localizações mais aceitas do paraíso perdido é o período medieval, apesar de, na década de 1370, o poeta William Langland registrar um mal-estar social generalizado entre os camponeses famintos. O romance pastoral *Arcadia*, do poeta elizabetano Philip Sidney, foi escrito num parque criado a partir do cercamento de uma aldeia inteira e da expulsão de seus moradores. No início do século XVII, a zona rural inglesa estava cheia de enfermidades, mortes prematuras, privações terríveis e trabalho árduo. Na maioria dos casos, a terra era explorada como capital, quase metade da população economicamente ativa era

---

11 Nancy, J.-L. *The Imperative Community*. Mineápolis: University of Minnesota Press, 1991. p.10.

composta de assalariados, não de camponeses, e o desemprego era alto o suficiente para comprometer, de forma recorrente, a ordem social. "Há inúmeras evidências", escreve C. B. Macpherson, "de que a Inglaterra esteve muito perto de se tornar uma sociedade de mercado possessivo no século XVII".[12] É isso que Leavis descreve como "a boa e velha ordem" (R, p.34).

Portanto, não houve uma Queda do jardim feliz para a industrialização. Uma ordem social não abriu caminho a outra; o capitalismo industrial é que superou gradualmente o capitalismo agrário ao qual estava conectado. As relações sociais capitalistas tinham se estabelecido na Inglaterra rural alguns séculos antes da Revolução Industrial. Além disso, por mais sórdidas e opressivas que fossem as condições dos operários fabris, pode-se argumentar que, no longo prazo, suas condições materiais melhoraram de certa forma em comparação com as condições do trabalhador rural tradicional. Esse é um dos poucos aspectos em que é possível concordar com o argumento de Snow.

Alguns colaboradores da *Scrutiny* alertaram contra a romantização da vida terrivelmente carente dos trabalhadores rurais. Queenie Leavis, entre outros, tinha noção do perigo de idealizar a Merrie England.* Como observa Robert J. C. Young num contexto diferente: "Aqueles que não têm acesso à modernidade geralmente a desejam quando surge a oportunidade. Aqueles que a rejeitam por motivos ideológicos muitas vezes já têm acesso a ela".[13] De todo modo, Leavis não dá tanta importância à velha Inglaterra orgânica como alguns analistas sugeriram, e não há nada necessariamente errado com o saudosismo enquanto tal. Em certos aspectos, o passado era realmente melhor que o presente, assim como em outros o presente

---

12 Macpherson, C. B. *The Political Theory of Possessive Individualism*. Oxford: Oxford University Press, 2011. p.109.

* "Alegre Inglaterra". Termo utilizado para expressar a concepção idealizada da vida inglesa pastoral. (N. T.)

13 Young, R. J. C. *Postcolonialism*: An Historical Introduction. Oxford: Wiley-Blackwell, 2001. p.109.

representa um avanço em relação ao passado. Não havia mísseis nucleares na Inglaterra medieval, mas também não havia anestesia. A ilusão do progresso infinito é tão parcial como a visão decadente que Leavis tem da história. Karl Marx acreditava que a Idade Moderna era um período de incrível emancipação, mas também a considerava um longo pesadelo. Ele também acreditava que essas duas narrativas estavam intimamente ligadas.

Para um grupo tão interessado na avaliação perfeita, a visão confusa que os *Scrutineers* tinham da civilização contemporânea era preocupante. No que dizia respeito à cultura popular, Leavis certamente não veria diferença entre John Wayne e John Coltrane, supondo que conhecesse algum deles. Da sua altura olímpica, o panorama da cultura popular parecia uniformemente estéril. Deplorava-se a modernidade quase abertamente como uma terra devastada espiritual. Não havia nenhuma tentativa de contrabalançar a poluição dos rios com avanços na medicina e no saneamento, de conter a influência da imprensa sensacionalista contra o poder crescente das mulheres ou de compensar a publicação em massa da chamada ficção barata com a expansão da alfabetização, da democracia e dos direitos civis. Diante dessa situação terrível, era preciso desenvolver um público leitor civilizado e culto, como o que existira para os periódicos dos séculos XVIII e XIX; e a *Scrutiny* constituiria o núcleo desse público leitor. Por meio de um programa de reforma social e cultural, ela se envolveria não somente com a literatura, mas também com o destino da civilização moderna como um todo. Ela constituiria uma elite consciente, embora, ao contrário da mistura entre aristocracia rural e intelectuais conservadores de Eliot, uma elite baseada inteiramente na meritocracia. Leavis defende que só existe vida e esperança nas minorias. Distante de todos os interesses particulares, o grupo atuaria como guardião dos valores criativos numa era degenerada. Desse modo, ele representaria aquele raro fenômeno inglês, uma *intelligentsia* independente. A crítica literária era a melhor escola preparatória para o desenvolvimento de uma inteligência livre, não especializada e desinteressada, que poderia ser aplicada, de maneira crítica, à existência social como um todo. A própria literatura era o principal repositório dos valores humanos – aliás, da sabedoria hereditária da raça. Como observou um *Scrutineer*, "o Inglês não é, de modo algum, uma disciplina. É uma condição de vida".[14] A crença da *Scrutiny* no poder da influência dos estudos ingleses foi inflada de maneira desproporcional, embora isso se devesse em parte ao fato de seus antecessores terem desvalorizado tão drasticamente o tema. A revista estava reagindo aos Quiller-Couches do mundo encarando a disciplina com profunda – aliás, excessiva – seriedade.

A crítica literária era um adestramento tanto da inteligência como da sensibilidade, e, naturalmente, era interdisciplinar. Portanto, a escola de Inglês ideal inclui o pensamento econômico, político, social e religioso. Já vimos que o próprio Leavis tinha chegado ao Inglês vindo da História, enquanto Queenie Leavis se considerava uma antropóloga cultural. As preocupações literárias da escola também não se limitariam aos textos ingleses. Leavis tinha um interesse de longa data pela literatura norte-americana, apesar de desprezar o que considerava a americanização (ou "cretinização") da sociedade inglesa, e a *Scrutiny* publicou reportagens sobre autores franceses, alemães e italianos. Uma escola de Inglês transformada atuaria como um centro de valores humanos e avaliações criteriosas dentro de um fórum crítico mais amplo, a própria universidade. A universidade tornar-se-ia "um centro da consciência humana: percepção, conhecimento, avaliação e responsabilidade" (TC, p.75). As escolas de Inglês produziriam uma classe de autores, editores e jornalistas, entre outros intelectuais, que exerceria uma influência efetiva no poder político, ao mesmo tempo que ajudaria a criar o público leitor extremamente culto de que a sociedade tanto precisava. Aqueles que fossem educados na sensibilidade rigorosa proporcionada pela

---

14 Denys Thompson, apud Mulhern, *The Moment of "Scrutiny"*, p.102.

crítica literária tinham o dever de se envolver com as questões sociais e políticas. Em outras palavras, o Inglês desempenharia, na criação de administradores e funcionários públicos cultos, o mesmo papel que as letras clássicas tinham desempenhado tradicionalmente. Uma espécie de esfera pública poderia ser criada a partir da universidade – o que sem dúvida era uma ironia, já que as universidades tinham, de certo modo, substituído o artigo original. O discurso mundano e charmoso dos cafés do século XVIII, que se congratulava por não ser veementemente acadêmico, finalmente se retirara para as clausuras de Oxford e Cambridge.

Portanto, a maneira de reformar uma sociedade degradada era por meio da educação. O principal instrumento da educação era a universidade; no centro da universidade estão as humanidades; a rainha das humanidades era a literatura, e o caminho para a literatura era a crítica literária. Se acreditamos na humanidade, Leavis afirma, não existe nada mais importante que manter viva a ideia da universidade. Na verdade, é difícil perceber como manter tal ideia viva é mais importante para o destino da espécie que o comércio de drogas ou o fim do tráfico sexual. Além disso, aos olhos de Leavis, as universidades britânicas estavam passando por uma drástica piora mais ou menos no momento em que ele as apresentava como um ideal. A expansão do ensino superior na década de 1960 não foi uma mudança que ele encarou de maneira favorável. Ele também não viu com bons olhos a onda de militância estudantil que varreu o mundo logo em seguida. A educação no que ele chamava de escala "industrial" era inimiga da cultura para uma minoria. Se ele era desafiadoramente elitista a respeito dessa evolução, ele também foi um dos primeiros intelectuais públicos a reconhecer que as universidades estavam destinadas a se tornar postos a serviço da economia, como o são em sua grande maioria hoje; apesar dessa tendência, ele ressaltou a importância do ensino superior como o local onde a inteligência crítica podia brincar livremente, uma ideia que conflitava com as prioridades do capitalismo industrial.

Nesse sentido, a *Scrutiny* geralmente se posicionava politicamente à esquerda. É provável que, se tivesse vivido para conhecer o movimento verde, Leavis o teria aprovado com entusiasmo. Na juventude, ele até contemplara a possibilidade de alguma forma de comunismo econômico, embora rejeitasse o marxismo por considerar que ele negava a autonomia do espírito humano. De todo modo, o marxismo não era radical o suficiente: ele era apenas mais uma versão da ordem industrial insensível que estava corroendo as fontes da vida criativa. Leavis afirmava que ele era "um produto típico da nossa civilização 'capitalista'", pondo a palavra "capitalismo" entre aspas para não parecer cúmplice da própria forma de crítica que ele estava rejeitando.[15] Ele também observou que detestava ideologias coletivistas. Mesmo assim, leu *Literatura e revolução*, de Leon Trotsky, com interesse, e se ofereceu para dar uma mãozinha quando alguns arruaceiros da classe alta ameaçaram pôr fim a um protesto contra a invasão ocidental do Canal de Suez em 1956, observando que ele era bom de porrada. Se isso era verdade ou não do ponto de vista físico (ele tinha sido atacado com gás na Primeira Guerra Mundial e se considerava um inválido), certamente era verdade metaforicamente.[16]

No entanto, se a *Scrutiny* tinha um pouco da consciência social da esquerda e desprezava os privilégios, ela também reproduzia algumas das suas características menos palatáveis. Por vezes, os diretores da revista se comportavam como os grupos trotskistas mais violentamente sectários, condenando ao ostracismo quem se desviava da linha do partido, descobrindo inimigos maldosos por trás da menor discordância e passando muito menos tempo malhando a oposição que brigando entre si. Esses conflitos decorriam, em grande parte,

---

15 Scrutiny: a retrospect. *Scrutiny*, v.20. Cambridge: Cambridge University Press, 1963. p.4.
16 Pode ser considerado um exemplo de freudismo grosseiro enxergar em alguns dos termos críticos utilizados por Leavis – "vital", "sadio", "robusto", "vigoroso", "muscular" e assim por diante – uma compensação inconsciente pela sua invalidez. Também pode haver algo de verdade nisso.

do temperamento belicoso do casal Leavis, mas também refletiam as pressões e contradições inerentes à própria iniciativa. Os estudos ingleses ocupavam o centro do projeto, embora a *Scrutiny* olhasse com desconfiança grande parte do que era feito em nome deles. As universidades eram a casa dos estudos ingleses, embora elas estivessem cada vez mais à mercê de uma racionalidade filisteia. Os valores humanos que o Inglês representava constituíam a essência da civilização, mas a civilização real era estéril e mecanicista. Leavis insistia que só em Cambridge a ideia da *Scrutiny* poderia ter tomado forma; no entanto, a Cambridge real o tinha marginalizado juntamente com sua companheira e se recusara a atribuir cátedras a alguns de seus assistentes mais aplicados. Daí a célebre declaração de Leavis: "Nós éramos, e sabíamos que éramos, Cambridge – a Cambridge essencial apesar de Cambridge" (TC, p.76). Como num conjunto de caixas chinesas, o centro vital da civilização era as universidades, o núcleo vivo da universidade era os estudos ingleses, a universidade exemplar era Cambridge, e a essência de Cambridge era a *Scrutiny*. No entanto, em todas as etapas o ideal foi de encontro à realidade. Era sob essas pressões que os leavistas conseguiam ser maldosos em defesa da causa da vida criativa e ferozmente parciais em relação à ideia de imparcialidade.

Portanto, talvez não surpreenda que Leavis tenha passado os últimos anos de vida perseguido por uma sensação amarga de fracasso. Ele observou que fechara a *Scrutiny* porque tinha fracassado, mas também porque nenhuma revista inteligente conseguiria sobreviver na era moderna. No que se refere a fracassos, ele estava pensando no fato de ter se mostrado incapaz de abalar Cambridge, o que não era totalmente verdade. Existiu uma presença leavista na Faculdade de Inglês de Cambridge durante alguns anos depois do fechamento da revista, e um grande número de estudantes foi influenciado por essa tendência, a ponto de imitar o sotaque e o gestual inconfundíveis do mestre. Sua própria obra publicada foi, em sua maioria, recebida com mais generosidade do que sugeririam suas queixas contra os resenhistas.

E fora de Cambridge existe uma comunidade acadêmica internacional que foi marcada de forma indelével por seu elã.

Ainda assim, seu humor ficou mais sombrio no fim da vida. *Nor Shall My Sword* amaldiçoa "nosso mal-estar desesperado" (NSS, p.180), que inclui a permissividade sexual, a revolta estudantil, as drogas e o absentismo. Se alguém tiver de apresentar uma alternativa a tudo isso, não há muito que dizer além de "criatividade". O livro também critica os trabalhadores que exigem melhores salários, a destruição das escolas secundárias e os liberais piegas que desejam reparar o que o Império Britânico fez. Leavis afirma que os britânicos fizeram inúmeras obras benéficas na Índia e que ele tem orgulho de se denominar um inglês nacionalista. A ideia de que pode haver democracia na Índia ou na "África negra" é absurda. Ele solta sua fúria sobre os migrantes, a militância estudantil, os liberais esclarecidos que defendem a compaixão social, a "multirracialidade", Jimi Hendrix e aqueles que não percebem que as elites são um elemento permanente da existência. Ele sempre desconfiara do feminismo, recordando, magnânimo, em *The Great Tradition*, que George Eliot tinha "uma mente extremamente vigorosa e diferenciada, e de maneira nenhuma incapacitada pelo fato de pertencer a uma mulher" (GT, p.96n). Daisy Miller, a jovem heroína de Henry James, "é extremamente ignorante, e nenhum homem inteligente conseguiria suportá-la por muito tempo, já que seria impossível conversar com ela: ela não tem nada que deponha a seu favor exceto aparência, dinheiro, autoconfiança e roupas" (ibid., p.159). Há uma referência às "limitações de solteirona" de Jane Austen (R, p.125). A preferência de Leavis pela linguagem vigorosa e musculosa revela um viés machista. O radical que declarara que "o acadêmico é o inimigo" (TC, p.75-6) tinha começado a parecer um coronel roxo de raiva disparando cartas do seu clube para o *The Daily Telegraph*.

De um modo geral, é assim que Leavis tem sido lembrado, quando é lembrado. Ficaram na memória cultural o elitismo, a estreiteza, o sectarismo e o antiliberalismo tardio. O que é lembrado com menos frequência é que, numa era de amadores requintados e impostores da estética que consideravam a avaliação literária uma forma superior de degustação de vinhos, ele desempenhou um papel crucial na caracterização do Inglês como uma disciplina moral e intelectual séria. Raymond Williams, que estudava em Cambridge na época de Leavis, escreve que foi "a amplitude dos ataques de Leavis ao academicismo, a Bloomsbury, à cultura literária metropolitana, à imprensa comercial e à publicidade que primeiro me conquistaram".[17] A paixão de Leavis pela educação, ele acrescenta, foi um atrativo adicional. Embora ele fosse briguento, para não dizer agressivo, isso se devia em parte ao fato de a transformação dos estudos ingleses representar muito para ele, sobretudo as questões que repercutiam muito além dos muros da universidade. Não há dúvidas de que ele e seus colegas superestimavam a importância do tema. Quando reagimos, geralmente o fazemos de forma exagerada. No início da década de 1960, dois dos mais ardorosos seguidores de Leavis – um dos quais é hoje um famoso romancista – trocaram socos. O motivo da briga foi um desentendimento a respeito da excelência de George Eliot.

Para resgatar o Inglês daqueles que o tinham banalizado, Leavis estava disposto a enfrentar todo o *establishment* cultural e acadêmico. Com uma coragem impressionante, ele nunca tinha medo de irritar, em nome de seus princípios, aqueles que poderiam tê-lo ajudado a superar a linha de pobreza quando ele era jovem. Ele era um homem extremamente íntegro, que se mantinha fiel às suas convicções por mais que isso lhe custasse em termos de promoção pessoal. Alertou, profeticamente, para o perigo de as universidades se tornarem vítimas de um utilitarismo burro que avaliava os resultados nos moldes de uma fábrica de biscoito. Também era um excelente professor, profundamente dedicado aos alunos, aos quais aconselhava que cultivassem a promiscuidade intelectual em vez de se contentar com opiniões pré-concebidas. Sua concepção de estudos literários era

---

17 Williams, R. *Politics and Letters*. Londres: New Left Books, 1979. p.66.

extremamente generosa, transitando pela história, pela religião, pela economia, pela sociologia e pela antropologia. Sua capacidade discriminativa pode ter falhado no que diz respeito à cultura popular, mas ele certamente tinha razão de reclamar que os homens e as mulheres comuns mereciam mais que a breguice que lhes era oferecida por amplos setores da imprensa popular, da ficção popular, da publicidade e da televisão. Tinha um senso de responsabilidade apurado, não apenas em relação aos estudos literários, mas à qualidade de vida da sociedade como um todo. Também foi um pioneiro da crítica, promovendo escritores como Hopkins, Eliot, Pound, Yeats, Edward Thomas e Isaac Rosenberg, entre outros, antes que a sua reputação estivesse bem consolidada.

Como crítico, Leavis pode ter sido excessivamente rigoroso em suas avaliações, mas a maioria delas se revelou bastante acertada. Ele escandalizou os estudiosos de Shakespeare ao retratar a grandeza de Otelo como "o disfarce de um egoísmo obtuso e cruel. A autocomiseração se transforma em estupidez, estupidez selvagem, uma paixão enlouquecida e ilusória" (CP, p.146-7). É uma avaliação incrivelmente precisa, que se recusa a julgar o personagem por sua própria autoimagem inflada. O ator Laurence Olivier põe à prova a interpretação, com resultados excelentes, numa montagem teatral do texto. Leavis conseguia ser um magnífico analista de obras literárias e introduziu uma nova linguagem nos estudos literários. Ele era capaz de criar algumas expressões incrivelmente oportunas: a "sabedoria clubista" de Thackeray, a "melancolia tênue, suave e pensativa" de Matthew Arnold, as "cadências" por vezes "sedutoras" da prosa de Yeats, a "flexibilidade rítmica" de Pound, a "desordem generosa" de *A terra devastada*, as "indefinições hipnóticas" de "O crepúsculo celta".* Apesar de seus graves defeitos, aqueles que o consideram simplesmente um velho elitista rabugento cujo romancista favorito não passava de um homofóbico misógino deveriam pensar duas vezes.

---

* Poema de Yeats publicado em 1893. (N. T.)

5
Raymond Williams

"Queenie fez isso tudo nos anos 1930", foi o comentário de F. R. Leavis a respeito da obra de Raymond Williams.[1] Ele provavelmente tinha em mente a crítica da cultura popular que Q. D. Leavis fizera em *Fiction and the Reading Public*; porém, embora o livro seja de fato um estudo pioneiro, dificilmente se pode situá-lo no mesmo nível da obra do maior pensador socialista da Grã-Bretanha do pós--guerra. Entretanto, é verdade que, entre outros feitos, a *Scrutiny* foi uma fonte do que posteriormente seria conhecido como estudos culturais. Embora seu tratamento da cultura popular fosse explicitamente negativo, ela também reconheceu sua influência crescente. Todavia, como o próprio Williams ressalta, nesse caso havia um fator mais importante em ação. A análise crítica dos jornais, do cinema, dos anúncios e da mídia de massa começou primeiro no movimento de educação de adultos, nos anos 1950, período em que o próprio Williams estava trabalhando nessa área, juntamente com o

---

1 Foi o próprio Williams que me contou.

historiador do trabalho E. P. Thompson e o crítico literário e cultural Richard Hoggart.[2]

Williams nasceu em 1921 num vilarejo galês não muito distante da fronteira com a Inglaterra e, metaforicamente falando, viveu a vida inteira em regiões fronteiriças. Ele se viu dividido entre a Inglaterra e o País de Gales, a cidade e o campo, a classe média e a operária, a cultura intelectual e a popular, a experiência da mobilidade e o carinho pelo lugar onde cresceu. Podemos acrescentar a essas polaridades a divisão entre trabalho mental e manual: ele construiu algumas cercas e cavou algumas valas na zona rural e captava com extrema rapidez os procedimentos concretos, além de demonstrar uma compreensão prática do funcionamento das coisas que não era comum num intelectual. Seu materialismo, em suma, não era apenas uma questão cerebral.

Filho de um sinaleiro ferroviário e descendente de gerações de trabalhadores rurais, ele estava estudando Inglês em Cambridge quando teve de interromper a graduação para lutar na Segunda Guerra Mundial. Tenente num regimento antitanque aos 22 anos de idade, ele participou de operações militares na Europa continental e encarou a campanha dos Aliados como uma forma de solidariedade com o Exército Vermelho. Alguns anos depois, foi destituído do posto militar por se recusar a lutar na Guerra da Coreia, mas conseguiu evitar a prisão por esse delito. Depois de retornar a Cambridge para terminar a graduação, tomou a decisão política de ensinar no movimento de educação de adultos e na Associação Educacional de Trabalhadores, uma carreira que descreveu posteriormente como uma vocação, não uma profissão. Era um trabalho de raro valor – embora, como Williams comentou sarcasticamente comigo um dia, às vezes acontecia de lecionar às filhas dos doutores em vez de (como nas universidades majoritariamente masculinas de então) aos filhos dos doutores. No final da década de 1950, ele se envolveu com a

---

[2] O termo utilizado hoje em dia é "educação continuada", já que os estudantes comuns também são adultos.

Nova Esquerda e com a Campanha pelo Desarmamento Nuclear e, com base na solidez de seu ensaio revolucionário *Cultura e sociedade, 1780-1950*, foi indicado para o cargo de professor adjunto em Cambridge e depois para uma cátedra. Morreu em 1988.[3]

A cátedra de Williams era de dramaturgia, um tema que o interessava do ponto de vista tanto prático como teórico. Ele escreveu duas peças para a televisão, além de alguns roteiros de teatro. Existe uma tensão discretamente teatral e fortemente emotiva em grande parte da sua obra de não ficção, sugerindo um artista que escreve como um crítico. Há também trechos que contêm uma retórica bastante impressionante. Em sua obra madura, a dramaturgia serve de exemplo daquilo que ele chama de materialismo cultural, isto é, o estudo da cultura como um conjunto de práticas materiais; contudo, seus primeiros textos sobre o tema estão muito distantes dessa abordagem. *Drama from Ibsen to Eliot* (1952) e *Drama em cena* (1954), publicados numa época em que Williams ainda era muito influenciado por Leavis, são obras de crítica literária que não têm quase nada a dizer a respeito das condições sociais de produção da dramaturgia da qual elas se ocupam. Pelo contrário, as peças são tratadas simplesmente como um conjunto de textos que devem ser analisados, um método que mais tarde Williams rejeitaria categoricamente.

Mesmo assim, aplicar a leitura cerrada da escola de Cambridge à dramaturgia era uma manobra relativamente original. A experiência de Williams, como ele diz, consiste em aplicar as técnicas da crítica literária ao palco, ao passo que o Williams mais maduro rechaçará totalmente a crítica numa cultura que ele passou a considerar "corrompida com a ajuda [dela]" (PL, p.240).[4] Nesse primeiro

---

[3] Ver Dai Smith, *Raymond Williams: A Warrior's Tale* (Cardigan: Parthian, 2008), uma biografia da carreira de Williams até 1961.

[4] As obras de Raymond Williams citadas neste capítulo, juntamente com as abreviaturas utilizadas depois das citações para se referir a elas, são as seguintes: *Drama from Ibsen to Eliot* (Londres: Chatto & Windus, 1952, republicado Londres: Chatto & Windus, 1962), DIE; *Culture and Society, 1780-1950* (Londres: Chatto

momento, ele ainda não tinha encontrado sua voz inconfundível nem descoberto uma maneira de aliar sua posição política a seus interesses intelectuais. Na verdade, em *Reading and Criticism* (1950), outro ensaio influenciado por Leavis, ele consegue analisar a novela *Coração das trevas*, de Joseph Conrad, sem mencionar o imperialismo. Também é notável que, em *Drama from Ibsen to Eliot*, ele afirme que as questões morais não pertencem ao escopo da crítica literária e que questionar os valores implícitos na dramaturgia de T. S. Eliot seria transgredir os limites apropriados da disciplina. Os leitores da época certamente se surpreenderiam ao saber que o autor desses ensaios se considerava comunista. Como Williams observaria posteriormente, ele era um "acadêmico relativamente confiável" antes de fazer parte da academia, ou seja, enquanto ainda trabalhava com educação de adultos, mas passou a ser muito menos ortodoxo e aceitável quando se tornou professor universitário (PL, p.211-2).

Ainda assim, essas contribuições iniciais, junto com *Preface to Film* (1954, em coautoria com Michael Orrom), possuem qualidades que permitem antever o Williams inovador e revolucionário das décadas de 1970 e 1980. Ele já estava preocupado com aquilo que poderíamos chamar de política da forma – como todo um modo de compreender e de sentir, com profundas implicações políticas, é inseparável das estruturas e convenções de uma obra de arte, não

---

& Windus, 1958, republicado Londres: Vintage Classics, 2017), CS; *The Long Revolution* (Londres: Chatto & Windus, 1961), LR; *Modern Tragedy* (Londres: Chatto & Windus, 1966), MT; *Drama from Ibsen to Brecht* (Londres: Chatto & Windus, 1968, republicado Londres: Hogarth Press, 1996), DIB; *The English Novel from Dickens to Lawrence* (Londres: Chatto & Windus, 1970), EN; *The Country and the City* (Londres: Chatto & Windus, 1973), CC; *Keywords* (Oxford: Oxford University Press, 1976, republicado Oxford: Oxford University Press, 2015), K; *Marxism and Literature* (Oxford: Oxford University Press, 1977), ML; *Politics and Letters* (Londres: New Left Books, 1979), PL; *Problems in Materialism and Culture* (Londres: New Left Books, 1980), PMC; *Writing in Society* (Londres: Verso, 1983), WS; Robin Gable (Org.), *Resources of Hope* (Londres: Verso, 1989), RH; *The Politics of Modernism* (Londres: Verso, 1989), PM; Jim McGuigan (Org.), *Raymond Williams on Culture and Society* (Londres: Sage, 2014), RWCS.

somente do conteúdo que se pode extrair dela. *Drama from Ibsen to Eliot* é uma crítica de uma dessa formas, o naturalismo dramático, que busca a verossimilhança – ou seja, cria a ilusão de realidade representando no palco um mundo conhecido. Em sua obra tardia, Williams acabaria reconhecendo a natureza radical do naturalismo no final do século XIX: sua rejeição secular combativa do sobrenatural, sua atenção aos pobres e desprezados, sua exposição das realidades sórdidas que a alta sociedade preferiria abafar, sua visão materialista da humanidade como fruto do seu contexto, sua estreita afinidade com o movimento socialista e com o mundo esclarecido da ciência.

Entretanto, o naturalismo como verossimilhança na arte é outra história. Em *Drama from Ibsen to Eliot*, Williams tem consciência dos limites do naturalismo, ou, na verdade, de qualquer forma representativa de arte. Existem realidades mais profundas, assim como realidades internas, que uma representação do mundo cotidiano é incapaz de revelar. Bertolt Brecht observou que o fato de pôr uma fábrica no palco não diz nada a respeito do capitalismo. Portanto, esse gênero teatral tem efeitos políticos. Para Williams, o teatro naturalista também é marcado por um empobrecimento da linguagem, que ele relaciona, ao estilo de Leavis, ao discurso sem brilho e surrado da sociedade industrial moderna. A pobreza emocional da prosa dramática de George Bernard Shaw é um exemplo disso. Williams defende que a representação dramática da linguagem coloquial é menos satisfatória nas condições atuais que na época de Shakespeare. Uma exceção é a Irlanda pré-industrial de J. M. Synge, um autor que já foi descrito como a única pessoa capaz de escrever em inglês e irlandês ao mesmo tempo.

Williams afirma que a dramaturgia séria exige uma linguagem comum fértil; ela também requer uma comunhão de sensibilidades entre o artista e o público que não pode se desenvolver numa ordem social "mecanizada". Synge, por sua vez, descobriu, no oeste da Irlanda, uma comunidade de expressão, o que pode ser uma forma caridosa de dizer que todos os seus personagens são muito parecidos. É verdade, Williams reconhece, que seus diálogos excessivamente poéticos, que às vezes não passam de um "tempero" verbal, não alcançam a dimensão shakespeariana, chegando ao extremo na "embriaguez adjetival" (DIE, p.117) de seu compatriota Seán O'Casey. Mesmo assim, para Williams, o brilho impressionante da linguagem de Synge se baseia numa forma orgânica de vida, ao passo que os diálogos de O'Casey, embriaguez adjetival à parte, refletem o linguajar monótono e estéril da cidade. (Ele não menciona que Dublin, a cidade em questão, também deu origem a uma das obras literárias mais verbalmente exuberantes de toda a literatura moderna: *Ulysses*, de James Joyce.)

Certa vez, Williams observou que as duas influências formativas mais profundas que ele teve em Cambridge foram Leavis e o marxismo, e parece que, nesse caso, o primeiro levou a melhor. No entanto, sua crítica do naturalismo é ela própria uma forma implícita de política. Posteriormente, Williams diria que autores naturalistas como Ibsen, Zola e Strindberg pertencem a uma parcela dissidente da classe média, contrária a seus valores porém incapaz de romper definitivamente com seus pontos de vista. Podemos ver nisso uma alegoria da própria situação de Williams, numa Grã-Bretanha que vivia uma calmaria política no pós-guerra, como um socialista que sentia falta de uma força confiável que defendesse a transformação social. No entanto, também existe outra implicação política. O naturalismo apresenta ao público um mundo prontamente identificável e meticulosamente realista, geralmente sob a forma de uma sala de estar; todavia, essa própria solidez pode insinuar que o modo de vida que estamos presenciando é imune a mudanças. A mensagem política implícita na forma da peça ("esta situação é imutável") pode, então, contradizer seu conteúdo, que poderia exigir a transformação social.

A imagem da sala naturalista aparece inúmeras vezes na obra de Williams, quando os personagens ficam presos num espaço fechado no qual seus destinos estão sendo decididos por forças externas sobre as quais eles têm pouco ou nenhum controle. A obra de Chekhov é um exemplo disso. Toda uma forma de olhar a humanidade, com profundas consequências políticas, é cristalizada numa forma artística específica. Os homens e as mulheres não são mais autores de sua própria história. Eles não conseguem entender a natureza das forças que os criam. Como a estrutura naturalista não permite trazer essas forças diretamente para o palco, só podemos observar a reação passiva dos personagens a elas, como alguém que "olha de uma janela para o lugar em que a sua vida está sendo decidida" (DIB, p.335). O que não pode ser mostrado diretamente só pode ser mencionado indiretamente, principalmente pelo uso do simbolismo: a gaivota, o pomar de cerejeiras, a torre, o pato selvagem, os picos das montanhas, os cavalos brancos e assim por diante.

Williams finalmente escaparia de sua própria sala isolada, na qual escreveu o célebre *Cultura e sociedade, 1780-1950*, adotando novas formas de atividade política. A dramaturgia europeia tinha rompido com a obra tardia de Ibsen e Strindberg, entre outros, que acabaram trocando o naturalismo pelo expressionismo. Se o teatro quisesse revelar a subjetividade angustiada da vida moderna, que é moldada pelas pressões do inconsciente, ele precisaria se livrar do sofá e do aparador e explorar os recursos do sonho, da fantasia e do desejo inconsciente. O resultado é um mundo em que os personagens se dividem e se mesclam, o passado se mistura com o presente, e desaparece qualquer fronteira fixa entre o eu e os outros, o interior e o exterior, a imagem e a realidade, o consciente e o inconsciente. Outra possibilidade consiste em sair da sala privada para a esfera pública de um Bertolt Brecht por meio da criação de uma forma de teatro que consegue pôr as realidades sociais diretamente no palco. Não existe sala de estar em *Mãe coragem e seus filhos*. Essas técnicas dramatúrgicas encontram seu equivalente no cinema e, posteriormente, na televisão, de modo que existe uma evolução lógica do Williams crítico de teatro para o Williams teórico da cultura popular.

Em linhas gerais, Williams preferia a experiência modernista no teatro e o realismo no romance. Em *The Long Revolution*, ele pede um novo realismo, ou seja, "o tipo de romance que cria e avalia as características de todo um modo de vida em termos das características das pessoas" (LR, p.278). A fórmula tem origem na obra do crítico marxista húngaro Georg Lukács. O verdadeiro realismo rejeita o tipo de ficção que reduz o mundo à consciência de um indivíduo isolado, mas também se recusa a tratar os indivíduos como meras funções do seu entorno. Pelo contrário, os personagens permanecem no que Williams chama de fins em si mesmo, enquanto a sociedade, em vez de se comportar simplesmente como "plano de fundo", representa a substância viva de suas ações e relações. Como ele afirma no ensaio sobre o romance inglês, "uma vida única, num lugar e numa época, se exprime a partir da sua própria singularidade, e, no entanto, exprime uma experiência comum" (EN, p.192).

Nesse sentido, o realismo é a forma que mais se aproxima do humanismo socialista de Williams. Ele se opõs a uma sociedade que rompe os vínculos entre as vidas individuais, mas também àquela que reduz homens e mulheres a meras consequências do sistema social. O realismo, por assim dizer, é um antídoto tanto ao capitalismo como ao stalinismo. Williams se diferencia de Lukács em relação à convicção deste último de que o realismo deve implicar similitude, apresentando um mundo familiar de maneira reconhecível. É isso que está por trás da hostilidade ferrenha do crítico húngaro em relação à experiência modernista. Williams, por sua vez, tinha vivido numa Cambridge em que Joyce, Eisenstein e o surrealismo eram reverenciados nos círculos estudantis socialistas, de modo que, para ele, o realismo estava aberto a diversas técnicas formais. É uma maneira de ver, não uma tentativa de escrever como Stendhal ou Tolstoi. Ainda assim, seu compromisso com o realismo no romance é implicitamente impositivo: uma maneira específica de enxergar o mundo, independentemente da forma literária que ela adote, é privilegiada acima de todas as outras. De um modo geral,

Williams não gostava de uma arte que ele reputava abstrata, distante, anêmica e analítica, características essas que podem ser consideradas símbolos do modernismo. Embora ele fosse capaz de admirar obras literárias que, em sua preocupação cristalina com a pureza da forma e a profundidade psicológica, mantêm o mundo à distância, isso era contrário a suas inclinações mais profundas.

Mais de uma década depois do surgimento de *Drama from Ibsen to Eliot*, Williams publicaria um ensaio sobre teatro muito mais contestado, *Tragédia moderna* (1966). Convencido de que tinha se deparado com diversas formas de tragédia em sua própria vida, estudiosos da literatura mais conservadores lhe informaram que isso não era possível. A tragédia versava sobre a morte de príncipes e a ruína de poderosos, não sobre as desventuras de homens e mulheres comuns. Ela envolvia a crença em deuses, heróis, mitos, destino, sacrifício de sangue, ordem cósmica, nobreza do sofrimento e exaltação do espírito humano. Como nada disso tinha sobrevivido no mundo prosaico da democracia moderna, a tragédia desaparecera com ela. Nesse sentido, o próprio título da obra de Williams é uma provocação. Aparentemente, a tragédia não morreu com Jean Racine, ao menos para este pensador. Portanto, o livro representa uma intervenção política corajosa, defendendo a tragédia no sentido comum do termo contra o desprezo aristocrático dos acadêmicos. A obra traz uma cólera fria e sarcástica que está muito distante dos textos mais antigos de Williams. É um tom que ouviremos inúmeras vezes nos ensaios seguintes.

"Guerra, revolução, pobreza, fome; homens reduzidos a objetos e assassinados a partir de listas; perseguição e tortura; os vários tipos de suplício contemporâneo; por mais próximos e constrangedores que sejam os fatos, não devemos nos comover, num contexto de tragédia. Como sabemos, tragédia é outra coisa" (MT, p.62). Para os acadêmicos conservadores que Williams tem mente, Ésquilo é trágico, Auschwitz não. Alguns desses acadêmicos apontam para os campos de concentração nazistas como testemunho da maldade da natureza humana, evidência de um mal que estava no centro da condição humana e que nenhuma mudança política poderia curar. Porém, para o humanista Williams, isso significava uma falsa generalização de um fato histórico específico que levava a uma visão degradante de toda a humanidade. Ele foi um dos poucos escritores que argumentou que, "enquanto homens criaram os campos, outros homens morreram, cientes do perigo, para destruí-los" (ibid., p.59). Aliás, ele mesmo tinha arriscado a vida por outros. Ao longo de toda a carreira, Williams defendeu a esperança, embora tivesse plena consciência da crueldade e da corrupção do ser humano. Ele também estava consciente do quão incorrigivelmente ingênua a virtude da esperança está condenada a parecer num mundo caracterizado por aquilo que ele chama de "uma perda generalizada de futuro" (PM, p.96).

Na verdade, para ele a tragédia e a esperança não são mutuamente excludentes. Nem todas as tragédias do palco terminam em morte e agonia. Pelo contrário: o surgimento de uma nova vida, por mais frágil e precária que seja, é um elemento essencial da ação trágica clássica. Numa abordagem engenhosa, Williams relacionou esse fato à natureza da revolução política moderna. Ele acreditava que a revolução é indispensável em qualquer sociedade que não consegue incorporar todos os seus membros com sua humanidade plena. Portanto, ela é um projeto fundamental "em todas as sociedades em que existem, por exemplo, grupos raciais subalternos, camponeses sem terra, trabalhadores sazonais, desempregados e minorias reprimidas ou discriminadas de qualquer espécie" (MT, p.77). Não era assim que a maioria dos acadêmicos falava em meados dos anos 1960, embora no final conturbado dessa década uma minoria significativa deles tivesse começado a adotar esses pontos de vista. *Tragédia moderna* foi escrito num período de insurreições anticoloniais ao redor do mundo, uma série de acontecimentos que, no conjunto, representam a mais bem-sucedida revolução política do final da era moderna. Para Williams, a tomada de poder generalizada constituía uma ação perfeita, que ele considerava como "a solução incontornável de um desarranjo profundo e trágico" (ibid., p.75). A ação não é trágica porque termina em fracasso, mas devido ao preço terrivelmente elevado que ela é obrigada a pagar em nome da justiça e da liberdade. Para que a vida floresça, ela precisa superar o risco de morte. A necessidade de emancipação não pode ser negada, mas também não se pode negar o sofrimento que ela traz consigo. Ambos estão unidos numa situação trágica única. Portanto, a tragédia não terminou com Eurípides, Corneille ou Ibsen. Pelo contrário, ela é a tônica do mundo no qual Williams está escrevendo.

Foi *Cultura e sociedade, 1780-1950* (1958) que pela primeira vez proporcionou a Williams um reconhecimento generalizado. Como acontece com muitas obras influentes, seu impacto se deveu tanto ao espírito da época como ao seu valor intrínseco. Num mundo de relativa afluência do pós-guerra, de romancistas, dramaturgos e cineastas dissidentes, do surgimento dos estudos culturais, da política da Nova Esquerda e da Campanha pelo Desarmamento Nuclear, da Guerra Fria, do fiasco imperialista de Suez e da crise dos partidos comunistas graças à Revolução Húngara de 1956, o livro de Williams abordou de maneira vigorosa a situação da Grã-Bretanha no final da década de 1950. Diante de uma forma stalinista de marxismo, de um lado, e de um trabalhismo profundamente fragilizado, de outro, ele não dispunha de muitos recursos políticos. Consequentemente, ele retomou o pensamento social inglês para construir uma tradição radical própria. É esse projeto admirável que *Cultura e sociedade* representa.

O legado em questão é uma crítica moral e cultural do capitalismo industrial. Trata-se de uma tentativa de basear o pensamento social na ideia de uma humanidade universal, não na linguagem especializada da política, da sociologia e da economia. Como inúmeros pensadores dessas áreas tinham sido cooptados pelo pensamento dominante, coube basicamente a artistas, teóricos da cultura e intelectuais independentes, de William Blake e Samuel Taylor Coleridge a George Orwell e F. R. Leavis, a tarefa de contestar a ordem social. Edmund Burke está na origem dessa corrente, ao insistir que "o Estado não deve ser considerado superior a um contrato de parceria no comércio de pimenta-do-reino, café, chita ou tabaco [...]; [é] uma parceria não somente entre os que estão vivos, mas entre os que estão vivos, os que estão mortos e os que ainda não nasceram" (apud CS, p.21-2). Williams observa que, em sua investida contra o utilitarismo vulgar, Burke "preparou uma posição a partir da qual o avanço da industrialização e do liberalismo seria continuamente atacado" (ibid., p.23). Um contemporâneo seu, William Cobbett, pode ter idealizado a Idade Média, mas demonstrou "um vínculo, por instinto e experiência, com os trabalhadores pobres" (ibid., p.32).

Há também o legado do artista romântico, que, segundo Wordsworth, "leva consigo vínculos e carinho aonde quer que vá" (ibid., p.63). Tais indivíduos encontram na arte "determinados valores, capacidades e energias humanos que pareciam estar sendo ameaçados, ou até destruídos, pela evolução da sociedade rumo a uma civilização industrial" (ibid., p.56). Portanto, o poeta romântico é menos um visionário solitário que o portador de uma humanidade comum que resiste à visão dos seres humanos como meros sugadores de lucro ou instrumentos de produção. A imaginação criativa é uma força política e também poética, direcionada contra a produção mecânica, o culto da utilidade e a política coercitiva. "As artes", escreve Williams, "definiram uma qualidade de vida, e o grande objetivo da transformação política era tornar possível tal qualidade de vida" (CS, p.211). De Schiller e Coleridge a Marx e Matthew Arnold, a cultura – no sentido do desenvolvimento harmonioso das capacidades humanas – luta contra a atrofia do potencial humano por parte do industrialismo. "O mecanicismo", observa Thomas Carlyle, "agora fincou raízes nas fontes de convicção mais íntimas e primordiais do ser humano e, daí, está fazendo brotar, por toda a sua vida e suas ações, uma grande quantidade de galhos – com frutos e com veneno" (apud ibid., p.104). Ao mesmo tempo, o pagamento à vista se tornou o único vínculo entre os indivíduos.

Para sábios vitorianos como John Ruskin, a arte de um período é um parâmetro da qualidade de vida que a produziu. "A arte de qualquer país", escreve Ruskin, "é o expoente das suas virtudes sociais e políticas" (apud ibid., p.184). Dois conceitos de cultura – enquanto arte e enquanto um modo geral de vida – estão ligados de maneira proveitosa. A cultura exige a totalidade do ser e a autorrealização criativa, ambas difíceis de encontrar entre as algodoarias de Lancashire. Segundo o protesto de Ruskin em *As pedras de Veneza*:

> O grande clamor que se ergue de todas as nossas cidades industriais, mais alto que o crepitar de suas fornalhas, se deve, na realidade, a isto – que nós fabricamos de tudo ali exceto homens: branqueamos o algodão, fortalecemos o aço, refinamos o açúcar e modelamos a cerâmica, mas jamais consideramos vantajoso abrilhantar, reforçar, refinar ou formar uma única alma viva. (apud ibid., p.190)

Na vida e na obra de William Morris, artista romântico e ativista marxista, esses valores são canalizados pela primeira vez para uma força política específica, o movimento operário. "É da esfera da arte", observa Morris, "colocar o verdadeiro ideal de uma vida plena e digna diante [da humanidade]" (apud ibid., p.202). Não se trata de usar a arte como um instrumento para alcançar objetivos morais ou políticos, mas de descobrir nela uma imagem de autorrealização com implicações políticas.

No século XX, um dos herdeiros mais ilustres do legado de *Cultura e sociedade* é D. H. Lawrence, criado em um lar operário próximo da zona rural com quem Williams se identificava profundamente. Lawrence observou que o impulso comunitário que ele trazia dentro de si era mais forte que o impulso sexual. A liberdade consiste em pertencer a uma pátria vibrante, não em perambular e se perder no mundo. A democracia é a condição na qual "cada homem deve ser ele mesmo de forma espontânea – cada homem ele mesmo, cada mulher ela mesma, sem que qualquer questão de igualdade ou desigualdade venha à tona; e nenhum homem tentará decidir sobre a vida de outro homem ou de outra mulher" (apud ibid., p.276). Na presença de outro ser humano, Lawrence não tinha a sensação de igualdade nem de desigualdade, mas (para usar o termo empregado por ele) de alteridade, e poucos escritores ingleses transmitiram com tanta precisão a ideia de "hecceidade", ou singularidade, das pessoas, dos animais e dos objetos. Ele tem uma compreensão admirável daquilo que o filósofo Martin Heidegger chama de *Gelassenheit* – a capacidade de estar disponível e receptivo à pura entrega de outro ser, sem tentar submetê-lo à nossa própria vontade. Não podemos ser donos uns dos outros, e é só compreendendo isso que pode haver uma verdadeira intimidade entre as pessoas.

Inúmeras personalidades que Williams analisa sentem saudade da sociedade orgânica que floresceu antes de cair no individualismo possessivo e nos modos de pensar mecanicistas e de substituir os vínculos "naturais" entre os indivíduos pelos vínculos comerciais ou contratuais. O próprio Williams repudia essa nostalgia, observando ironicamente que a única certeza a respeito da sociedade orgânica é que ela sempre existiu. Essa avaliação representa um rompimento categórico com o leavismo. Ele recorda que o sonho de uma ordem ideal como essa pode ser encontrado por mais que voltemos no tempo. Na Antiguidade, havia pensadores que lamentavam o declínio da autoridade paterna e o abandono dos deuses. Williams sabe suficientemente bem sobre a história do meio rural para conhecer a ignorância, as carências educacionais, as privações, a tirania mesquinha, as doenças, a mortalidade e o trabalho árduo que o desfiguraram. Esse é um dos motivos pelos quais podemos descrevê-lo, na juventude, como um leavista de esquerda que partilhava muitos dos valores de Leavis, embora combatesse seu elitismo cultural e estivesse decidido a demolir o mito de que a era industrial moderna representa uma queda acentuada do criativo para o cretino. Em vez disso, num estilo que lembra Marx, ele ressalta tanto as vantagens como as monstruosidades que a vida moderna deu à humanidade. Nesse aspecto, pertence ao campo de Richards e de Empson mais que ao de Eliot e de Leavis – embora sua crença na possibilidade do progresso humano esteja arraigada em sua crença socialista nas capacidades do ser humano, não em algum racionalismo estéril.

Ainda assim, *Cultura e sociedade* é um pouco condescendente demais com os pontos de vista reacionários da maioria dos autores analisados. Embora não ignore essas opiniões, o livro certamente as minimiza. Nesse aspecto, a obra oferece uma narrativa profundamente asséptica. Edmund Burke era partidário do colonialismo, inimigo da revolução e um forte defensor da propriedade privada, enquanto Coleridge acabou como um proeminente conservador anglicano hostil à democracia popular. Thomas Carlyle era um racista e um imperialista histérico que venerava os fortes, recomendava a emigração planejada dos trabalhadores "excedentes", demonstrava um desprezo brutal pelas pessoas comuns e apoiava o governo autoritário. Matthew Arnold pode ser classificado entre os principais liberais da era vitoriana, mas isso não o impediu de apelar à violência estatal para reprimir os protestos dos operários. John Henry Newman defendia o desenvolvimento harmonioso das capacidades humanas, mas sua mente estava distante dos problemas sociais mais urgentes de sua época e geralmente do lado errado dessas questões quando se dignava a levá-las em conta. John Ruskin era um paternalista conservador clássico que confiava numa ordem social hierárquica e louvava as virtudes da ordem, da obediência, da autoridade e da submissão. Já registramos a posição política repulsiva de D. H. Lawrence. O mesmo se aplica a T. S. Eliot, a quem Williams dedica um capítulo.

É verdade que a maioria desses autores criticava o *laissez-faire*, o individualismo liberal, o mercantilismo descontrolado, o não cumprimento dos deveres pela casta dirigente e a condição de semi--indigência de alguns daqueles que ela governava. Por outro lado, eles defendiam a comunidade, a imaginação criativa, os vínculos construtivos entre as pessoas, a responsabilidade mútua e a autorrealização espiritual. Porém, embora a maioria deles fosse contrária ao industrialismo, poucos criticavam o capitalismo industrial. Só William Morris era um socialista revolucionário, que reconhecia que era esse sistema, não simplesmente o industrialismo, que detinha a chave dos problemas sociais contemporâneos. Nesse sentido, a maioria daqueles que o livro admira apoiava um modo de vida contrário aos valores que eles desejavam que florescessem. Williams recorda que T. S. Eliot acreditava numa organização social coletiva, não individualista, embora, na prática, apoiasse uma estrutura capitalista que ameaçava destruir seu próprio ideal. Portanto, o que Williams identifica, na falta de uma tradição socialista generalizada e arraigada, é um radicalismo da direita. A anarquia do livre mercado não é enfrentada pela democracia socialista, mas pela ordem, pela autoridade, pela hierarquia e pelo paternalismo. Trata-se de uma herança extremamente rica e fértil, que alcançaria o auge no modernismo; todavia, o fato de o livro tratar superficialmente alguns de seus traços mais desprezíveis é uma falha grave, como o próprio Williams acabou reconhecendo.

Cultura e sociedade termina com uma conclusão admirável por sua sabedoria e autoridade. A obra é um documento excepcional numa era estéril. Williams defende o que chama de cultura partilhada, referindo-se não a um modo de vida uniforme nem (como no caso de Eliot) a uma única cultura compartilhada em níveis diferentes, mas a uma sociedade na qual os canais de participação estão abertos a todos; que, portanto, é construída em comum bem como partilhada; e que, consequentemente, exigiria muito mais diversidade que aquela que desfrutamos no momento. Estamos falando do que Williams chamou diversas vezes de "uma democracia culta e participativa". Esse modo de vida não poderia estar totalmente ciente de si (aliás, grande parte dele estaria profundamente inconsciente) nem estar totalmente disponível a seus participantes. Ele produziria uma série de instituições especializadas extremamente complexas, não uma totalidade simples. De todo modo, como estaria permanentemente em construção, jamais poderia ser definido e delimitado. As diferenças de habilidades e de conhecimento coexistiriam com o que Williams chama de igualdade de ser, no respeito mútuo dos membros da cultura pelas contribuições de cada um.

Precisamos fornecer os meios de vida e os meios comunitários, os quais se imagina que seriam, para Williams, as instituições socialistas; no entanto, não é possível determinar previamente o que se viverá com desses meios. Portanto, precisamos permanecer abertos a todos os valores e significados disponíveis, pois nunca podemos prever qual deles pode se mostrar proveitoso. No fundo, toda cultura é imprevisível. A própria palavra, transplantada como o próprio Williams do campo para a cidade, significa o cuidado ativo do crescimento natural; e embora o cuidado seja consciente e organizado, o crescimento propriamente dito é espontâneo. Há uma minoria que imporia suas próprias prioridades egoístas a essa forma comum de vida e que, consequentemente, tem de ser combatida. É por isso que o símbolo do movimento operário tem de continuar sendo um punho fechado. No entanto, ele jamais pode estar tão fechado a ponto de a mão não poder se abrir e os dedos se esticarem para dar forma a uma nova realidade.

A cultura comum não é uma vã utopia porque, para Williams, o núcleo desse futuro já existe no presente. Ele pode ser encontrado nos valores do movimento operário, com sua crença na solidariedade (não no individualismo), na cooperação (não na competição) e na responsabilidade mútua (não no egoísmo individual). Essa ética política não olha a sociedade "como algo neutro ou protetor, mas como o instrumento propício de todos os tipos de evolução, inclusive a evolução individual" (CS, p.427). Williams admite que a solidariedade pode ter consequências negativas, até mesmo nocivas; contudo, ela também tem versões construtivas, como a sua própria experiência pessoal poderia confirmar. Num ensaio intitulado "A cultura é de todos", produzido ao mesmo tempo que *Cultura e sociedade*, ele afirma que o modo de vida operário que ele próprio conhecera outrora, "que enfatizava a proximidade, as obrigações mútuas e o bem-estar comum, expressos nas importantes instituições políticas e industriais operárias, é de fato a melhor base para qualquer sociedade inglesa futura" (RH, p.8). Se Williams aludia à casa da sua infância, não era por nostalgia romântica, mas para encontrar uma forma de avançar.

Portanto, o socialismo envolve a extensão de determinados valores já existentes à sociedade como um todo, embora Williams deixe claro que nenhum valor jamais é disseminado nessa escala sem que seja transformado durante o processo. A cultura operária não tem a ver, fundamentalmente, com obras de arte – na verdade, a maior parte daquilo que é chamado de cultura popular é produzida para o povo, não por ele. Trata-se, antes, de instituições como os sindicatos, o movimento cooperativista, as organizações socialistas e coisas do gênero, todas elas consideradas corretamente por Williams como conquistas culturais impressionantes por si sós. É isso, acima de tudo, que a classe da qual veio o próprio Williams legou à civilização, tão vital, à sua maneira, como a poesia romântica ou o romance realista.

Foi na década de 1950 que a esquerda política reconheceu que os meios de comunicação eram um problema importante. *Cultura e sociedade* foi publicado no momento em que o conceito de comunicação de massa começou a aparecer. Williams rejeita o conceito por dois motivos. Primeiro, porque descrever os outros como "massa" é, por si só, um sintoma de alienação por parte do avaliador. Na verdade, não existem massas, simplesmente formas de enxergar as pessoas como massas. As massas são os outros. Como nós geralmente não consideramos nossas famílias ou nós mesmo como parte das massas, por que não estendemos esse respeito aos outros? Segundo, é difícil dissociar a ideia de comunicação de massa da realidade da manipulação. Qualquer teoria da comunicação verdadeira, insiste Williams, tem de ser uma teoria da comunidade – de como devemos falar uns com os outros e do compartilhamento da vida e das experiências como um fim em si mesmo, ao passo que todo o conceito de comunicação de massa depende da exploração de uma maioria por uma minoria. As supostas massas compõem um público anônimo que deve ser adulado, persuadido, distraído e orientado, e o principal motivo por trás desse processo é a acumulação de lucro. Ao mesmo tempo, o público é alimentado com opiniões políticas – nem que seja pela exclusão silenciosa de determinadas avaliações – que reforçam o *status quo*, incluindo o poder e os recursos financeiros da imprensa e da mídia propriamente ditas. Um grupinho de bilionários consegue moldar a opinião pública para promover seus interesses, e isso numa suposta democracia. É impressionante que, apesar de tudo que aprendemos a respeito da situação da cultura popular com Richards e Leavis, George Orwell e Richard Hoggart, é só com a obra de Williams que essa desvalorização da vida cotidiana é inserida no contexto de um capitalismo que se aproveita da ignorância ou da falta de experiência cultural de milhões de homens e mulheres para lucrar com ela. Para Richards ou para os leavistas, abordar essas questões significaria ultrapassar os limites do seu liberalismo. Na visão deles, a solução para o problema está na educação, o que é uma estratégia mais defensiva que transformadora.

Williams é muito menos adepto do longo prazo. Quando pedem que opine a respeito do magnata da mídia Rupert Murdoch, no conjunto de entrevistas intitulado *A política e as letras*, ele responde com uma franqueza irresistível que gente como ele deveria ser excluída. Ele também escreveu um estudo breve porém original, *Communications*, que, em vez de simplesmente deplorar a ostentação da publicidade ou o sensacionalismo da imprensa sensacionalista, apresenta propostas concretas para transformar a posse e a administração da imprensa e dos meios de comunicação, afastando-as das distorções do mercado sem sucumbir aos perigos do controle estatal. Mesmo assim, ele rejeita a visão pessimista de Eliot e dos leavistas de que houve um declínio catastrófico dos padrões culturais. Como vimos, Empson tinha uma opinião semelhante à de Williams, enquanto

Richards acreditava na decadência cultural, mas também na possibilidade de retomada. Williams é igualmente prudente: existe, de fato, muita arte, muito jornalismo e muito entretenimento de má qualidade por aí, mas também existe uma cultura popular incrível, bem como um aumento visível no público de balé, ópera, museus, exposições de arte e música clássica. "Podemos encontrar coisas cafonas no Teatro Nacional", ele observa, "e um episódio extremamente original numa série policial [de TV]" (RWCS, p.163). Ele também poderia ter mencionado o cinema – um gênero cultural que o fascinara nos tempos de estudante, do qual ele foi um dos primeiros professores em Cambridge e que produziu uma obra-prima depois da outra sem deixar de ser extremamente popular.

Williams não idealiza a classe operária, como demonstram algumas de suas obras de ficção. O retrato que ele faz dos trabalhadores nesses romances é, na maioria das vezes, lúcido e desencantado, e ele tem um ouvido infalível para o discurso dos operários e operárias no lugar em que outrora fora seu lar. O que ele apresenta como fonte de valor é menos a vida operária em geral do que a ética da cooperação e da responsabilidade comum que embasa suas instituições políticas. Ele tinha se deparado com essa ética quando criança nas atividades do pai, que participou da Greve Geral de 1926 e que era secretário da seção local do Partido Trabalhista. Os intelectuais de classe média que romantizam os trabalhadores não costumam retratá-los participando de greves, piquetes, bloqueios e manifestações, ações que podem ameaçar seus próprios interesses.

Entretanto, o fato de o pai de Williams ser um ativista político não o torna um representante típico dos trabalhadores e lhe permite refutar mais facilmente o argumento de que os homens e as mulheres do povo têm uma mentalidade materialista, são politicamente apáticos e se entusiasmam mais com o bingo do que com o bolchevismo. Williams teve a sorte de conhecer a classe na qual nasceu em seu esplendor; e embora isso confira à sua obra muitas coisas valiosas, também gera dentro dele uma confiança no potencial das pessoas comuns, bem como da humanidade em geral, que às vezes é ingênua demais. Ele reluta em admitir o quão monstruoso pode ser o comportamento dos seres humanos – em parte porque acredita que isso seria admitir de forma exagerada a ideia conservadora de uma natureza humana intrinsecamente corrompida, e em parte porque isso vai contra sua própria experiência formativa. Há momentos em sua obra em que ele emprega a palavra "humano" como um termo positivo, como se a tortura e o genocídio não fossem também humanos. Ele escreve a respeito daqueles "que respondem à morte e ao sofrimento com uma voz humana" (MT, p.204), porém, se Nelson Mandela falava com uma voz humana, Hermann Göring também o fazia.

Parte daquilo que Williams aprendeu com a comunidade coesa na qual cresceu foi que era impossível separar o indivíduo da sociedade. Se ele se ateve a isso como uma doutrina social e literária, tratava-se de uma doutrina baseada na experiência concreta. Aliás, ele ressalta, em *The Long Revolution*, que a palavra "indivíduo" significava originalmente "indivisível", ou inseparável do todo. Ao contrário da maioria dos críticos, ele não foi criado numa cultura do individualismo liberal e, portanto, podia identificar seus limites mais facilmente do que aqueles que têm de conhecê-los aos poucos. Nesse sentido, sua origem social não é apenas um detalhe biográfico a seu respeito: ela é o motivo pelo qual ele abordou a ortodoxia social de um ângulo que a torna mais questionável do que ela é para os outros. Simplesmente por ter consciência de um modo de vida alternativo, ele tinha uma probabilidade maior de perceber o viés social ou a relatividade histórica de algumas hipóteses. Pode-se dizer o mesmo a respeito de inúmeros críticos pós-coloniais da atualidade.

Ele também trouxe de sua origem uma confiança na criatividade da vida comum que é rara na crítica moderna. Para boa parte do formalismo e do modernismo, a vida cotidiana é alienada e inautêntica, e só por meio da fragmentação ou do distanciamento é que ela é capaz de revelar algum valor. A única arte que vale a pena é a que rompe com as convenções comuns por meio de um estilo inovador e experimental. Recorrendo à sua própria experiência mais concreta do cotidiano, Williams questionou essa estética. A tarefa do artista é tanto afirmar e consolidar os significados comuns como destruí-los. Isso também é uma censura implícita do modernismo, além de se opor a um pós-modernismo para o qual só tem valor aquilo que se afasta da vida comum, transgride suas regras e despreza suas convenções.

Revendo *Cultura e sociedade* do ponto de vista da obra posterior de Williams, ficamos impressionados com seu tom ameno. Embora seja um dos documentos fundamentais da esquerda política moderna, ele está longe de ser agressivo. Tem um estilo acessível, circunspecto e respeitoso, o que certamente é um dos motivos que explica seu sucesso admirável, bem como as resenhas elogiosas recebidas de membros do *establishment* acadêmico. Elas seriam muito menos entusiastas a respeito do ensaio que veio em seguida, *The Long Revolution*. Um bom número de leitores, de maneira não totalmente injustificada, considerou que *Cultura e sociedade* era a obra de um liberal, não de um socialista, um mal-entendido que, ironicamente, podemos dizer que lançou a carreira pública de Williams, pois foi basicamente por causa desse ensaio que lhe ofereceram uma bolsa em Cambridge, e só depois é que o mundo acadêmico descobriu que tinha convidado um bárbaro a entrar em sua fortaleza. Posteriormente, Williams observou que não conhecia mais a pessoa que escreveu sua obra "revolucionária", descrevendo-a com desdém como "radicalismo incipiente" (PL, p.107). Ele comenta que os autores ali analisados fazem as perguntas certas, mas dão as respostas erradas. É difícil pensar num modo mais sucinto de resumir o livro. Se ele se refere com desdém ao ensaio, é porque este passou a definir quem e o que ele era bem no momento em que ele estava superando aquela posição.

Um dos interesses permanentes de William era o romance, uma forma da qual ele próprio era praticante; suas reflexões mais penetrantes sobre o tema estão em *The English Novel from Dickens to Lawrence* (1970). Na década de 1840, quando os ingleses se tornaram o primeiro povo predominantemente urbano da história, o romance "apresentou novas sensações, novos indivíduos, novos relacionamentos; padrões recém-conhecidos, recém-descobertos, recém-formulados; definindo a sociedade, em vez de simplesmente refleti-la" (EN, p.11). Ocorreram transformações profundas nos "sentimentos, nas experiências e nas autodefinições íntimas" (ibid., p.12). A ficção das irmãs Brontë, de Dickens e de Elizabeth Gaskell, entre outros, não retrata simplesmente uma ordem social em rápida transformação; em vez disso, ela capta e ajuda a definir seus ritmos e suas práticas afetivas, seus modos de percepção e suas formas de consciência. Longe de ser um simples reflexo da história, ela revela aspectos dela que, de outro modo, seria impossível conhecer. Ela mostra a sociedade não como um pano de fundo estático para seus personagens, mas "como um processo que penetrava nas vidas, para moldá-las ou deformá-las" (ibid., p.13). Portanto, a história está presente nas próprias formas e estilos do realismo. À medida que a sociedade é transformada, o mesmo ocorre com a subjetividade humana; e o romance, enquanto registra essa crise de sensibilidade e de identidade, também lhe fornece alguns dos termos com os quais ela pode ser definida.

Um exemplo disso pode ser encontrado nos comentários de Williams a respeito de Dickens. Dickens é o primeiro grande romancista da Inglaterra urbana, mas a cidade não entra em sua obra simplesmente como cenário e contexto social. Ela também deve ser sentida no modo como ele delineia seus personagens, que são apresentados muitas vezes por meio de uma única característica fixa: um artifício de linguagem, uma característica facial peculiar e assim por diante. Williams afirma que essa é "uma forma de enxergar os homens e as mulheres que pertence à rua" (ibid., p.32). É o tipo de percepção rápida e parcial que temos dos pedestres com quem esbarramos num cruzamento movimentado e não vemos nunca mais. Vultos emergem por um instante da multidão e são imediatamente engolidos por ela. Não os vemos de todos os ângulos, como acontece com os personagens rurais de George Eliot, pois, no espaço anônimo da cidade, a vida dos outros é inacessível. É como se eles existissem apenas como aparições fulgurantes, despojados de qualquer história ou interior complexo. Em Dickens, os indivíduos muitas vezes se chocam em vez de se relacionar, ricocheteiam uns nos outros, falam uns com os outros sem se escutar em vez de participar de um diálogo relevante. Nessa grande rede de coincidências e encontros aleatórios, as pessoas vivem nos interstícios das vidas umas das outras. São estranhas umas às outras, mesmo que as tramas dos romances às vezes tragam à tona relações ocultas entre elas. E tudo isso, embora seja um sintoma de uma grave alienação e falta de solidariedade, também é estimulante por sua novidade e mutabilidade constantes, de modo que o próprio estilo de Dickens, em vez de adotar "a linguagem controlada da análise e da compreensão" (ibid., p.31) que associamos a Jane Austen ou George Eliot, é o estilo da retórica, do espetáculo, da teatralidade, da empatia emocional e da exortação pública. É desse modo que a história pode estar escondida nas próprias formas da sua obra, não simplesmente nas suas imagens de reformatórios e prisões de devedores.

Para compreender essa ideia de forma mais completa, precisamos conhecer um pouco o conceito-chave de "estrutura de sentimento" criado por Williams. A expressão é quase um oximoro, já que "estrutura" sugere algo relativamente sólido, enquanto "sentimento" é mais elusivo e impalpável. Como Williams observa, "ela é tão firme e definida quanto a ideia sugerida por 'estrutura', embora atue nas partes mais delicadas e menos tangíveis da nossa atividade" (LR, p.48). Desse modo, ela reflete um pouco do caráter duplo da crítica literária, que lida com sentimentos, mas de uma forma analítica. Ou podemos considerá-la uma ponte entre a crítica e a sociologia, já que esta última lida basicamente com estruturas, e a primeira leva mais em conta a experiência vivida. Williams trabalha em geral no ponto em que as duas convergem. É por meio dessa ênfase na experiência vivida – "essa sensação corporal da qualidade de vida num lugar e num momento específicos" (ibid., p. 47) – que as artes podem contribuir para uma análise mais sociológica das culturas humanas, sem a qual ela está fadada a ficar incompleta. A influência de Leavis está presente na descrição que Williams faz do conceito. "Estrutura de sentimento" também sugere que os sentimentos são compartilhados e sociais, em vez de meramente subjetivos. Uma estrutura de sentimento é um padrão histórico e preciso de sentimento que pode ser típico de toda uma era, mas também de um grupo, uma corrente artística ou uma obra de arte isolada. Nesse sentido, o conceito pode ser utilizado como uma ligação entre um grande período histórico e fenômenos mais específicos. Também pode haver estruturas de sentimento conflitantes dentro da mesma obra de arte ou condição social.

    É um conceito inovador para ser empregado por um marxista. Como recorda Michael Moriarty, praticamente nenhum outro escritor de tradição marxista considerou que a reação humana à história fosse mediada não pelos discursos e pelas ideias, mas pelos sentimentos.[5] Uma vantagem do conceito é que ele permite que Williams evite o termo "ideologia", que ele associa a doutrinas bem definidas e ideias abstratas. (Na verdade, existem versões menos intelectualistas do conceito.) Ideologia e estrutura de sentimento não são sinônimas; esta última é uma das maneiras pelas quais um poder dominante procura se legitimar, e a primeira é o nome tradicionalmente dado a esse processo no nível das ideias. Apesar disso, também existem estruturas de sentimento resistentes ou contestatárias, bem como obras artísticas ou segmentos da vida social em que os dominantes e os resistentes batem de frente. Portanto, para Williams, o poder tem a ver com afeto e experiência, não apenas com crenças.

---

5 Moriarty, M. The longest cultural journey. In: Prendergast, C. (Org.). *Cultural Materialism*: On Raymond Williams. Mineápolis: University of Minnesota Press, 1995. p.92.

Contudo, uma das desvantagens do conceito é que ele se compromete demais com a noção de experiência, um fenômeno mais fugidio e impreciso do que Williams parece admitir. Marx recorda que os mecanismos básicos do capitalismo não se mostram na nossa vida normal, um pouco como, para Freud, o inconsciente só pode ser vislumbrado nela de maneira indireta. Além disso, a experiência que uma pessoa tem de uma situação pode estar em conflito com a de outra pessoa, e a mesma experiência pode levar ambas a conclusões diferentes. Como vimos, as opiniões políticas de Williams surgiram em parte da sua criação, mas poderíamos ter uma infância e uma adolescência praticamente idênticas à dele e chegar a uma postura política muito diferente. Aconteceu com muita gente. Talvez o termo tradicional para a invenção de Williams seja "sensibilidade", que também pode ser usado tanto em relação a uma obra específica como a todo um período ou sociedade. Podemos mencionar a sensibilidade de *Feira das vaidades*, de Thackeray, mas também aquela do fim da era vitoriana. Williams pode ter achado que "estrutura" era um conceito mais preciso e analítico que a ideia bastante vaga de sensibilidade, mas ele não levou a cabo de forma ampla essa análise estrutural.

Williams às vezes considerava a estrutura de sentimento um padrão emocional em desenvolvimento, que ainda tem de se cristalizar numa forma definitiva. Ela é, por assim dizer, sentimento em solução ou em suspensão. Ele afirma que todas as sociedades são compostas de uma interação complexa entre os valores e significados dominantes, aqueles que são herdados do passado porém continuam ativos no presente (os residuais) e aqueles que estão nascendo gradualmente (os emergentes). Sempre existem sentimentos que ainda não podem ser plenamente expressados – "elementos" embrionários "impulsivos, de moderação e de tom; elementos de consciência e de relacionamento especificamente afetivos" (ML, p.132) –, que ainda precisam ser formalizados numa ideologia ou visão de mundo e que podem ser detectados primeiro pelas antenas sensíveis da arte. Williams tinha uma atração especial pelo conceito de hegemonia de

Antonio Gramsci, que ele interpretou como sendo o modo pelo qual a cultura de uma classe dominante impregna totalmente o processo de convivência social – não apenas com ideias, mas com determinadas formas de experiência vivida.[6] Na visão de Williams, a hegemonia é um conceito mais importante que a cultura ou a ideologia – em parte porque ela suscita a questão do poder, o que não acontece necessariamente com a noção de cultura, e em parte porque suas raízes penetram mais profundamente que as ideias, o que nem sempre acontece com o conceito de ideologia. Se ela tem um cunho mais político que a cultura, ela também é mais complexa e penetrante que a ideologia. Mesmo assim, ele prefere contrariar certas concepções pessimistas de marxismo, afirmando que nenhum poder estabelecido consegue esgotar totalmente a energia e o sentido do ser humano, e que aquilo que poderíamos chamar de consciência prática muitas vezes está em conflito com as opiniões "oficiais".[7]

No ensaio sobre o romance inglês, Williams se refere ao mundo das irmãs Brontë como o mundo do "desejo e da fome, das revoltas e das convenções incômodas: os termos desejo e realização e os termos de opressão e miséria [estão] profundamente conectados numa

---

[6] Na maior parte do pensamento marxista, a hegemonia se refere a todas as formas por meio das quais uma classe dominante assegura o consentimento do restante da sociedade para ser dirigida, o que pode incluir estratégias como o uso do sistema tributário ou a concessão de direitos civis. A ideologia é um dos elementos da hegemonia e se preocupa com o modo como o consentimento é assegurado por meio da difusão de valores, sentimentos e crenças. Desse ponto de vista, não faria sentido substituir a hegemonia pela ideologia, como Williams faz, porque ela já a inclui.

[7] Nesse caso, Williams está pensando sobretudo na obra do filósofo marxista Louis Althusser, para quem a ideologia permeia toda a vida social e sempre o fará. De forma equivocada, Williams interpreta isso como se todos os indivíduos fossem prisioneiros de conceitos sociais falsos ou distorcidos e como se não existisse nenhuma possibilidade de que isso se modificasse. Entretanto, o que Althusser chama de ideologia é, na verdade, experiência vivida. Pode não ser uma definição muito útil, mas ela não é uma indicação de que a falsa consciência é universal e veio para ficar.

única dimensão de experiência" (EN, p.60). Essa poderia ter sido a descrição da sociedade inglesa da época, quando a fome podia ser muito literal (a década é conhecida às vezes como Hungry Forties [os famélicos anos 1840]) e quando o impacto devastador do capitalismo industrial nascente causava revolta e miséria ao mesmo tempo. Contudo, também é uma descrição da estrutura de sentimento da ficção das irmãs Brontë, na qual a fome em questão é metafórica (embora igualmente real), o desejo se choca com as convenções e personagens como Heathcliff e Jane Eyre põem em prática uma latente revolta contra a autoridade. A história invade a obra das irmãs Brontë, porém de forma indireta e espontânea, por meio de determinados padrões de sentimento recorrentes. "Quando a inquietude é real", Williams escreve, "ela não precisa aparecer numa greve ou na destruição de máquinas" (ibid., p.65).

Outra mediadora entre a arte e a sociedade é a convenção, que, na opinião de Williams, tem a ver no fundo com as relações sociais. Pensem, por exemplo, na convenção do narrador onisciente no romance realista, que tem como pressupostos o julgamento confiável, uma visão ampla e a capacidade de conduzir uma narrativa uniforme em meio a uma profusão de personagens e situações. Não é difícil relacionar a autoconfiança desse projeto ao apogeu histórico da classe média, que pode classificar o romance realista entre seus feitos culturais mais grandiosos. Poderíamos, então, comparar esse feito com o mundo fragmentado de grande parte da ficção moderna, na qual talvez não exista mais verdade inquestionável, fundamento sólido ou ponto de vista dominante, simplesmente um conjunto de perspectivas conflitantes e ambiguidades desconcertantes. Uma crise da forma literária tem origem em uma transformação mais profunda, quando a sociedade de classe média entra no período agitado próximo da Primeira Guerra Mundial. Na visão de Williams, as formas e as convenções culturais têm uma base histórica.

The English Novel from Dickens to Lawrence contesta boa parte da opinião crítica convencional. Um lugar-comum indispensável é dizer que Jane Austen ignora os acontecimentos históricos importantes da sua época, como as guerras napoleônicas; no entanto, Wiliams recorda que poucas realidades históricas eram mais relevantes à época que os destinos das famílias proprietárias de terra das quais ela se ocupa. Austen não ambienta sua ficção num meio rural atemporal e pacato, mas num mundo de interações complexas entre herança, propriedade fundiária, fortunas obtidas com o comércio e a exploração colonial, casamentos dentro da mesma classe social e muitas outras fontes de riqueza. Mesmo com toda elegância e decoro, essa é uma sociedade assumidamente gananciosa, pois o capital fundiário, o comercial e o colonial se entrelaçam cada vez mais. Apesar dos conflitos e instabilidades que isso tudo gera, Austen consegue, na opinião de Williams, alcançar uma impressionante unidade de tom – um equilíbrio moral e uma avaliação segura que refletem a confiança e a maturidade de sua classe social. Ela avalia a refinada sociedade tradicional, bem como os arrivistas que tentam ascender dentro dela, por meio de determinados critérios rígidos de conduta moral e distribui alguns comentários ácidos sobre o quão lamentavelmente muitos de seus personagens ficam aquém deles. É difícil imaginar a tolerante George Eliot ou Henry James comentando, como Jane Austen faz, que a morte de um de seus personagens foi um golpe de sorte para seus pais. Todavia, ela também é uma autora profundamente materialista, conseguindo avaliar rapidamente o valor de uma casa de campo ou a renda gerada por um pedaço de terra. Como recorda Williams, é isso que ela enxerga quando observa uma plantação, não alguém de fato trabalhando ali. Os lavradores são praticamente invisíveis. A zona rural só se torna concreta em relação às casas da aristocracia; fora isso, é primordialmente um local de passeio.

    A familiaridade com a sociedade rural também permite que Williams destrua diversos mitos a respeito de Thomas Hardy. A ficção dele não se ocupa do campesinato pelo simples motivo de que ele mal existia na Inglaterra em que Hardy escreveu. Essa classe tinha sido praticamente expulsa da terra pelos cercamentos do final do século XVIII. Em seu lugar, temos um universo de fazendeiros capitalistas, lavradores, comerciantes e artesãos. Grace Melbury, de *The Woodlanders*, não é simplesmente uma jovem camponesa, mas a filha de um comerciante de madeira bem sucedido. Tess Durbeyfield fala o dialeto da região oeste quando está em casa, mas o inglês padrão quando está longe dela. Ela não é seduzida por um aristocrata malvado, mas pelo filho de um industrial aposentado. Ela também não é nenhuma caipira ignorante, porém, por ser filha de um proprietário vitalício e pequeno negociante, recebeu uma educação razoável numa escola nacional, uma escola para crianças pobres dirigida pela Igreja Anglicana. Williams recorda que o próprio Hardy, como George Eliot e D. H. Lawrence, tem sido descrito de forma condescendente como um indivíduo "autodidata", apesar de os três autores terem recebido uma educação melhor que a maior parte dos seus compatriotas. Nesse contexto, "autodidata" pode ser traduzido como "não frequentou uma escola particular, nem Oxford ou Cambridge".

Em Hardy, a tragédia brota das circunstâncias, não do destino. Como ressalta Williams, ela também não resulta da invasão e da destruição de um modo de vida rural atemporal pelas influências urbanas. Não existe um confronto significativo entre o rural e o urbano, sobretudo porque, na sociedade inglesa, as relações capitalistas típicas da cidade se firmaram primeiro na zona rural. Se a Wessex de Hardy é um lugar precário para se viver, isso se deve basicamente a forças destrutivas típicas dele: pobreza, as desvantagens do arrendamento e da agricultura pouco capitalizada, o aluguel de terra e a diminuição gradual da classe dos artesãos, dos negociantes, dos pequenos comerciantes, dos camponeses e afins. O que também é instável nos romances é a própria relação de Hardy com esse ambiente social, por ser filho de um pequeno construtor rural que conhece esse universo por dentro, mas que também é um espectador culto que observa ao mesmo tempo o lugar em si e o leitor metropolitano para o qual escreve.

Essa ambiguidade, afirma Williams, está incorporada na linguagem utilizada por Hardy. Se Tess alterna entre o dialeto de Wessex e uma forma de discurso mais "correta", o próprio Hardy fica preso entre uma forma direta de descrição da sociedade rural com a linguagem simples de seus membros e um estilo de escrita mais elaborado, consciente e "literário" que procura ser aceitável para um público metropolitano de classe média para o qual o campo é o espaço da idiotice rural. Ele chama essas duas modalidades de discurso de "tradicional" e "culta", afirmando que nenhuma delas acaba atendendo ao objetivo de Hardy: como diz Williams, "os cultos [são] estúpidos em termos de intensidade e limitados em termos de humanidade, e os tradicionais [são] frustrados pela ignorância e têm hábitos condescendentes" (EN, p.107). A forma, uma vez mais, é social e histórica: uma alteração estilística é sintomática de uma crise social mais profunda. Williams identifica na obra de D. H. Lawrence, na sua opinião o mais talentoso romancista inglês do seu tempo, uma tensão similar entre a clareza e a falta de clareza, o pertencimento e o não pertencimento, a necessidade de enraizamento e a liberdade de espírito.

Se Williams é esclarecedor ao abordar Austen, as irmãs Brontë, Dickens, George Eliot e Hardy, ele é visivelmente menos impressionante quando trata de Joseph Conrad, Henry James, James Joyce e Virginia Woolf. É impossível analisar Conrad de verdade sem fazer referência à sua visão metafísica ou filosófica, mas Williams, como Leavis, é fraco em filosofia e deixa esse aspecto da sua obra de lado. O mesmo acontece com seu tratamento de D. H. Lawrence, cujos conceitos metafísicos são fundamentais para compreender sua ficção. Quanto a Henry James, um dos melhores romancistas da língua inglesa, Williams parece estranhamente desconfortável com ele. Tal como acontece com Austen, ele enfatiza o quão profundamente materialista James é, por trás da aparência bem-comportada. Embora sua ficção se concentre inteiramente na riqueza, na propriedade e na exploração, Williams considera, inexplicavelmente, que ele exclui a história da sua arte. Ele também o enxerga como modernista, não um realista de peso, para quem o tema do romance se torna o próprio romance. "A consciência em James", Williams escreve, "[...] é o objeto e o sujeito quase exclusivos da consciência" (ibid., p.135). Isso pode ser verdade para as obras do final da carreira de James, embora até isso seja discutível, mas é uma caricatura do conjunto da sua obra. Como também é uma caricatura a insinuação de que a Dublin de Joyce em *Ulysses* não é tanto uma cidade real ou uma "comunidade reconhecível", e sim uma abstração simbólica. O que *Ulysses* retrata é justamente uma cidade reconhecível; aliás, até certo ponto, isso também acontece atualmente nessa capital pós-colonial, onde todos parecem ter sido colegas de escola ou de faculdade. Afirma-se que a cidade tem uma excelente acústica. Ainda assim, o romance de Joyce é aclamado como uma importante obra de arte, mas a obra literária em inglês mais surpreendentemente vanguardista, *Finnegans Wake*, é rejeitada com algumas linhas. *Mulheres apaixonadas*, de D. H. Lawrence, uma das experiências criativas mais ousadas do autor, recebe as devidas homenagens (ainda que um pouco superficiais); no final, porém, Williams prefere o mais realista *O amante de lady Chatterley*, com sua sensibilidade pela vida simples, à "linguagem simbólica abstrata" da obra anterior, uma avaliação extremamente equivocada.

A opinião de Williams a respeito desses escritores modernos é distorcida por sua antipatia pelo modernismo, e em nenhuma situação isso é mais evidente que em sua aversão por Virginia Woolf. Ele enxerga sua ficção como um mundo do qual a realidade comum que ele valoriza foi removida, deixando apenas uma consciência isolada e desencarnada. Em *As ondas*, "todos os móveis, até mesmo os corpos físicos, saíram pela janela, e nos restam sentimentos e vozes, vozes no ar" (LR, p.279). Mas por que deveríamos esperar que Woolf escrevesse como Balzac ou Turguêniev? Williams fez essa avaliação antes que Woolf se tornasse um símbolo feminista, e não há aversão pelo feminismo implícita na crítica que ele faz de sua arte. Na verdade, a obra na qual ele escreve essas palavras, *The Long Revolution*, enumera o que ele chama de "relacionamentos complexos baseados na geração e na criação da vida" (ibid., p.114) ao lado da política, da economia e da cultura como os setores principais de qualquer sociedade. Devemos nos opor a uma ordem social que considera a geração e o cuidado dos seres humanos não como uma preocupação primordial, mas como uma maneira de abastecê-la com trabalhadores em potencial. O desenvolvimento do amor e da capacidade de amar, Williams observa, são fundamentais para a evolução da sociedade. Em 1961, ano em que *The Long Revolution* foi publicado, isso estava longe de fazer parte do senso comum, tanto na esquerda política como em qualquer outro lugar.

Em outro trecho, Williams ressalta que "é praticamente impossível duvidar da importância absoluta da reprodução e da criação do ser humano e da sua indiscutível corporalidade" (PL, p.340) e observa que a sexualidade é um dos temas que foi tradicionalmente descartado pelo marxismo. Na verdade, ele próprio não tem muito a dizer sobre isso; pelo contrário, existe certa cautela puritana em tratar o assunto em sua obra, assim como existe uma fase puritana nos textos de Leavis. No entanto, Williams também aborda o tema do corpo humano, que está meio na moda, a partir de um novo ângulo revelador, insistindo no "vínculo material muito profundo entre a língua e o corpo" (ibid.). Desde *The Long Revolution* ele estava interessado nos efeitos do ritmo poético "no sangue, na respiração e nos padrões físicos do cérebro" (LR, p.24). Nesse caso, existe um paralelo com a preocupação de Eliot com o efeito da poesia na região visceral. Ao contrário do culturalismo pós-moderno, para o qual a biologia é basicamente um incômodo, Williams conservou uma atração materialista pela ideia de que os seres humanos são organismos físicos. Independentemente da nobreza de espírito que possamos alcançar, continuamos sendo, antes de mais nada, amontoados de matéria.

A descrição que Williams faz da sociedade rural inglesa é desenvolvida mais amplamente em *O campo e a cidade* (1973). Trata-se da obra que ele achou mais difícil de escrever que qualquer outro livro, talvez porque aborde questões extremamente importantes para a sua própria identidade. Entre outras coisas, o ensaio analisa a tradição da casa rural na poesia inglesa do ponto de vista dos lavradores explorados, que eram os próprios antepassados de Williams e que enxergavam essas mansões como "palavra[s] de ordem gravadas em pedra" (CC, p.106). "Pouquíssimos títulos de propriedade", ele escreve, "poderiam resistir a uma investigação digna que percorresse o longo processo de ocupação, de usurpação, de intriga política, de cortesania, de extorsão e do poder do dinheiro" (ibid., p.50). Como a crítica literária não estava acostumada a analisar nesse termos obras-primas da poesia como "To Penshurst", de Ben Jonson, ou "To Saxham", de Thomas Carew, o livro foi recebido friamente por vários resenhistas. No entanto, cabe ressaltar que um dos primeiros exemplos de poesia pastoral de que dispomos, *Bucólicas*, de Virgílio, alia a idealização da vida rural com um clamor indignado diante do sofrimento dos pequenos proprietários expulsos pelo regime romano no qual o autor vivia.

O campo e a cidade apresenta uma descrição inabalavelmente materialista da história de lutas, privações e, pura e simplesmente, de roubo que está por trás da imagem de cartão-postal de uma Inglaterra rural atemporal. É incrível que não haja praticamente nenhuma análise de *Some Versions of a Pastoral*, de Empson, afora algumas frases ríspidas depreciativas. Talvez isso se deva em parte ao fato de, a exemplo da maioria dos outros leitores, Williams achar o livro desconcertante. De todo modo, ele passou a recriminar a crítica textual rigorosa, considerando-a uma maneira de evitar questões mais gerais. Evidentemente, ele parece não perceber o quão político o livro de Empson é. Sobre o tema da cidade, que recebe muito menos atenção que o campo, o ensaio é menos esclarecedor. Williams não gostava da vida urbana, apesar de alegar, de maneira pouco convincente, que "precisava" visitar cidades estrangeiras. Ele nunca viveu numa cidade maior que Cambridge e não era um personagem mais metropolitano que Leavis, que dirá cosmopolita. Contudo, como todos os socialistas, ele era um internacionalista e acreditava na solidariedade mundial entre trabalhadores e trabalhadoras.

De *Cultura e sociedade* em diante, é difícil dar um nome ao projeto intelectual de Williams. Como crítico, sociólogo, romancista, teórico da cultura e comentarista político, ele é o pesadelo dos livreiros, pois não existe um espaço evidente nas prateleiras para alojar suas obras. Ele também é uma espécie de sábio ou moralista, na tradição que ele registra em *Cultura e sociedade* – o último personagem, por assim dizer, em seu próprio drama. Ele próprio observa, na primeira página de *The Long Revolution*, que "não existe nenhuma disciplina acadêmica dentro da qual os temas que me interessam podem ser tratados com profundidade" (LR, p.ix-x). No fim, ele próprio ajudou a criar essa disciplina, a saber, os estudos culturais. Como o conceito de cultura se refere à qualidade de um modo de vida, convém que seu estudo surja sobretudo da crítica literária, que, além disso, também se dedica às questões do valor e das características da experiência. Como a crítica literária também é um tema com fronteiras extremamente imprecisas, abrangendo tudo que vai da morte aos dátilos, ela consegue se abrir para outros campos de investigação mais facilmente que a maioria das disciplinas. Aliás, no caso de Williams, ela se abre tanto que, como veremos posteriormente, praticamente desaparece.

O termo que ele acabaria utilizando para definir seu projeto foi "materialismo cultural", cujos primórdios podem ser encontrados em *The Long Revolution*. O livro contém ensaios sobre a expansão da imprensa popular e do público leitor, a evolução do inglês padrão e a história social dos escritores e dos gêneros dramáticos ingleses. Tinham transcorrido apenas três anos desde o surgimento de *Cultura e sociedade*, mas o tom é extremamente mais cáustico. Enquanto a obra anterior utiliza termos como "uma cultura comum", "responsabilidade mútua" e "os recursos da comunidade" quase como um eufemismo para socialismo, a posterior fala abertamente em classe e capitalismo. Ainda assim, a revolução mencionada no título não é do tipo que deixa as ruas cheias de sangue. Ela significa, antes, um processo que já está bem adiantado: a expansão gradual da democracia, da indústria, da alfabetização, da educação e das novas formas de comunicação. Em suma, a revolução é gradual e tripartida: política, econômica e cultural.

Vale lembrar que essa revolução não é considerada como tal em termos marxistas clássicos, para os quais revolução consiste na transferência do poder de uma classe social para outra e normalmente implica um confronto violento; contudo, a relação de Williams com o marxismo sempre foi complexa e ambígua. Ele costuma ser chamado de marxista, porém, embora tenha sido membro do Partido Comunista por dezoito meses quando era estudante, ele se afasta claramente da doutrina em *Cultura e sociedade*. *The Long Revolution* é certamente anticapitalista, mas seu conceito de revolução, como acabamos de ver, não é o de uma ruptura política clara; e embora *Tragédia moderna* faça referência à revolução armada, ela é mais do tipo anticolonial que do tipo anticapitalista. Alguns anos depois, quando Williams concebeu a teoria do materialismo cultural, ele se referiu a este, com certa cautela, como "compatível" com o marxismo, não como uma faceta dele.

É uma questão complicada, porque o que se entende por marxista está longe de ser algo evidente. Há pensadores que reivindicam o título embora rejeitem uma ou várias doutrinas-chave do próprio Marx; e muitas ideias que às vezes são consideradas marxistas já eram famosas quando ele as pôs no papel – entre elas, comunismo, revolução, alienação, classe social, luta de classes e a natureza classista do Estado. Os conceitos de valor de uso e valor de troca, embora não os termos em si, podem ser encontrados em Aristóteles. Tanto Adam Smith como Jean-Jacques Rousseau acreditavam na primazia da produção material nas questões sociais, o que, em certo sentido, também era verdade para Sigmund Freud. Uma das poucas teses que talvez seja exclusiva de Marx é a contradição entre as forças e as relações de produção, que também é uma de suas afirmações mais discutíveis. Williams não faz praticamente nenhum comentário a respeito dessa característica supostamente indispensável do pensamento marxista.

Mesmo assim, não há dúvida de que, à época de *Marxism and Literature* (1977), a posição de Williams tinha se deslocado de maneira decisiva para a esquerda revolucionária. Nesse sentido, sua carreira contraria o clichê melancólico do jovem manifestante incendiário que se transforma numa pessoa de meia-idade tranquila. A evolução das suas opiniões coincide com o período que vai do final dos anos 1960 a meados dos anos 1970, no qual a esquerda política conheceu um breve momento de ascensão. Nessa época, Williams chegaria até a se referir favoravelmente à violenta Revolução Cultural Chinesa.[8] Foi também uma época que assistiu à chegada na Grã-Bretanha de diversas teorias neomarxistas, na maioria das quais a cultura, a linguagem, a arte, a consciência e a comunicação recebiam um papel mais decisivo que o marxismo dos tempos de estudante de Williams jamais lhes atribuíra. À medida que a obra de Lukács, Gramsci, Goldmann, Sartre, Brecht, Bakhtin, Benjamin e Adorno influenciava cada vez mais a esquerda britânica, era como se o marxismo tivesse se atualizado com Williams, não o contrário. Havia agora uma versão humanista e não doutrinária da teoria à qual ele poderia aderir sem dificuldade e que parecia atender ao que fora, desde o início, sua principal objeção ao marxismo: o fato de ele atribuir à cultura e à comunicação uma posição secundária, não fundamental. Elas pertenciam à chamada superestrutura, não à base material, e esse era um argumento que Williams jamais pôde aceitar.

Sua rejeição já fica evidente em *The Long Revolution*. Num capítulo intitulado "The Creative Mind" [A mente criativa], ele afirma que a comunicação jamais é secundária em relação à realidade; pelo contrário, só por meio da linguagem e da interpretação é que se constitui

---

[8] Ver Eagleton, T.; Wicker, B. (Orgs.). *From Culture to Revolution*. Londres: Sheed & Ward, 1968. p.298.

a realidade. A arte é tradicionalmente considerada criativa, ao contrário da consciência comum; todavia, na opinião de Williams, a distinção é falsa, já que o conjunto das nossas atividades rotineiras depende do aprendizado, da descrição, da comunicação e da interpretação. A própria percepção é criativa, e a arte é simplesmente um exemplo especializado de percepção, sem nenhum estatuto particularmente privilegiado. Na interação entre sujeito e objeto, a consciência reorganiza continuamente a realidade e, por sua vez, é reorganizada por ela. Depois, algumas obras posteriores de Williams voltam esse argumento contra a afirmação marxista ortodoxa de que a cultura e a comunicação ocupam apenas um lugar secundário e subordinado na vida social. Ele afirma que acreditar nisso é desmaterializar essas atividades, porque o problema do marxismo ortodoxo é não ser materialista o suficiente. Ele é incapaz de compreender a cultura como um conjunto de práticas tão materiais como a mineração de carvão ou a fiação de algodão. Embora isso seja verdade, corre-se o risco de perder o foco. O que a maioria dos marxistas defende é que a cultura e a comunicação são práticas materiais, mas não do tipo que, no fim, são *determinantes*. Elas não são os motores principais da transformação histórica.

É esse rebaixamento da cultura, tal como Williams o enxerga, que o materialismo cultural pode corrigir. A cultura, ele insiste, é um modo de produção em si mesmo, envolvendo algumas relações sociais e condições históricas específicas, e é a análise disso que deveria ocupar o lugar da crítica literária em sua versão tradicional. Os meios de comunicação também são meios de produção, tanto no sentido de que dão origem a um produto (discurso, notícia, arte, informação) como no sentido de que são parte integrante da produção material como um todo. A língua, igualmente, não é apenas um "suporte", mas sim uma produtora ativa de significado. Ela é constitutiva da atividade social e compõe uma parte indispensável do processo social. Não é um reflexo da realidade, mas a própria realidade, e é menos um sistema fechado que um processo de produção.

Williams aborda o tema da língua de maneira direta em *Palavras-chave*, um ensaio extremamente original de semântica histórica. O livro investiga a história confusa, conflituosa e às vezes interrompida de uma série de palavras ("classe", "democracia", "elite", "realismo", "tradição", "literatura", "intelectual" e outras afins) que compõem um vocabulário da cultura e da sociedade. Ele mostra como os significados são produzidos por meio da inovação, da interação, da transferência, da transformação, da superposição e da ampliação e como a história da língua atua como o corpo material da história do pensamento. Em algum lugar por trás do livro, como em algum lugar por trás da obra de linguística de I. A. Richards, está a crença de Coleridge, expressa em *Biographia Literaria*, de que as palavras são brotos ou órgãos vivos da alma humana, junto com seu registro daquilo que ele chama de períodos de crescimento natural e de modificações involuntárias da língua. Tendo em conta a diferença de estilo, isso não está muito distante do projeto de *Palavras-chave*.

A obra também pode ser descrita como o equivalente de Williams a *The Structure of Complex Words* – embora Empson, depois de interpretar erroneamente a obra como se ela afirmasse que a língua exerce um poder determinante sobre o pensamento e a ação, escreveu uma crítica bastante negativa dela. (O que Williams realmente afirma é que compreender palavras como "classe" ajuda muito pouco a resolver as lutas de classe concretas. Isso destoa do argumento racionalista liberal, exemplificado por I. A. Richards e talvez partilhado por Empson, de que os conflitos podem ser solucionados desfazendo os mal-entendidos.) Mesmo assim, Williams e Empson estão de acordo em rejeitar a alegação de Richards de que o significado pode se diluir totalmente no contexto. Os contextos são fundamentais, mas, para Williams, as palavras têm "suas próprias evoluções e estruturas internas" (K, p.xxxiv), que não podem ser reduzidas ao seu entorno verbal. Tanto para ele como para Empson, elas são minitextos que tecem toda uma série de fios históricos dentro de seu espaço compacto. *Palavras-chave* destrincha mais de

130 palavras em seus diferentes componentes históricos, virando do avesso, por assim dizer, o bordado da língua para revelar a proliferação desordenada de pespontos que fizeram parte da sua criação.

Vale a pena acrescentar que Williams tem suas próprias palavras-chave, ou seja, termos que aparecem constantemente em sua obra: "complexo", "difícil", "diverso", "variável", "específico", "ativo", "mutável", "comunicante", "ampliação", "crescimento", "forma", "relacionamento", "negociar", "significados e valores", "sentimento", "experiência". Uma ou duas dessas palavras – "ativo", por exemplo – são repetidas com tanta frequência que acabam perdendo quase todo o significado. "Complexo" e "difícil" se destinam, entre outras coisas, a uma proteção contra as simplificações exageradas do marxismo vulgar; "crescimento", "mutável" e "variável" pertencem à crença questionável de que a mutabilidade geralmente é positiva, enquanto "diverso" é, em parte, um ataque à uniformidade stalinista. Na cultura pós-moderna, a diversidade e a pluralidade se tornaram uma espécie de mantra e não são facilmente compatíveis com a convicção e o compromisso. Por outro lado, um dos destaques impressionantes da obra de Williams é que, para ele, a diversidade e o compromisso não têm a menor incompatibilidade. Na verdade, ele utiliza a palavra "diversidade" praticamente desde o começo. Ele não tem dúvida de que uma sociedade genuinamente socialista, visto que ampliaria a participação ativa para um número muito maior de cidadãos, seria inevitavelmente mais complexa e heterogênea que a ordem social que temos no momento, em que os significados e valores são determinados basicamente por uma minoria.

Para ele, a cultura é um sistema significante por meio do qual uma sociedade é conhecida e transmitida, sendo inerente a qualquer formação social, política ou econômica – o que tem consequências para os estudos literários. Enquanto o marxismo nos oferecer apenas mais uma forma de interpretar textos literários, ele continuará preso no mesmo paradigma da crítica a que se opõe. Também não se trata, na opinião de Williams, de relacionar duas entidades fixas e compreensíveis chamadas arte e sociedade, já que ambas são abstrações do todo do processo social. Em vez disso, o que é preciso é uma mudança decisiva para novos territórios, nos quais a "escrita" (não apenas a invenção histórica recente conhecida como literatura) será analisada como uma prática material e histórica. Essa abordagem reconhecerá que "não podemos separar a arte e a literatura dos outros tipos de prática social para submetê-las a leis muito especiais e diferentes" (PMC, p.44).

Num período em que a cultura e a comunicação cresceram e se transformaram em imensas corporações, a recusa de Williams de diferenciar entre o primário (produção material) e o secundário (arte, cultura) evidentemente faz sentido. Se o materialismo cultural não é uma abordagem limitada ao capitalismo avançado, ele certamente é corroborado por ele. Ele também tem consequências para a ação política, como quando Williams escreve que "a tarefa de um movimento socialista vitorioso estará ligada tanto aos sentimentos e à imaginação quanto à realidade e à organização" (RH, p.76). No entanto, o fato de as fazendas e as salas de concerto serem igualmente materiais não significa necessariamente que elas têm a mesma importância na determinação do curso da história. Em último caso, poderíamos viver sem salas de concerto, mas não sem comida. Os seres humanos precisam de moradia, mas não precisam de boates de *strip-tease*. Williams ignora por um momento esse aspecto da teoria marxista, mas acaba por aceitá-lo em *A política e as letras*. Ele também reconhece, mais plenamente que antes, que, para o marxismo, áreas como o direito, a arte, a política, a religião etc. fazem parte da superestrutura não porque são menos materiais que as fábricas clandestinas, mas porque, entre outras coisas mais louváveis, ajudam a legitimar o tipo de sociedade em que essas fábricas clandestinas são possíveis.

Portanto, materialismo cultural é o estudo das condições de produção da arte por agentes humanos reais em circunstâncias históricas mutáveis. Ele implica "uma análise das relações específicas por meio das quais as obras são feitas e circulam" (PM, p.173) e trata a literatura como uma forma de linguagem e de significado entre muitas. No curto ensaio *Culture*, Williams já não analisa obras de arte isoladas, mas questões relacionadas a mercados, mecenas e patrocinadores, bem como estruturas como confrarias, escolas, movimentos, seções e vanguardas. As obras literárias devem ser consideradas menos objetos que "partituras", a serem interpretadas de forma variável de acordo com convenções específicas, que estão profundamente enraizadas nas relações sociais como um todo. Em outras palavras, a recepção da arte tem de ser examinada junto com a sua produção. Sem esse contexto histórico, só nos resta "o leitor nu diante do texto nu" (WS, p.189).

Com o desenvolvimento do mercado de produtos literários, a literatura se torna uma mercadoria como outra qualquer, e o que chamaríamos de modo de produção literário se funde com a produção material em geral. Isso provoca uma reação dos artistas, que se veem diante de um público que se tornou anônimo e cuja obra parece ter sido rebaixada ao nível das camisetas e caçarolas. A imaginação criativa passa a se sujeitar aos mesmos processos de mecanização aos quais ela se considera superior. Um dos nomes dessa reação é o romantismo, que normalmente é incapaz de lidar com as vantagens da produção em massa sob a forma de um aumento significativo do número de leitores. Contudo, nos tempos pré-modernos havia formas mais variadas de produção literária: bardos das tribos que declamavam seus poemas em público, escribas monásticos, vendedores ambulantes de baladas e cordéis, autores de mascaradas a serviço do monarca, teatros patrocinados pelo Estado, manuscritos passados de mão em mão entre uma confraria cortesã, jornalistas literários cujos textos eram destinados aos clubes e cafés, poesia dedicada a patrocinadores aristocratas, ficção publicada em série em revistas "de nível". Mesmo quando a literatura é motivada sobretudo pelas forças do mercado, surgem práticas e relações sociais alternativas: pequenas editoras, associações de escritores, radionovelas e telenovelas, clubes do livro, festivais literários, companhias de teatro amador, declamações públicas de poesia etc. Ocupar-se disso tudo não é simplesmente inspecionar os contrafortes sociológicos da cultura, já que ajuda a definir a forma e a técnica das próprias obras literárias. W. B. Yeats, por exemplo, tem atrás de si uma tradição irlandesa de poesia pública e política, de modo que grande parte de seus versos é composta de uma forma que facilita a declamação, o que não acontece com a poesia de T. S. Eliot.

O materialismo cultural é, entre outras coisas, uma resposta ao estruturalismo e ao pós-estruturalismo, que eram populares à época, mas que, na opinião de Williams, são perigosamente formalistas e a-históricos. Na verdade, sua reação à crescente influência dessas teorias provavelmente ajudou a deslocá-lo mais para a esquerda, e isso numa época em que muitos antigos marxistas estavam correndo na direção oposta. Ele tem uma desconfiança bem britânica da teoria, que considera distante demais da experiência vivida. Como um historicista radical, ele também é contrário ao que considera sistemas fechados, estáticos e absolutos. Em vez disso, prefere os sistemas mutáveis, diversificados e abertos. Essa propensão precisa ser questionada. A mudança não tem valor em si mesma, nem a diversidade de partidos fascistas deve ser aplaudida. Não há nenhuma virtude em ter um grau variável de generosidade. A garantia de que não seremos enterrados vivos não deve ser uma questão em aberto. O estático e o imutável podem ser profundamente desejáveis: esperamos que o direito de voto das mulheres jamais se transforme na supressão do direito de voto das mulheres. O sistema não deve ser rejeitado por si só: pensar por meio das interconexões entre as coisas com um espírito rigoroso pode ser emancipador, não aprisionador. É em parte como reação ao stalinismo que Williams, junto com os colegas da Nova Esquerda E. P. Thompson e Stuart Hall, desconfia tanto do pensamento sistemático. Também não há nada de errado com os absolutos. No pensamento moral tradicional, "absoluto" significa simplesmente que não existe nenhum conjunto de circunstâncias imaginável que justifique determinada ação, como assar crianças na fogueira.

Não fica claro como o materialismo cultural se diferencia da sociologia da cultura tradicional, que também investiga questões como público leitor e formação artística, e parece não haver nenhuma resposta pronta para isso, além do fato de que o tipo de sociologia cultural de Williams é mais marxista que a maioria. Entretanto, se a cultura deve ser analisada não tanto em si mesma, mas em função das suas condições de produção e de recepção, não corremos o risco de desprezar o papel que ela pode desempenhar enquanto crítica social? E o que acontecerá com o prazer do texto – com seu aspecto utópico, além da sua capacidade de gerar conhecimento e diversão a seus leitores? Isso tem de ser deixado de lado em prol da descrição da origem social dos autores ou do caráter evolutivo dos gêneros teatrais? Williams também negligencia o fato de que investigações históricas ou sociológicas sobre a arte nem sempre são radicais. De Edmund Burke em diante, a historicização tem sido no mínimo tão típica da direita como da esquerda política. Além disso, não produzimos uma interpretação subversiva de *Tom Jones* simplesmente situando-o em seu contexto histórico, mesmo num contexto de conflito, ou investigando seus meios de produção. Apesar disso tudo, existem importantes consequências políticas nessa mudança de foco dos textos para as instituições. Como já vimos, ela permite que Williams apresente propostas concretas para a transformação da indústria cultural de uma forma que Richards ou a *Scrutiny* jamais fizeram.

Pode-se dizer que Williams começa superestimando a importância da crítica literária, um erro que ele herda de Leavis, e acaba subestimando-a. Como vimos, *Drama from Ibsen to Eliot* aborda seu tema basicamente como um conjunto de textos isolados em vez de abordá-lo como uma questão do teatro enquanto instituição, ao passo que a obra posterior de Williams, apesar de sua insistência de que "as variantes de leitura cerrada [...] certamente me parecem indispensáveis" (WS, p.215), inclina o bastão na direção oposta.

É o caso de perguntar até que ponto isso se deve em parte ao fato de a análise textual atenta, particularmente de poesia, jamais ter sido um dos seus pontos fortes. Como *The Great Tradition*, de Leavis, *The English Novel from Dickens to Lawrence* cita longos trechos de romances sem analisá-los detalhadamente, enquanto *O campo e a cidade* trata a literatura meramente como documentação social. A certa altura, o livro cita alguns versos do escritor secundário do século XVIII James Thomson, sem mencionar o fato mais evidente a respeito deles, ou seja, o quão horríveis eles são. Na verdade, Williams ficou cada vez mais agressivo com relação à avaliação literária, que ele associava à crítica convencional que queria abandonar. Como Leavis, ele desconfiava da noção de estética, rejeitando-a como uma categoria abstrata, embora concordasse que existem experiências específicas e variadas que foram agrupadas sob essa rubrica. Ele acreditava que essas experiências representam uma série de valores que a ordem social dominante procurou eliminar. Elas também protestam contra a redução da vida humana à mera utilidade. Portanto, se às vezes Williams rejeita o conceito de estética por ser demasiado abstrato e universalista, em outras ocasiões ele reconhece, meio a contragosto, sua força. Como muitos críticos modernos, tanto Williams como Leavis tendem a reduzir o conceito de estética à ideia de uma forma de experiência especial e isolada e à questão da beleza, o que, então, torna mais fácil descartá-lo. Todavia, a estética clássica é muito mais abrangente que isso.

A desconfiança das ideias abstratas faz parte do legado leavista de Williams. Contudo, "classe", "cultura" e "igualdade" são ideias abstratas e nem por isso devem ser rejeitadas. O que atrai sua atenção continuamente são as coisas concretas e historicamente específicas; no entanto, ele as analisa com um estilo tão envolto em abstração que geralmente é difícil de decifrar. Vejam este parágrafo sobre *O morro dos ventos uivantes* em *The English Novel from Dickens to Lawrence*:

Entre o dado e o desejado, entre o imprescindível e aquele mundo plausível que pode parecer dissociável, a ação se encaminha para sua conclusão. Uma experiência imprescindível do que é ser humano – daquele desejo de vida, daquele relacionamento que é dado – é frustrada, deslocada, perdida nessas dificuldades específicas; entretanto, depois, de uma forma profundamente convincente – simplesmente por ser imprescindível –, ecoa, é refletida, de onde ela agora existe somente em espírito; a imagem do imprescindível, vista se movendo além daquela vida composta e reorganizada; a realidade da necessidade, da necessidade humana, assombrando, surgindo diante de um mundo reduzido a uma escala reduzida. (EN, p.68)

A passagem é um pouco mais inteligível dentro do contexto, mas não muito. Existem trechos de prosa muito mais lúcidos em Williams, mas também existem alguns ainda mais obscuros. Em geral, seu texto é formal, enfadonho e intrincado. Suas ideias eram sólidas, profundas e equilibradas, mas não tinham a agilidade e a imprevisibilidade de um Empson. Como a citação anterior indica, é típico de seu estilo atribuir ao abstrato características emocionais ou abstrair as características emocionais sem descartá-las inteiramente. Aquilo que é, de certa forma, uma linguagem particular e idiossincrática é projetada numa forma de discurso vibrantemente pública e respeitável, às vezes de um modo intencionalmente inteligente. Sua voz inspira tamanho respeito que ele raramente se dá ao trabalho de mencionar uma fonte ou citar outro crítico. Como diz o sociólogo Michael Walzer, existe "uma máxima no Talmude segundo a qual quando um erudito reconhece *todas* as suas fontes, ele faz que o dia da salvação fique um pouco mais próximo"; nesse caso, Williams conseguiu protelar indefinidamente a vinda do Messias.[9] Não que ele

---

9 Ver Walzer, M. *Sphere of Justice*. Nova York: Basic Books, 1983. p.xvii. Sobre o tema da "voz" no texto de Williams, ver Simpson, D. Raymond Williams: feeling for structures, voicing "history". In: Prendergast (org.), *Cultural Materialism*.

sempre tivesse tantas fontes assim para citar. Havia inúmeros pensadores importantes que ele nunca leu; e embora isso reflita um pouco a sua originalidade e independência de espírito e o modo como ele recorre tão intensamente a seus próprios recursos, também revela certo orgulho e distanciamento, uma recusa de ficar em débito com outros intelectuais, o que não é fácil de conciliar com suas opiniões políticas. É o estilo de alguém que está sempre se manifestando em defesa dos outros – do seu próprio povo, dos trabalhadores em geral e até mesmo da humanidade enquanto tal –, mas que, curiosamente, também é uma pessoa independente e isolada. Alguns daqueles que lhe eram próximos percebiam essas características em sua vida pessoal, mescladas, estranhamente, com um calor humano e uma genialidade nem sempre visíveis na principal sala de reuniões de Cambridge.

Uma das características mais impressionantes da obra de Williams é a profundidade de sua humanidade. Numa época que assistiu a algumas das transformações mais profundas já ocorridas nas formas e nas tecnologias da produção cultural, ele foi o principal representante dos trabalhadores nesse ambiente e o defensor de uma ordem social que lhes assegurasse pleno respeito. "Por minha história educacional", ele escreve, "faço parte dos alfabetizados e dos letrados. Todavia, por herança e por filiação, faço parte da maioria analfabeta e relativamente analfabeta" (WS, p.212). No entanto, embora Williams se preocupasse muito com a cultura, isso não se dava às custas da natureza. Como seu poeta favorito William Wordsworth, ele crescera rodeado de fazendas e montanhas. Foi ele que me explicou pela primeira vez o significado da palavra "ecologia", que ele próprio tinha aprendido na tarefa de biologia do filho. Ele era um ecologista muito antes de o uso da palavra ter se generalizado. As assustadoras palavras finais de *Cultura e sociedade* precedem a consciência da catástrofe ecológica e, em vez disso, têm em mente as armas de destruição em massa, mas não é difícil interpretá-las como uma profecia da calamidade global com a qual nos deparamos:

"Existem ideias, e modos de pensar, que trazem dentro de si as sementes da vida, e existem outras, que talvez estejam no fundo da nossa mente, que trazem as sementes da morte universal. A dimensão da nossa capacidade de reconhecer essas espécies e nomeá-las, tornando possível que todos as identifiquem, pode ser, literalmente, a dimensão do nosso futuro" (CS, p.442).

Índice remissivo

Addison, Joseph, 220
Agostinho, Santo, 10, 144
Akenside, Mark, 30
Andrewes, Lancelot, 57
Aristóteles, 44, 76, 96, 280
Arnold, Matthew, 29, 47, 120, 205, 209, 256, 259
Associação Educacional de Trabalhadores, 246
Auden, W. H., 156, 191, 203
Austen, Jane: F. R. Leavis sobre, 158, 190, 211-4, 219, 231, 241; Raymond Williams sobre, 268-75
Ayer, A. J., 182

Baudelaire, Charles, 27, 56-7, 63
Beckett, Samuel, 209
Benjamin, Walter, 34, 64
Bentham, Jeremy, 95-6, 228-9
Bentley, Richard, 175

Blackmur, R. P., 172
Blake, William, 45, 78, 256
Bottrall, Ronald, 211
Bradley, F. H., 42, 46, 50, 54-5, 57, 200
Brecht, Bertolt, 249, 251
Brontë, Emily, 202
Brooke, Rupert, 202
Browning, Robert, 70
Bunyan, John, 209-10, 221, 232
Burke, Edmund, 256, 259, 288
Byron, George, lorde, 30, 191, 201

Carew, Thomas, 220, 278
Carlyle, Thomas, 256, 259
Carroll, Lewis, livros de *Alice*, 146, 148, 174-5, 179
Cecil, lorde David, 213
Chapman, George, 70
Chaucer, Geoffrey, 190
Chekhov, Anton, 251

Clare, John, 195
classicismo, 61-4
Clough, Arthur Hugh, 195
Cobbett, William, 256
Coleridge, Samuel Taylor: F. R. Leavis sobre, 191; fantasia e imaginação, 71; I. A. Richards sobre, 113, 118, 124; e a crítica literária, 81-5; Raymond Williams sobre, 256, 259; *Biographia Literaria*, 283
Collini, Stefan, 67, 171-2, 180
Collins, William, 69
Conrad, Joseph: F. R. Leavis sobre, 190, 211-2, 214, 219, 248; Raymond Williams sobre, 248, 275; *Coração das trevas*, 211, 248
construtivismo, 103
Criterion, The (revista), 26, 28, 35-6, 138
Crouse, Hetta, 139
Cullen, Barry, 74

dadaísmo, 103
Dante Alighieri: I. A. Richards sobre, 90-1; T. S. Eliot sobre, 20, 52, 57, 62-3, 65-7, 71, 72-3, 77-8
Derrida, Jacques, 112, 118
Dickens, Charles: F. R. Leavis sobre, 190, 216-7, 233; Raymond Williams sobre, 75, 289; *Dombey & Filho*, 150
Donne, John, 43, 70, 75-6, 111, 166, 193, 201
Dostoievski, Fiodor, 13
dramaturgos jacobinos, 46, 66, 69-70, 190-1, 232

Dryden, John, 69, 190
Durkheim, Émile, 82

Eisenstein, Sergei, 84
Eliot, George, 30, 190, 205, 209, 212-3, 241, 242, 268, 273-5.
Eliot, Thomas Stearns: admiração por Dante, 20, 52, 57, 62-3, 65-7, 71, 72-3, 77-8; anglocatolicismo, 20, 23, 120; antissemitismo, 22, 32; contexto e infância, 20-1; e o grupo de Bloomsbury, 222; classicismo, 61-4; conservadorismo, 22, 28, 38-9, 43-4, 72, 78; conversão à Igreja Anglicana, 20, 50; cosmopolitismo, 79-80; sobre método crítico, 157; sobre crítica e teoria, 79; antipatia por Milton, 34, 3, 45, 57, 68-9, 77; dissociação da sensibilidade, 53, 69, 72; editoria de *The Criterion*, 26, 28; elitismo, 32, 36; sobre dramaturgos elizabetanos e jacobinos, 64, 70, 190; adota a Inglaterra e o anglicismo, 21-4; sobre a "mente europeia", 36; sobre sentimento na poesia, 50-2; e o movimento simbolista francês, 74; sobre I. A. Richards, 80, 101; sobre ideias na poesia, 75-7; indiferença ao romantismo, 199; posição influente, 12-3; interesse pelo teatro de revista, 33; sobre o liberalismo, 22; críticas literárias corrosivas, 24-5; sobre o marxismo, 22; sobre o significado em poesia, 53-4; correlato

objetivo, 55-6, 72; condição de estrangeiro, 21-4, 46; sobre a forma poética, 53; sobre a impessoalidade poética, 47, 49-50, 61; e a linguagem poética, 37-8, 63-5, 70, 74; prática poética, 40-1, 75, 79; e a sensibilidade poética, 74; racismo, 32; Raymond Williams sobre, 260; rejeição do individualismo, 21, 32, 35, 49, 60, 64-5, 69-70; rejeita a autodeterminação, 34; sobre a Revolução Russa, 35; autoconfiança, 30; ambiguidade sexual, 23; sobre Shakespeare, 42, 46, 51-4, 64, 75; pontos de vista sociais, 24-8; sobre a perspicácia, 52-3; sobre a tradição, 32-5, 38-46; sobre a unidade entre forma e conteúdo, 52-3

Obras: "Um ovo para cozinhar", 75; *After Strange Gods*, 49, 73; *To Criticize the Critic*, 41; ensaio sobre *Hamlet*, 55-6; "Quatro quartetos", 50, 62-3, 68, 199, 209; "Gerontion", 61, 75; *A ideia de uma sociedade cristã* (1939), 24; "Little Gidding", 22; *Murder in the Cathedral*, 25-6; *Notas para uma definição de cultura* (1948), 24; *De poesia e poetas*, 37, 57, 71-2, 78; *Ensaios escolhidos*, 81; "Os homens ocos", 26; "A canção de amor de J. Alfred Prufrock", 29, 41, 56, 71, 73, 203; "Tradição e talento individual", 39-40, 58; *O uso da poesia e o uso da crítica*, 78; *A terra devastada*, 23, 29, 38, 50-1, 58-9, 61, 63, 72, 166, 200, 208

Empson, William: sobre *Alice no País das Maravilhas*, 146, 156, 174-5, 179; sobre a ambiguidade, 146-7, 149-52; antissimbolismo, 75, 141; ateísmo, 120, 154; atitude em relação à teoria, 156-7; sobre as intenções do autor, 156; contexto e educação, 137-8; na BBC, 139; e a ética benthamita, 151; sobre o personagem no romance, 215; antipatia por F. R. Leavis, 187; sobre *A terra devastada*, de Eliot, 166; sobre a literatura elizabetana, 148, 174; sobre a empatia, 144; entusiasmo pela ciência, 154-5; linguística histórica, 179-81; hostilidade ao cristianismo, 152; sobre os impulsos humanos, 98-9; humor, 160, 188; influência de I. A. Richards, 131, 137-8, 155-6; interesse pelo budismo, 139, 151, 170-1; falta de interesse pela tradição literária, 185; individualismo liberal, 152; membro da sociedade dos Hereges, 138; sobre Milton, 147, 158, 176, 183-4; sobre a ordem e a união, 145-9; sobre o bucolismo, 158-9, 168-75; apoio a T. S. Eliot, 138; poesia, 145, 157; racionalismo, 143-5; sobre Shakespeare, 162-3, 175-7; e classe social, 146, 171, 173; socialismo, 152, 157, 159; leciona no Japão e na China, 139; estilo de escrita, 161

Obras: *Argufying*, 156, 161, 163; *Essays on Renaissance Literature*, 158; *The Face of the Buddha*, 140; *Milton's God*, 98, 140, 152, 162, 176-7, 183; *Seven Types of Ambiguity*, 1139, 141, 145, 146, 149, 153, 162, 163, 164, 168, 179; *Some Versions of Pastoral*, 146, 148, 155-6, 159, 168, 178, 179; *The Structure of Complex Words*, 113, 137, 145, 151, 152, 171-2, 179, 181, 182, 283; *Using Biography*, 155, 161
Era Augusta, 190, 220
Espinosa, Baruch, 48
estudos culturais, 253, 255, 279
expressionismo, 103, 251

Faber & Faber, 22-3
Faculdade de Inglês da Universidade de Cambridge, 10-8, 82-7, 132, 240
fascismo, 35-6
Fielding, Henry, 161
Fitzgerald, F. Scott, 220
Flaubert, Gustave, 215
formalismo, 213-5
Forster, E. M., 223
Frege, Gottlob, 182
Freud, Sigmund, 54, 56, 59, 98, 157
Fundação Rockefeller, 86
futurismo, 103

Gardner, Helen, 83
Gaskell, Elizabeth, 267
Gay, John, *A ópera do mendigo*, 175, 179, 180

Gibbon, Edward, 69
Gramsci, Antonio, 270, 281
Graves, Robert, 163, 211
Gray, Thomas, 69, 168, 195
grupo de Bloomsbury, 213, 222

Haffenden, John, 162, 164
Hall, Stuart, 287
Hamsun, Knut, 224
Hardy, Thomas, 45, 84, 202, 210, 233, 273-5
Hartman, Geoffrey, 102
Hazlitt, William, 30, 195
Hegel, Georg Wilhelm Friedrich, 96
Heidegger, Martin, 117, 185, 258
Herbert, George, "The Sacrifice", 153, 166-7
hermenêutica, 112
Herrick, Robert, 232
Hirschkop, Ken, 89
Hobbes, Thomas, 31, 69, 111
Hoggart, Richard, 67, 233, 246, 263x
Hopkins, Gerard Manley, 40, 84, 147, 191, 195, 197, 202
Horácio, 30
Hough, Graham, 212

Ibsen, Henrik, 250, 251
idealismo, 92, 119, 200
Inglês Básico, 85-6
intencionalidade, 111

James, Henry: F. R. Leavis sobre, 190, 209, 211, 214, 219, 223-4, 241; Raymond Williams sobre, 289; T. S. Eliot sobre, 22

Índice remissivo

Kant, Immanuel, 90, 96
Keats, John, 1100, 161, 191, 195; "Ao outono", 193; "Ode a um rouxinol", 206
Kermode, Frank, 121
King, Martin Luther, 99
Kipling, Rudyard, 13, 23, 36

Landor, Walter Savage, 202
Langland, William, 234
Language Research Inc., 85
Lawrence, D. H.: F. R. Leavis sobre, 26, 120, 190, 192, 199-200, 208, 211, 215, 217, 219, 224; posições políticas e sociais, 218, 259; Raymond Williams sobre, 274-6, 289; T. S. Eliot sobre, 26, 44, 76
Leavis, Frank Raymond: admiração por D. H. Lawrence, 26, 44, 191-2, 199-200, 208, 215, 217, 223-4; postura em relação à ciência, 231; carreira e situação polêmica, 206, 225-6; defende a poesia de T. S. Eliot, 191; e a civilidade, 222-3; método crítico, 202-6; pessimismo cultural, 192; antipatia por Empson, 187; antipatia por Milton, 190, 197-8; rejeita o conceito de valor literário, 91; editoria de *Scrutiny*, 224-5; sobre Eliot como um "bolchevique literário", 19-20; sobre *A terra devastada*, de Eliot, 200, 243; e a "queda" da sociedade orgânica", 234-5; sobre o desejo humano, 177; e a impessoalidade, 200-1; sobre indivíduo e sociedade, 221-2; influência de T. S. Eliot, 65-6, 192, 204; legado, 241-3; e a crítica literária, 237-8; avaliações literárias, 201-4, 212, 215, 222, 226-7, 237; sobre literatura e vida, 216-22; inglês nacionalista, 196, 241; e o marxismo, 239; princípios morais, 96; moralismo, 209; paroquialismo, 141; e a linguagem poética, 198; sobre Raymond Williams, 245; relação entre autor e obra, 200; rejeição a I. A. Richards, 231; papel na criação dos estudos de literatura inglesa, 242; sobre o papel da universidade, 237-40; sexismo, 238; sobre Shakespeare, 201, 243; estilo de escrita, 17

Obras: *The Common Pursuit*, 211, 224; *For Continuity*, 227; *Culture and Environment*, 225; *The Great Tradition*, 210, 241, 289; *Mass Civilisation and Minority Culture*, 228; *New Bearings in English Poetry*, 40, 211; *Nor Shall My Sword*, 241; "Two Cultures? The Significance of C. P. Snow", 229

Leavis, Queenie Dorothy, 188, 217, 226, 233, 237, 245; *Fiction and the Reading Public*, 233n10
Lei da Educação (1944), 225
Lewis, C. S., 88, 180
Lloyd, Marie, 38
Locke, John, 184
Lowell, Robert, 139, 153
Lowry, Malcolm, 12
Lukács, Georg, 252

MacNeice, Louis, 138
Macpherson, C. B., 235
Mallarmé, Stéphane, 68
Mao Tsé-tung, 127, 139, 158
Marlowe, Christopher, 40
Marvell, Andrew, 52, 152, 220; "The Garden", 178
Marx, Karl, 64, 72, 96, 99, 102, 116, 236
marxismo, 65, 250, 281, 284
Massinger, Philip, 73
Maurras, Charles, 22
Meredith, George, 202, 210
Middleton, Thomas, 67
mídia e comunicação de massa, 263
Mill, John Stuart, 184; *Sobre a liberdade*, 102
Milton, John: Empson sobre, 147, 158, 183-4; F. R. Leavis sobre, 197-8; *Paraíso perdido*, 45, 57, 75, 124, 140, 147, 152-3, 175-6, 183-4, 197; T. S. Eliot sobre, 34, 42-3, 45, 57, 68-9, 77
modernismo, 11-2, 14, 39, 68, 143, 214-5, 228, 252-3, 265-6, 276
Montaigne, 69
Moriarty, Michael, 114, 269
Morris, William, 257, 260
movimento de educação de adultos, 245-6
movimento georgiano, 202
movimento simbolista, 75
movimentos de vanguarda, 103
Murdoch, Rupert, 263

Nancy, Jean-Luc, 234
naturalismo, 249-51

Newman, John Henry, 259
Nietzsche, Friedrich, 90, 118-9
nominalismo, 110
Norris, Christopher, 142, 182
North, Joseph, 94-5
Nova Crítica, 52, 111, 141

O'Casey, Seán, 250
Ogden, C. K., 85, 89, 193
Olivier, Laurence, 243
Orrom, Michael, 248
Orwell, George, 67, 209, 256, 263; *1984*, 85, 139-40
Ovídio, 234

Peirce, C. S., 89
Picasso, Pablo, 101
Platão, *A república*, 86
Plumb, J. H., 230
poetas imagistas, 115
poetas metafísicos, 48, 69, 71, 190
Pope, Alexander, 62, 190-1, 198, 220-1, 223
pós-estruturalismo, 287
pós-modernismo, 122, 136, 211-2, 266
Pound, Ezra, 21, 61, 138, 191, 203, 243

Quiller-Couch, Sir Arthur, 82, 87, 131, 237

Ransom, John Crowe, 139
relativismo cultural, 122, 128
Renascimento, 64
Richards, Ivor Armstrong: formação, 81-2; na Faculdade de Inglês

Índice remissivo

de Cambridge, 82-4; e a leitura cerrada, 130-1; colaboração com o estúdios de Walt Disney, 86; e a comunicação, 85-6, 94, 97, 128, 132, 135; influências confucianas, 88, 97, 118; cosmopolitismo, 84; sobre os críticos, 83; pessimismo cultural, 133; e o relativismo cultural, 122, 128; igualitarismo, 91; ensino da língua inglesa, 85; ética e moralidade, 98, 100, 107-9; avaliação de obras literárias, 95-8; como fundador da crítica literária moderna, 87; sobre a gramática, 89-90; influência de Coleridge, 87-8, 107, 113, 118, 124; influência do utilitarismo, 91; influência sobre a educação, 85-6; influência sobre Empson, 140; e a intencionalidade, 111; internacionalismo, 83, 128; sobre a linguagem, 89-90, 94-5, 114-5; liberalismo, 86, 90, 95, 99, 101, 121; materialismo, 92-3, 119, 200; e o significado, 110-4, 124-5; membro da sociedade dos Hereges, 86; sobre a metáfora, 117-9; princípios morais, 109; alpinismo, 83; sobre o mito, 118-21; e o nominalismo, 110; fisiologia da poesia, 72; linguagem poética, 105; poesia como salvação, 120; crítica prática, 11, 87, 133; pragmatismo, 92, 109-10; e as pseudodeclarações, 104-9; e a psicologia, 94-5; e o papel do leitor, 122-4; sobre a ciência como mito, 106, 119; e a instabilidade semântica, 113; como declamador de versos, 115; defensor da Liga das Nações, 128; T. S. Eliot sobre, 81-2; sobre o tom na poesia, 126; visitas à China, 84, 122, 127-8; visitas ao Japão, 84; estilo de escrita, 17

Obras: *The Foundations of Aesthetics*, 96; *How to Read a Page*, 113; *Interpretation in Teaching*, 112; *O significado de significado*, 88-9; *Mencius on the Mind*, 127, 132; "Our Lost Leaders", 94; *The Philosophy of Rhetoric*, 112; *A prática da crítica literária* (1929, original em inglês; 1997, ed. brasileira), 83, 93, 122, 130, 132; *Princípios de crítica literária* (1924, original em inglês; 1971, ed. brasileira), 83, 88, 95; *Speculative Instruments*, 90

Richardson, Samuel, 210
Riding, Laura, 163
romantismo, 43, 192, 286
Rosenberg, Isaac, 203, 243
Rossetti, Christina, 195, 202
Rossetti, Dante Gabriel, 202
Rousseau, Jean-Jacques, 280
Ruskin, John, 257, 259
Russell, Bertrand, 149, 182

Safo, 62
Saintsbury, George, 30
Saussure, Ferdinand de, 110
Scott, Walter, 210
Scrutiny (revista), 224-8, 232-7, 239-40, 245

semiótica, 110, 122
Shakespeare, William: Empson sobre, 153-4, 162-5, 175-6; F. R. Leavis sobre, 201, 216, 243; T. S. Eliot sobre, 46, 51-2, 54; *Antônio e Cleópatra*, 165
Shaw, George Bernard, 249
Shelley, Percy Bysshe, 76-7, 163, 191, 201
Sidney, Philip, 234
Smith, Adam, 280
Snow, C. P., 229-31
"sociedade orgânica", saudade da, 236, 258
Spender, Stephen, 138
Spenser, Edmund, 153, 190-1
St. Louis, Missouri, 20
Stephen, Leslie, 227
Sterne, Laurence, 211
Stevens, Wallace, 76-7
Strindberg, August, 250-1
surrealismo, 103
Swift, Jonathan, 177, 190, 199, 209
Swinburne, Algernon Charles, 191, 197
Synge, J. M., 249

teatro de revista, 286
Tennyson, Alfred, lorde, 70, 101, 185, 191, 202
teoria da recepção, 118-22
teoria do discurso, 112
Thackeray, William Makepeace, 210, 243, 270
Thomas, Dylan, 58, 138
Thomas, Edward, 202-3, 243
Thompson, Denys, 225

Thompson, E. P., 245-6, 287
Thomson, James, 289
Tourneur, Cyril, *The Revenger's Tragedy*, 66-7
tradição da *Kulturkritik*, 32
Trollope, Anthony, 210-1
Trotsky, Leon, 32, 239

União Britânica de Fascistas, 35
utilitarismo, 91, 95-6, 216, 228, 242

Virgílio, 62, 199-200, 278
Voltaire, 69

Walzer, Michael, 290
Weber, Max, 102
Wilcox, Ella Wheeler, 100
Willey, Basil, 87
Williams, Raymond: formação e carreira, 247-50; sobre as convenções, 272; materialismo cultural, 280, 282, 285, 287-8; rejeita o esteticismo, 289; desconfia da teoria, 287; e o drama, 249-55; e F. R. Leavis, 258, 263; historicismo, 287; hostilidade ao modernismo, 276-7; humanidade, 291; sobre o indivíduo e a sociedade, 265; e o marxismo, 250, 277, 280-2, 284-5; sobre a mídia e a comunicação de massa, 262-3; e o romance 266-8, 271-2, 276; e a forma poética, 53-4; e o realismo, 252; sexualidade e o corpo, 277; socialismo, 262, 279; e a "estrutura de sentimento", 67; sobre a tragédia, 253-5 e a classe

operária, 264; estilo de escrita, 17, 275
Obras: *Communications*, 263; *O campo e a cidade* (1971, ed. original em inglês; 2011, ed. brasileira), 277-8, 289; *Cultura e sociedade* (1958, original em inglês; 2011, ed. brasileira), 247, 251, 255, 257, 259, 260, 262, 266, 279, 280, 291; "Culture Is Ordinary" (ensaio), 261-2; *Drama from Ibsen to Eliot* (1952), 247, 248, 249, 253, 288; *Drama em Cena* (1954), 247; *The English Novel from Dickens to Lawrence*, 267, 272-3, 289; *Palavras-chave*, 113, 159, 283; *The Long Revolution*, 252, 265, 266, 277, 279, 281-2; *Marxism and Literature* (1977), 281; *Tragédia moderna* (1966, original em inglês; 2002, ed. brasileira), 253-4, 280; *A política e as letras*, 263, 285; *Preface to Film* (1954), 248; *Reading and Criticism* (1950), 248

Wittgenstein, Ludwig, 13, 95, 107, 113, 125-6, 149, 181-2
Wood, Michael, 161
Woolf, Virginia, 28, 191, 210, 222, 227, 275-6
Wordsworth, William, 79, 180-1, 191, 200, 201
Wyatt, Thomas, 195

Yeats, W. B., 25, 35, 45, 156, 195, 203, 212, 243, 287
Young, Robert J. C. 235

Zola, Émile, 250

SOBRE O LIVRO

Formato: 13,7 x 21 cm
Mancha: 24,5 x 38,7 paicas
Tipologia: Iowan Old Style 10/14
Papel: Off-White 80 g/m² (miolo)
Cartão Triplex 250 g/m² (capa)

1ª edição Editora Unesp: 2024

EQUIPE DE REALIZAÇÃO

Edição de texto
Giuliana Gramani (Copidesque)
Jennifer Rangel de França (Revisão)

Capa
Marcelo Girard

Imagem de capa
T.S. Eliot, LIFE Collection, s.d.

Editoração eletrônica
Sergio Gzeschnik

Assistente de produção
Erick Abreu

Assistência editorial
Alberto Bononi
Gabriel Joppert

Rua Xavier Curado, 388 • Ipiranga - SP • 04210 100
Tel.: (11) 2063 7000 • Fax: (11) 2061 8709
rettec@rettec.com.br • www.rettec.com.br